世上千条路
　　智者多走阳关路
　　　　愚者常走崎岖路

谨以此书献给——
　　为华夏铺设文明之路的精英们

平民的追求

二十余位平民精英

王绍铿◎著

黄河出版传媒集团
阳光出版社

萬夏文明五千年
有志黎庶攀九天
卧龙花乾潜倒壤
宗球英雄出民间

壬辰正月　王绍锲化

天行健，君子以自强不息。

——《易·乾》

前言

——志向与追求

人怀非常之才，必有非常之志，志攀九天；欲效鸿鹄高天翱翔，不屑燕雀在堂筑巢。有非常之志，必有非常之毅力，百折不挠，不改初衷；必有非常之追求，锲而不舍，终始如一。有非常之毅力与非常之追求，必有非常之成就，定会创造出非常之辉煌。

立宏伟之志，确定人生目标，而后以坚强的毅力不懈追求，为之奋斗终生，这是一切有志者的成功之路，古今中外概莫能外。

历代开国皇帝及其追随者们夺取天下走的就是这样的路，他们是五千年风雷激荡的岁月造就出来的一批又一批政坛明星，他们的成就为东方古国带来一次又一次朝代更新以及随之而来的鼎盛辉煌。然而家族式的传位规则赋予新朝代先天的痼疾，使其无法留住往昔的辉煌，无法摆脱生与死的轮回；他们的辉煌就像流星陨灭前划过天空的一道亮光。

在非政治领域中，那些创造奇迹的平民精英们走的也是这样的路，他们所取得的辉煌成果使他们成为各领域的宗师、泰斗，他们是五千年历史银河中涌现出来的一颗又一颗非政治明星，他们是能够发光发热的恒星，他们以不灭的光辉装点华夏星空，以平凡的双手铺设文明之路，为华夏创造永恒的辉煌。

出身中医世家的李时珍自幼文采熠熠，14岁就中了秀才，父亲对他寄以厚望，希望他将来能够高官厚禄，光宗耀祖。但他偏偏独钟医道，不为爵禄富贵所诱惑，甘愿放弃仕途，立志从医。遂以诗明志，恳求父亲成全他的心愿。从医之后，他见旧《本草》多舛误，致死人命的悲剧屡见不鲜，于是立志重修《本草》，他始终坚持既定的志向，以超人的毅力与不懈的追求，克服资金、人力等方面的巨大困难，倾注了毕生的心血，经过27年的艰苦奋斗，终于以年过花甲的高龄撰写成声震中外的《本草纲目》。他去世后这部鸿篇巨著方才刊印出版，并译成七国文字，被国际公认为"东方医药巨典"。

祖冲之生于1500年前的南北朝时期，他对事业的执着与追求使他创造出许多世界领先的辉煌成果。他计算出的圆周率准确到小数点后第七位，与今值相差甚微。他是世界上第一个发现"岁差"及其对春分点与回归年长的影响，并第一个把这些研究成果引入历法——他所编制的《大明历》中；他的岁差值与回归年长都非常接近现今值。他计算出的木星公转周期也与现今值相差无几。

秦汉以前用竹简与丝绸写字，但竹简笨重而丝绸昂贵，蔡伦于是立志用价廉原料造纸。经过潜心钻研，遂于公元105年用树皮、破布、麻头、破渔网等废料造出世界上第一张纤维纸，开创了用纸新时代。刻字工人毕昇在工作中精心钻研，终于发明了活字印刷术，在计算机广泛应用之前，它始终是近代印刷术的基础。隋代工匠李春设计、建造的赵州石桥历经1400年的岁月风霜与兵灾火厄，至今依然傲然挺立在河北省赵县的洨河上。指南针的发明开创了环球航行新纪元，火药的发明使冷兵器永远退出历史舞台，并赋予现代武器无限广阔的发展空间。像这样出自平民精英之手的发明创造不胜枚举，西方学者曾做过统计，中国古代的重大发明多达26项。

发明需要灵感，灵感来自人的才能的聚焦；划时代发明的灵感是浓缩了的天才的爆炸式闪光。

指南针、火药等重大发明的发明者以及多数大型宫殿、园林、陵墓等建筑的设计者并未留下自己的名姓，但他们却默默地为华夏文明铺路。正是这些知名和不知名的平民精英的默默奉献创造了华夏文明，同时他们也以其光辉业绩实现了自己的人生价值。

千百年来，华夏文明始终是世界文明的先导，欧陆文明受惠于华夏文明，并赖其发光。然而发展是不平衡的，两个非汉民族对中国社会的发展起到了举足轻重的作用。当蒙古族入主中原统治全中国的时候，传统的封建制在与奴隶制杂交时被强化了，从而延缓了资本主义的萌芽，致使资本主义的先进生产关系率先在欧洲破土。三百年后，当女真族入主中原，封建制再次被奴隶制强化的时候，英法等国已经完成了资产阶级革命，实现了大工业生产。新兴的资本主义急需开拓海外市场。于是中国人发明的火药化为重炮，罗盘为战舰导航，受惠于华夏文明的西方列强遂以枪炮反馈这个东方古国。因千年帝制而积弱积腐之国，大门被轰开了，天朝的神话破灭了，威风扫地；铁幕被冲破，只留下一个空壳的末代王朝的外强中干暴露无遗。于是藩篱尽毁，豺虎竞入，富饶田园被践踏，千古顺民成为群狼争食的砧上肉，成为西方大亨们饕餮盛宴上的盘中物。千年文明横遭劫掠焚荡，留下永恒的历史创伤；国衰民疲，从此一蹶不振。

殖民主义的幽灵在四处游荡，它的鹏翼覆盖全球，特别向神州大地投下它巨大的阴影，嘴里呢喃着的魔咒在催人入睡，意欲炎黄子孙们数典而忘其祖，忘却华夏文明往昔的辉煌，忘却欧美的现代文明乃借力于华夏文明，而唯西洋文明马首是瞻。

《帝王的智慧》阐述历代开国皇帝以智慧谋取天下，《将相的谋略》阐述文臣武将以智慧辅佐帝王夺取天下，《平民的追求》阐述平民精英以智慧创造了华夏文明，它们共同组成"中国人的智慧"系列丛书。

一部朝代史，记录了历代英豪为东方古国带来的周期性鼎盛！

一部文明史，记录了平民精英为华夏文明创造的永恒的辉煌！

一部近代史，记录了西方"文明"为华夏带来的浩劫与屈辱！

牢记往昔的辉煌！

牢记近代的屈辱！

期盼着重振雄风！

期盼着再续辉煌！

王绍铿

2012年6月26日

目录 2

第八篇　华夏文明苦旅

自古文明无坦途
坎坷变幻多险阻
富饶田园遭强寇
弱国从此受欺辱

目 录　3

第一篇 汉字与书法

蒼頡造字本傳說
銀鈎鐵畫構楷模
書聖揮豪烔春魏
筆走龍蛇舞翰墨

古代先民所创造的汉字是华夏人民智慧的结晶，是华夏民族发明创造才能的集中体现，它是中国五千年文明百花园中一枝迎风挺秀的奇葩，是中华民族灿烂文化的瑰宝，也是世界文明史上的奇迹。汉字的象形渊源与方形结构赋予它多姿多彩的天性，它是天地万物的艺术性抽象。俊逸秀美、刚劲飘洒的汉字书法艺术是自然美的高度浓缩与集中体现，也是古代书法家在美学追求上所创造的一个又一个奇迹。他们笔走龙蛇，尽情挥洒那如潮般的激情，用一支笔构筑一个又一个书法艺术的丰碑。汉字书法的美是拼音文字以及一切其他文字所无法比拟的，它的每一个字所蕴藏的深刻含义更令其他文字望尘莫及。

语言与文字

人类是地球上唯一的智能生物，无论哪个种族、民族，在其各自的发展历程中的某个阶段都必然要形成自己的语言与文字，并且不断地演变与完善，这是人类自身发展的需要和必然的产物。语言与文字是人类文明的标志，它的形成、演变与完善必然会促进人类社会在政治、经济、军事、文化等方面的发展。

一、语言的产生

人类在生物学上属哺乳纲灵长目，处于生物发展的最顶端。古生物学的研究表明，在大约20万年以前人类就已经完成了"由猿到人"的转变；猿人生存于距今300万~20余万年，北京猿人生存于距今70万~23万年。人类与包括猿在内的所有动物的主要区别是：人类有发达而善于思维的大脑，以及高超的智慧与语言。语言是人类的特征性标志；迄今为止尚未发现人类以外的其他动物有语言。

语言是人类为了表达、交流思想感情的需要而逐渐产生的，因此可以说，语言的产生与人类的"诞生"同步，有人类就应该有语言；只是语言的完善必须经历一个漫长的过程。我们的远祖——最早期的华夏族的语言主要来自两个方面。一是为了表达感情而产生一些最简单的语言，如"喜""笑"是高兴时所发出的笑声，"哈"是大笑时的声音，"哀"是悲伤时的哀叹声，"打"是愤怒时打人或击物的声音；有些语言还要伴随着手势，如伴随挥手而发出"去"的声音，伴随招手而发出"来"的声音。一是根据一些动物的叫声来为它们命名，如鹅、鸭、鸡、蛇等，在粤语和潮汕语中，鹅、鸭、鸡的读音更接近它们的叫声。

在语言产生的初期，人们只有少数简单语言的时候，表达和交流思想感情总是要伴随着手势和其他肢体动作。在没有语言或者语言不通的时候，人们只能像哑巴那样用手势和其他肢体动作来表达、交流必须交流的思想感情。

二、最古老的文字

文字的形成是人类文明的又一个重要标志，而且是更为重要的标志，因为有了文字，人类才能够把自己的语言以及还没有建立语言的事物记录下来，并实施跨时空的信息传递与交流；也只有在此时，人类才有可能记录自己的历史，华夏民族才有可能书写自己的文明史。

远古的人类为了传递信息，用树枝、石块在泥土上或用带颜色的土块在岩壁上画一些图形来表示所要表达的事物，如画人形表示人站立、走路，画箭头表示前进的方向，画圆圈表示太阳，画月牙表示月亮，画山峰表示山，画水波纹表示水，画鸟、鱼、花草、树木以及一些走兽的爪子来表示这些动植物，这就是我们祖先最早的文字——象形文字的雏形；它们实际上是一幅幅经过抽象的图画。应该说文字的形成通常都在语言产生之后，这种滞后现象是正常的；耶律阿保机称帝之后方才命创制契丹文，蒙古立国之后方才创制蒙古文字，努尔哈赤崛起之后方才命创制满文。

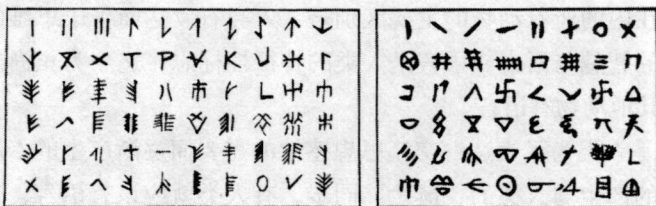

图1.1　刻画符号

在公元前5000年~公元前3000年的中原仰韶文化遗址和公元前3000年~公元前2000年的甘肃临洮马家窑文化遗址中，出土的彩陶上发现一些"刻画符号"（图1.1），经考古学家的考证，它们与商周时期的甲骨文相同或相近，因此可以认为这些刻画符号就是最古老、最简单的文字。

在20世纪末到21世纪初的考古发掘中，安徽蚌埠的双墩遗址出土的大量陶器碎片上，还发现607个刻画符号（2011年10月15日，中央电视台《探索发现》频道报道）。到了三千多年前的商代或许更早一些，当人类能够在龟甲和兽骨上刻字的时候，我们祖先给我们留下的已经是比较成熟的文字——甲骨文了。

汉字的创造

一、仓颉造字？

仓颉（或作苍颉）造字，相传仓颉是黄帝的史官，是汉字的创造者；然而这只是传说，并没有什么事实根据。吕不韦的《吕氏春秋·君守》有如此记载，"奚仲作车，仓颉作书，后稷作稼"，似乎肯定了这一说法。但荀子在他的《解蔽篇》中则另有记述："好书者众矣，而仓颉独传者壹也。""壹"是"一"的大写，统一的意思，是说仓颉只是一个整理、统一文字的人。这些历史记载都说仓颉创造或整理文字。然而不论哪种说法，都没有明确说明仓颉到底创造或整理出了些什么字？而更令人困惑的是，考古发掘至今尚未发现黄帝时期的甲骨文，有的只是一些"符号"形的"文字"；考古发现最早的甲骨文是夏末商初（大约公元前1600年前后）的遗存。因此，如果说仓颉确实创造了文字，那么他就不可能是黄帝时期的人；如果说仓颉只是从事汉字的整理工作，那么创造文字的只能是一些不知名的普通人民大众。

二、象形文字

最原始的汉字是象形文字，即抽象地描摹实物形状的文字，比如画两个车轮和一根轴即是最早的"车"字，画一条鱼代表"鱼"字，画一只鸟代表"鸟"字，画一个圆圈加上几条辐射线代表太阳，画一弯新月代表月亮，画山峰表示山，画水波表示水，等等。这些最原始的象形字实际上是一些抽象化了的图画，经过漫长的进化、演变而形成后来的汉字。

象形字的演变走的是这样一条路线：由图形变为笔画，由象形变为象征，由复杂变为简单。比较车、鱼、鸟、日、月等现代汉字与它们最原始的象形字，就可以清楚地了解这一演变的大致过程（图1.2）。

图1.2 象形文字的演变过程

但是天地万物种类繁多，外形千变万化，并不是每一种事物都可以用象形法来为它们造字。有人曾作过统计，东汉许慎《说文解字》中的9353个汉字，象形字只占大约4%。由此可见，大多数汉字是通过其他途径创造出来的。

三、汉字的再创造

汉字的再创造是符合发展规律的必然。通常是以已有的象形字为基础，运用会意、指事、形声等三种方法进行汉字的再创造。

会意或象意造字法

把两个或三个相同的象形字组合起来表示其数量更多，例如三个"水"字组成"淼"，形容水大；两个"木"组成"林"，三个"木"组成"森"，都表示更多的树木；用两个"火"组成"炎"，表示火光上升，极热，用三个"火"组成"焱"表示火花、火焰；三个"石"组成"磊"，表示很多石头累积；三个"金"组成"鑫"，表示金多，商铺好以鑫字命名，希望日进斗金。还可以把两个不同的字组合成新字，例如"日"和"月"组成"明"，表示日月所产生的光明、明亮；"山"和"高"组成"嵩"，表示山大而高；"上""下"分别和"心"组成"忐""忑"，表示内心不安，心在上下跳动；"止"和"戈"组成"武"，它的真正含义是止息干戈；"人"和"戈"组成"戍"，表示人执戈戍守边境；"人"和"言"组成"信"，其真实含义应该是人言必信；"虫"和"皿"组成"蛊"，表示虫在器皿中，人腹中的寄生虫叫作蛊，或把百条虫放了瓮中，让它们互相吞噬，最后剩下的叫作蛊。

指事或象事造字法

在象形字上加一些表示某种意义的象征性符号组成新字，如在"木"下加一杠组成"本"，表示树木的根部，本意是根本，在其上加一杠组成"末"，表示树木的末梢，"本末倒置"的意思就是根梢颠倒，主次不分；在"日"下加一杠组成"旦"，表示日出地平线，天亮了，清晨；在"刀"上加表示刀锋的一点，组成"刃"，表示刀口、刀锋；在"川"上加三点组成"州"，代表水中高出水面的陆地。

形声或象声造字法

由表达字义的象形字作偏旁（称为形符）和表示读音的声符组成新字。"禾"和"央""家"组成的"秧""稼"，它们都与禾有关，央、家是表示读音的声符。"言"和"义""仑"组成的"议""论"，它们都和说话有关，义、仑是表示读音的声符。几乎所有以"水"（三点水）作偏旁的字都和水有关，如江、河、湖、海、池、泊等。几乎所有以"木"作偏旁的字都表示木本植物，或与之有关的事物，如松、桂、杨、柳、桃、李、杏等。多数以"草"或"艹"作偏旁的字都代表草本植物或与之有关的事物，如菊、花、莲、荷等。多数以"土"作偏旁的字都与土有关，如地、坤、埋、坟、墓等。许多以"彳"（彳亍，小步行走，走走停停）作偏旁的字都与行走有关，如行、往、征、径、街、徒、徘徊、徜徉、徐行、御等。以"女"作偏旁的字多和女子有关，如妈、娘、奶、婶、姨、婆、妻、嫂、姥、姆、妪、姝、嫁、妊娠、奴婢等。

绝大多数汉字是通过上述三种造字法得到的，在《说文解字》所收集的9353个汉字中大约占96%。

汉字及其字体的演变

汉字及其字体也和其他一切事物一样要经历形成、发展、演变、完善的全过程。经历漫长岁月而形成的远古符号与动植物图形，逐渐演变为甲骨文、金文，这是最古老的汉字。甲骨文、金文在其发展过程中，其字体也在不断演变，经历籀（音宙）文、小篆、隶书以及书写迅疾的草书之后，方才出现工工整整的楷书，之后又出现书写方便、快捷的行书。沿着汉字演变的足迹，不难了解历朝历代通行的主流文字。

一、商周时期的甲骨文与金文

甲骨文与金文都是象形文字的初始文体，是商周时期使用的文字，它们已经是比较成熟的最古老的汉字。

甲骨文

甲骨文是用刀在龟甲和兽骨上雕刻的文字。甲骨文最初出土于"殷墟"，故又称"殷墟文字"。它是清光绪二十五年（1899）被发现的，1928年又多次发掘，共出土十万余片。

商汤灭夏后建立了商朝，建都于亳（在今山东曹县南），后经多次迁徙，到了第十代商王盘庚，都城迁至殷（今河南安阳小屯村），故商又称为殷；殷都的遗址称为殷墟。自盘庚迁都至周武王于公元前1046年（一说公元前1056年）伐纣灭殷，共经历了273年；殷墟甲骨文多数是这273年间历代商王征战、狩猎、出巡、疾病时占卜的卜辞以及对其他有关事物的记载，故又称"卜辞"。已经整理出的甲骨文单字有大约4500个，其中可识别的约1700个。图1.3是雕刻在牛骨上的关于祭祀狩猎的刻辞。

图1.3 殷商 甲骨文

图1.4 殷商 小臣艅尊

后来的考古发现说明，殷墟文字并非最早的甲骨文，1996年在山东桓台县史家村出土的甲骨文，经测定，是3500~3700年前夏末、商初时代的遗物，比殷墟文字要早300~400年。

在龟甲上刻画文字通常是先书写后雕刻，因此尽管它是三千多年前的遗存，又受刻工技术水平与习惯手法的影响，却依然具有书法运笔等基本特征。人们从中可以看到最古老的书法。

金文

与甲骨文同时存在的金文是雕刻或铸造在青铜器上的文字；铸造的文字也必须先刻在母范（模型）上。古代称铜为金，故名金文。

相传夏禹铸九鼎作为传国之宝。夏禹于公元前2070年受禅于虞舜，即帝位，在位十年，所以铸九鼎时间在公元前2070~公元前2061年之间，这应该是我国最早的青铜器。到了公元前1600年，商汤灭夏建立起商朝，中国已经进入高度发达的青铜时代，青铜器的使用相当普遍，主要用以制造礼器和乐器。礼器以鼎为主，乐器以钟（如编钟）为主，故青铜器上的金文又称"钟鼎文"。

殷商时期的金文与甲骨文相当接近，但更具有美感。金文多数是祭祀、征伐、契约之类的记事文字。至今出土的青铜器有万件以上，所得金文单字约4000个，可识别的约2000个。图1.4为清道光年间出土的小臣艅尊上的金文，它记载殷商末年纣王伐夷时赐予小臣艅的事迹。"尊"为商周时期盛行的青铜酒器。

金文与甲骨文同时存在于商代，它的象形特征与甲骨文基本相同；但有些金文甚至比甲骨文还要早，故其象形韵味更浓是自然的。西周时期的金文与殷商相比有了显著的发展，主要表现为，笔画趋向简化与象形特征逐渐蜕化，出现很多有规律的曲线。西周晚期周厉王年间的散氏盘有铭文357个字，周宣王年间的毛公鼎上有497个字（图1.5），现藏于台北故宫博物馆。

图1.5 西周 毛公鼎

西周是金文发展的鼎盛、辉煌时期，其美感已经开始显示出它的诱人魅力。

二、春秋战国时期的籀文与小篆

殷周盛行的甲骨文与金文在春秋战国时期得到明显的发展，但由于诸侯争霸、列国称雄，各诸侯国都有各自独立的政治、经济、文化与军事体系，所以各国文字虽然同源，但却具有许多地域特色，出现文字多元化现象，最具代表性的是秦、晋两国的文字。

甲骨文的演变——晋国的侯马盟书

1956年在山西侯马市发现春秋末期三卿分晋前夕的盟誓遗址，出土了数以千计的盟书，称为《侯马盟书》（图1.6）。盟书用毛笔以朱、墨两种颜色写在长条形的圭（玉石）片上，它是最早使用毛笔书写的遗物，从字体结构与笔画特征看，它们和金文完全不同，更像甲骨文，显见是由甲骨文发展而来。可以认为，以《侯马盟书》为代表的汉字是春秋时期晋国通行的文字。

金文的演变——秦国的籀文与小篆

籀文 籀文也称籀书，相传系西周宣王太史史籀所撰，并编成学童识字课本《史籀篇》。春秋战国时期，籀文通行于秦国。一说籀文系春秋战国时期秦国人所撰。籀文是由甲骨文和金文发展、演变而来的。甲骨文和金文都是象形文字的最初文体，由于未脱象形之胎，同一个字常常有许多种写法，其字体不同，笔画不定，商代甲骨文中，仅一个"羊"字就有45种以上的写法。

甲骨文和金文经过简化和规范化之后，逐渐进化形成一种新的文体——籀文。籀文和甲骨文、金文都属篆体，都是篆文或篆书的初期字体，统称为"大篆"。狭义的大篆专指籀文，广义的大篆还包括甲骨文、金文以及战国时期的六国文字。石鼓文就是籀文的代表。

图1.6 春秋 晋国 《侯马盟书》

《石鼓文》（图1.7）是镂刻在十个石鼓上的文字，每个石鼓上都有四言诗一首，歌颂秦国国君游猎时的盛况，故又称"猎碣"。唐初发现于今陕西凤翔三峙原，经岁月风霜剥蚀，字迹所存无几。唐诗人韦应物作石鼓歌吟咏："周宣大猎兮岐之阳，刻石表功兮炜煌煌……"原石鼓现藏于北京故宫博物馆。

图1.7 战国 《石鼓文》

　　小篆 大篆虽然经过史籀的简化，但还是十分繁杂，因此战国后期，在流行籀文的秦国又出现一种字体更加规整、书写更为简便的文体——小篆，《新郪虎符》（图1.8）上的刻字就是比较成熟的小篆，是这一时期小篆的代表。

图1.8 战国 《新郪虎符》

新郪虎符是战国晚期秦国颁发给驻守新郪将领的虎形兵符，青铜制造，分左右两半，掌兵的王公握右一半，领兵的将领握左一半。上有铭文四行："甲兵之符，右在王，左在新郪。凡兴士被甲，用兵五十人以上，必会王符，乃敢行之。燔燧事，虽毋会符，行殹（也）。"（殹，音医）

三、秦代的小篆与隶书

秦始皇的统一文字——小篆

战国后期小篆出现并通行于秦国，故又称"秦篆"，它仍保留籀文笔画圆转的特征，但较籀文简化、齐整。秦始皇统一中国之后，为了适应统一集权国家的需要，采取了一系列措施，在统一度量衡、实行"车同轨"的同时，还统一了文字，实行"书同文字"。他采纳丞相李斯的建议，把秦国通行的小篆推广到全国，禁止其他六国文字，于是小篆成为秦王朝通行的官方标准文字，凡诏书、碑刻、铜人、虎符、印章与度量衡器、青铜器、陶器上的铭文都用这种字体。为了推广这种标准文字，把小篆字书《仓颉篇》（李斯）、《爱历篇》（赵高）、《博学篇》（胡母敬）等规定为学童识字课本。西汉时这三种课本合而为一，改为隶书，统称《仓颉篇》；原书已佚，仅存辑本。

李斯精于书法，是小篆宗师，相传秦始皇的诏书、巡游名山大川时铭功颂德的碑文石刻，都出自李斯手笔。统一度量衡所颁发的诏书刻在薄片上成为"诏版"（图1.9），然后镶嵌在权量器上。秦始皇二十八年（公元前

图1.9 秦 《秦诏版》

219年）东巡，登泰山，留下《泰山刻石》（图1.10），字体结构匀称规整，字体呈纵向长方形，笔画刚劲如同筷子（箸），故有"玉箸篆"之称。

【释文】：二十六年皇帝尽并兼天下诸侯，黔首大安，立号为皇帝，乃诏丞相状绾，法度量则不一，歉疑者皆明一之。

【释文】：昭隔内外，靡不（清净）

图1.10 秦 李斯 《泰山刻石》

隶书

发展是永恒的，它通常是一个由繁到简、由不方便到方便的过程。战国后期，在大篆向小篆过渡的同时，另一种书写更为简便快捷的书写体——"草篆"出现并被广泛使用。它实际上是草写的篆书，是篆书向隶书进化的一种过渡形式，也是早期的隶书。它与篆书的根本差别在于笔画由圆转变为方折，从而使象形笔画化，这是汉字开始脱去象形之胎的起点。《云梦睡虎地秦简》（图1.11）是这种字体的代表。早期隶书被称为"古隶"或"秦隶"。晋卫恒的《四体书势》道出了隶书的本质："隶书者，篆之捷也。"

早期隶书不可避免地必然保留篆书的形迹，经过在使用过程中不断加工、演变，最后成为在结构、笔势上完全不同于小篆的隶书。小篆本身的弱点也促进了这一过程的完成。相传程邈创造隶书，实际上程邈只是把收集到的秦代流行的隶书进行整理而已。

程邈，秦国下杜（今陕西西安南）人。小篆在其推行过程中暴露出许多弱点：笔画圆转，写字好像是在画画。秦始皇立国之后，政事纷繁，面对六国新并、疆域暴增的现状，亟待处置的事务繁多，诏书、敕令、奏章以及地区上下行文等一个接一个，负责管理、抄写文书的胥吏（职位卑微的官吏）面对大量文书，每个字都要用笔画圆转的标准小篆抄写，非常费事；能力差的人更觉得头疼。为了方便，他们采用快捷的方法，把圆转的笔画改为方折，使象形笔画化。当时胥吏程邈犯罪进了监狱，在押十年期间，根据自己切身经历与亲眼所见，汇总成为3000个字，献给秦始皇。秦始皇非常高兴，遂把他提拔为御史。古代把罪人和职位卑微的吏役都称为隶人，因此把程邈所创文字称为隶书。卫恒的《四体书势》记载了这一过程："秦既用篆，奏事繁多，篆字难成，即令隶人佐书，曰隶字。"

　　篆书演变为隶书是汉字发展的必然。隶书的出现成为汉字演变、进化史上的转折点，它说明汉字从此完全脱去象形之胎，为楷书的出现奠定了基础。

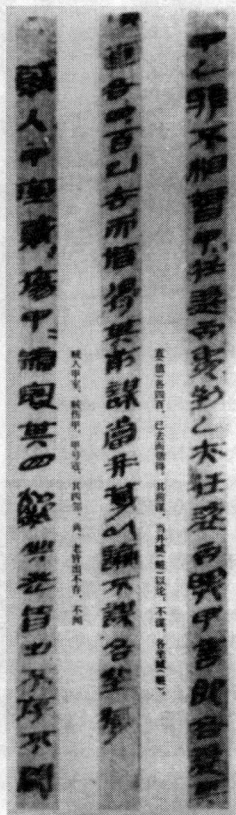

图1.11 秦 《云梦睡虎地秦简》

四、汉代的隶书与草书

西汉隶书

汉代是隶书大发展的时代，但西汉与东汉的情形有所不同。西汉去秦不远，隶书与小篆并用是这一时期的特征，但二者不可避免要互相影响，出现亦隶亦篆的现象：一方面，书写隶书时常掺杂小篆成分，或保留小篆的字体纵势，呈长方形（图1.12）；另一方面，篆书受隶化大潮的影响，出现化圆转为方折的现象（图1.13），实际上是篆书的部分隶化。

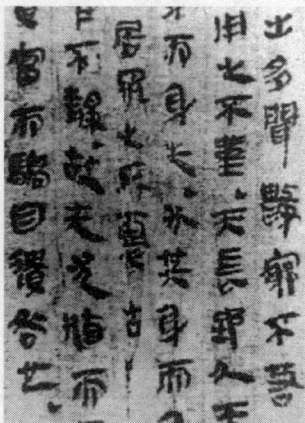

图1.12 西汉 《马王堆帛书》

图1.13 新莽 《新莽嘉量》

东汉隶书

东汉时期隶书进入发展的极盛时期，出现标准的隶书，并成为正统的官方文字。东汉碑刻以隶书为主流，《乙瑛碑》（图1.14）《礼器碑》《曹全碑》等都是标准的隶书碑刻，是这一时期汉隶的传世精品。

图1.14 东汉 《乙瑛碑》

隶书的草化——草隶（章草）

隶书在使用过程中也必然会为了方便而被草写，遂出现"草隶"；它起源于西汉。草隶虽然潦草，但毕竟还是隶书，自然还保留隶书笔画波折与字字分离的基本特征（图1.15）。东汉章帝（76~88年在位）喜好这种字体，故又称"章草"。杜操与崔瑗皆以章草驰名，都被誉为"草贤"，并称"崔杜"。崔瑗后期的草书已不囿于章草的成规（图1.16），有向今草过渡之趋势。

张芝的今草

张芝（？~约192）精于章草，并在此基础上予以革新，去除章草字字分离的旧习，减省点画波磔，以连笔手法一气呵成，谓之"一笔书"，遂使章草演变为"今草"。今草上下字笔画相连，偏旁可以互相借用，运笔流畅如游龙戏水，酣畅淋漓。唐代张怀瓘的《书断》如此评论张芝的今草："学崔、杜之法，因而变之，以成今草，转精其妙。字之体势，一笔而成，偶有不连，而血脉不断，及其连者，气脉通于隔行。"三国韦诞称张芝为"草圣"，可惜其今草墨迹未能传世。

张芝的今草借蔡伦造纸术之东风迅速发展，从此书法家可以在廉价纸张上挥毫泼墨，纵横驰骋，用一支神笔尽情挥洒那如潮般的激情，追求任何其他艺术形式所不具备又无法比拟的美，在书法艺术殿堂上创造一个又一个高峰，使后世有了顶礼膜拜的偶像。

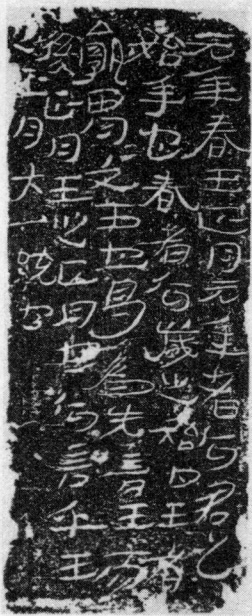

图1.15 东汉 《公羊传砖》

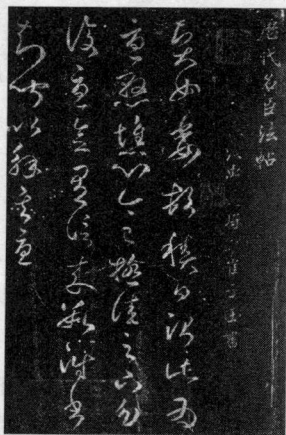

图1.16 东汉 崔瑗 《贤女帖》

五、魏晋时期的楷书与行书

楷书

楷书始于汉末，盛行于魏晋南北朝，流传至今。汉代草书、隶书的流行，带来了许多弊端，为了纠正草书的过分随意和漫无标准，同时也为了去除隶书的波磔及其由此而生的不便，于是出现了一种形体方正，笔画平直，端庄规矩，可为楷模的新书体，故称之为"楷书"，或称为"正书""真书"。钟繇的《宣示表》（图1.17），是中国最早期的楷书。

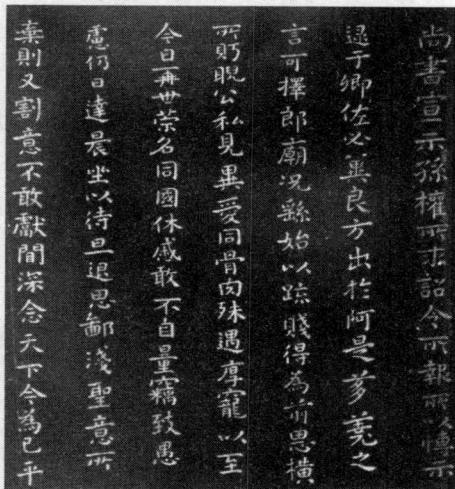

图1.17 魏 钟繇 《宣示表》

钟繇（151~230），武将出身的书法家，东汉末曹操执政期间在曹操麾下效命，总督关中诸军，建安十六年（211年）"三月，（曹）操遣司隶校尉钟繇讨张鲁。"（《资治通鉴·汉纪58》）曹丕代汉称帝（魏文帝）后钟繇任廷尉，魏明帝即位升太傅，人称"钟太傅"。后世将他与王羲之并称"钟王"，与张芝并称"钟张"。由图可见，钟繇的楷书尚保留有隶书的痕迹：字体扁，横画平。

行书

楷书纠正了草书的潦草与放纵，却带来过分刻板、拘泥的弊病，因此出现一种介于二者之间的字体——行书。行书运笔挥洒自如，似行云流水，更能抒发感情。王羲之的行书甲天下，古今认同。

　　王羲之（321~379）字少逸，琅琊临沂（今属山东）人，少年已显才气，深受父辈们所器重。堂伯王导因辅佐东晋元帝江南立国有功，封丞相。太尉郗鉴令门生前往相府求婿，王导命众子侄于东厢待命，唯王羲之"在东床坦腹食，独若不闻"。太尉看中他的落拓不羁，有大志，立即拍板，招为东床快婿。后官至右军将军、会稽内史，人称"王右军"。

　　王羲之精于书法，草书学张芝，楷书学钟繇，但博采众长，自成一体。史书记载：王羲之"尤善隶书，为古今之冠，论者称其笔势以为飘若浮云，矫若惊龙"。但他却以行书《兰亭序》（图1.18）而驰名后世。会稽地区山清水秀，吸引了众多文人墨客。当地民俗，每年春三月三日于水滨设祭以消灾去邪，谓之"禊"。晋穆帝永和九年（353年）阴历三月三日，诸名士齐聚会稽山阴兰亭，行禊。王羲之名冠当世，为众人所拥戴，遂临风挥毫即兴吟咏，作序以申其志，写出一代书圣对人生的感悟与嗟叹。33岁的王羲之官场不甚如意，于是感叹人生由命，"修短随化""一死生为虚诞"。两年后，王羲之称病辞官，定居于会稽山阴，"尽山水之游，弋钓为娱"。终年59岁。（《晋书·王羲之传》）

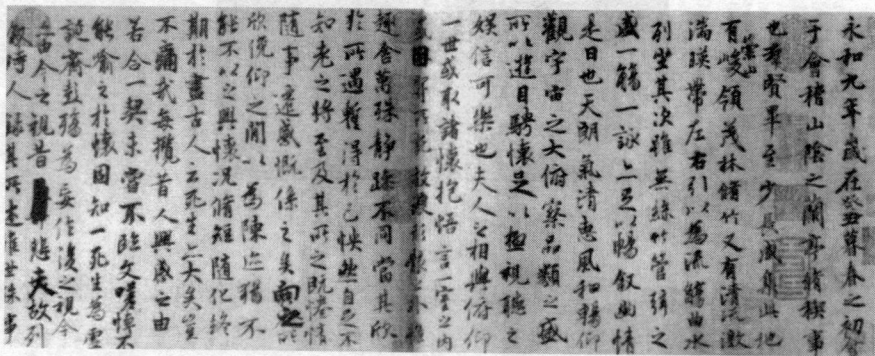

图1.18 东晋 王羲之 《兰亭序》

　　唐太宗钟爱王羲之书法，尤其推崇《兰亭序》，辗转搜求，得其真迹，并将其带入地府，后世所传皆为临本。王羲之的《乐毅论》《黄庭经》（图1.19）皆为小楷法帖，贞观六年（632年），时任中书令的"褚遂良奉敕审定及排类"。

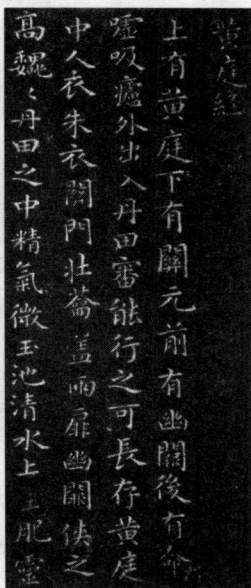

图1.19 东晋 王羲之 《黄庭经》

有时行书常与楷书、草书相间杂，楷书中夹带一些行书字体时，称
"行楷"；草书中夹带一些行书字体时，称为"行草"；有时则楷、行、
草三者间杂。这几种书体多见于民间的书信往来，至今依然。

六、盛唐的狂草

隋代短寿，并没有留下几多骄人的墨迹。唐代鼎盛，加之唐太宗与唐
玄宗皆酷好书法，因此这一时期出现书法的高峰，其中尤以狂草与楷书碑
刻最具盛名。

狂草

草书并未因楷书、行书的流行而被冷落，相反却借盛唐之风进一步发
展。当豪情激荡，像奔腾的骏马纵横驰骋的时候，一般的草书已经不能抒
发其狂放之激情，遂有"狂草"问世。张旭、怀素是唐代狂草宗师。

张旭（658~747）的狂草对后世影响很大。张旭出身于书法世家，既
有先天禀赋，又有良好的发展条件。相传他大醉之后进入癫狂状态，狂呼
奔走，而后落笔，甚至以自己的头发濡墨而书，故时人称之为"张颠"。

张旭的狂草有《古诗四帖》（图1.20）传世。

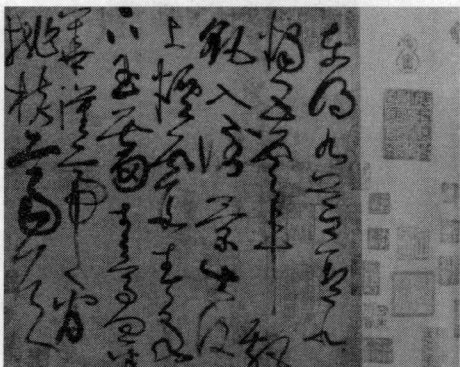

图1.20 唐 张旭 《古诗四帖》

【释文】：东明九芝盖，北烛五云车。飘飘入倒影，出没上烟霞。春泉下玉霤，青鸟向金华。汉帝看桃核，齐侯

　　怀素（725~785）自幼好佛，遂出家当了僧人。他继承、发展了张旭的书法，也以狂草驰名后世。怀素亦嗜酒，醉而运笔疾书，时人称之为"醉素"。张旭与怀素并称"张颠醉素"。相传他以芭蕉叶代纸练字，用废的"秃笔成冢"。怀素在《自叙帖》（图1.21）中叙述自己的身世与经历："怀素家长沙，幼儿事佛，经禅之暇，颇好笔翰。然恨未能远睹前人之奇迹，所见甚浅。遂担笈杖锡，西游上。"

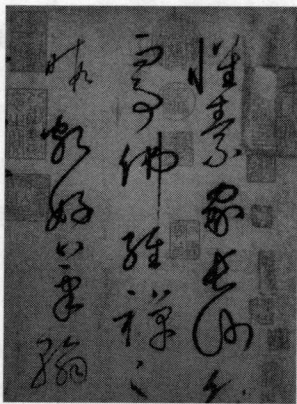

图1.21 唐 怀素 《自叙帖》

现将汉字及其字体发展、演变过程的几个重要阶段概括如下：史前符号→甲骨文、金文（商、周）→籀文（春秋战国）→小篆（秦）→隶书（秦）→草书（汉）→楷书（魏、晋）→行书（晋）→狂草（唐）。

历代书法名品

书法是一门艺术，是用毛笔书写汉字的艺术；也是一门学问，是研究书写汉字的法则。有时一个字就是一幅艺术品，悬之中庭可令满堂生辉，与随侯之珠、卞和之璧相映成趣，有异曲同工之妙，所以也可以说书法是一支笔和一个字的艺术。书法家也是艺术家，中国历代著名的书法家所达到的高峰，后人难以企及，备受尊崇。汉字书法所表达出来的艺术美是当今世界上任何一种其他文字所无法比拟的，它使人感受到赏心悦目的淋漓酣畅，欣赏一幅书法艺术精品比品味一席美馔佳肴的饕餮盛宴，有过之而无不及，余味无穷。汉字书写了华夏五千年文明史，而汉字的形成、演变与完善及其书法艺术本身就是中华文明的一个重要组成部分。中国书法以其独特的魅力，成为世界艺术百花园中一株傲睨群芳的奇葩，是世界艺术宝库中独一无二的绝世珍品。

一、汉魏晋书法名品

蔡邕的《熹平石经》

蔡邕（133~192）字伯喈，陈留圉（今河南杞县南）人，东汉大儒，著名书法家，擅篆、隶，尤以隶书见长。熹平四年（175年）蔡邕等人上奏汉灵帝，请正定"六经"（六部儒家经典：《诗》《书》《礼》《易》《春秋》《乐经》）文字，获批准后，"邕乃自书于碑，使工镌刻，立于太学门外"（图1.22）。他用标准的隶书在巨石上写下这篇经文。碑刻刚刚竣工，前往"观视及摹写者，车乘日千余辆，填塞街陌"（《后汉书·蔡邕列传》）。

汉末政治腐败，蔡邕乃上书直言政事缺失，遂遭奸人诬陷，入狱，流放朔方（今内蒙古杭锦旗北）时仍遭仇家追杀，为此亡命江湖12年。董卓专权，闻其高名，强迫他为侍御史、中郎将。董卓伏诛，被捕入狱，司徒王允以"忘大节而事国贼"论罪，罪当死。蔡邕有修史之志，故"乞黥首刖足，继成汉史"；太尉马日磾也为其求情："伯喈旷世逸才，多识汉事，当续成后史，为一代大典。"皆不许，遂死狱中，终年61岁（《后汉书·蔡邕传》）。

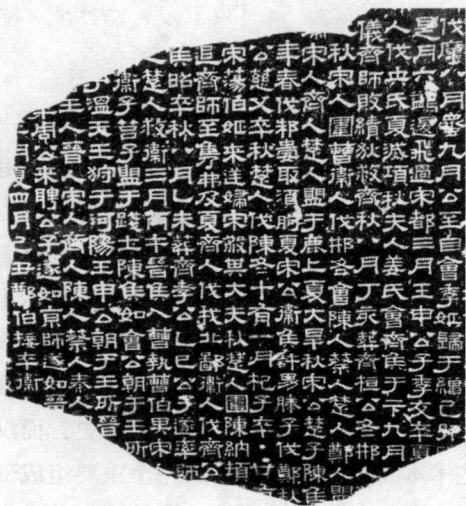

图1.22 汉末 蔡邕 《熹平石经》

曹操的《衮雪》

建安十六年（211年），还是汉丞相的曹操西征张鲁，在汉中褒水旁一块巨石上即兴挥毫，用隶书写下"衮雪"两个大字（图1.23）。曹操是军事家、政治家，也是一代文豪，选择这两个字大书特书，寓意颇深。"衮"是帝王礼服，字体鸥张，有气凌君王之意；"雪"字浓墨重笔，有权压汉室之势。可见此时的曹操，志得意满，气势凌天，他用笔墨抒发内心难以抑制的壮志豪情。

图1.23 汉末 曹操 《衮雪》

司马懿的草书名帖

　　司马懿（179~251）是汉末崛起的又一位风云人物，初以谋略与权变屈就于曹操，也因此为曹操所忌惮，却独得曹丕的信重，曹丕代汉为魏文帝后拜相封侯。他的草书《阿史病转差帖》（图1.24）有隶书遗痕，是早期草书的笔法。

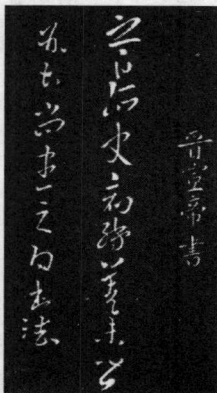

图1.24 魏 司马懿 《阿史病转差帖》

晋武帝的草书名帖

　　晋武帝司马炎代魏之后灭吴，结束三国鼎立的局面，统一中国。天下一统，再无后顾之忧，从此过起了安逸、荒淫的生活。行书《谯王帖》与草书《省启帖》（图1.25）笔画流畅，飘逸潇洒，是后半生安逸生活的真实写照。

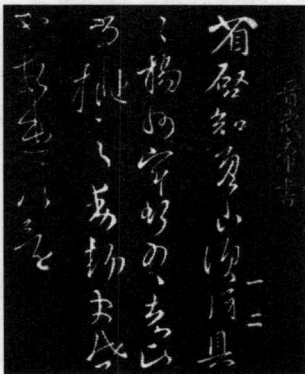

图1.25 晋 司马炎 《省启帖》

王氏的三希名帖

王氏一门多书法名家，以王羲之、王献之、王珣最具盛名。王献之（343~387）字子敬，王羲之第七子，书法诸体皆精，尤擅行草，与其父齐名，人称"二王"。宋米芾评其书："运笔如火箸画灰，连属无端末，如不经意，所谓一笔书。"王珣（349~400）字元琳，王羲之族侄，擅长行草，《宣和书谱》称他为"草圣"。清乾隆帝把王羲之的《快雪时晴帖》、王献之的《中秋帖》、王珣的《伯远帖》（图1.26）列为稀有珍品，并于紫禁城养心殿（现北京故宫博物院内）特设"三希堂"收藏之。《快雪时晴帖》现藏台北故宫博物院，其他二帖现藏北京故宫博物院。

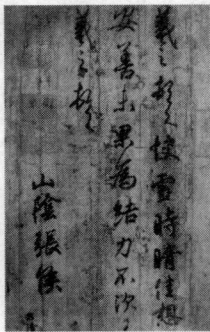

王羲之 《快雪时晴帖》　　　　王献之《中秋帖》　　　　　王珣 《伯远帖》

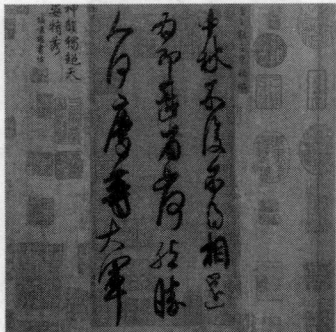

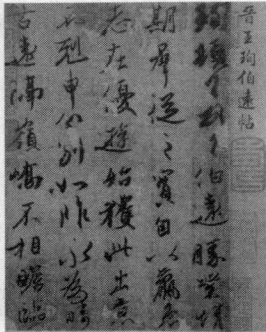

图1.26 东晋

【释文】：羲之顿首 快雪时晴，佳想安善。未果为结力不次。王羲之顿首。山阴张侯

【释文】：中秋不复不得相还，为即甚省如何然胜，人何庆等大军。

【释文】：珣顿首，顿首。伯远胜业情期，群从之宝，自以羸患。志在优游，始获此出，意不剋申，分别如昨，永为畴古。远隔岭峤，不相瞻临。

谢安的行书名帖

东晋书法家谢安（320~385）的行书《八月五日帖》（图1.27）系南宋御书院临本，左边依稀可见宋高宗"德寿"小玺。

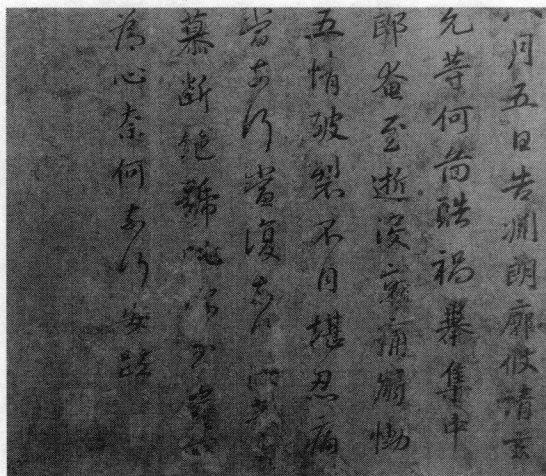

图1.27 东晋 谢安 《八月五日帖》

二、南北朝书法名品

齐高帝的名帖

南朝齐高帝萧道成（427~482）是齐王朝的建立者，工书法，尤以草书见长，是南朝诸帝中的最佳者。唐张怀瓘的《书断》说他："善行草书，笃好不已。"由《破堽帖》（图1.28）可见其运笔娴熟，驾驭笔墨游刃有余。

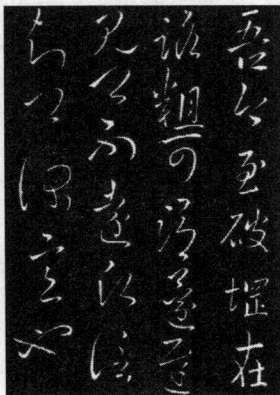

图1.28 南朝·齐 萧道成 《破堽帖》

梁武帝的名帖

梁武帝萧衍（464~549）工各种书法，尤以行书、草书见长（图1.29），《书断》说他的书法"有减于齐高（帝）"。

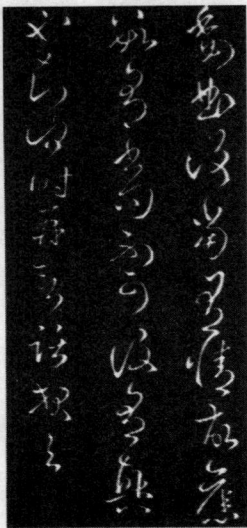

图1.29 南朝·梁 萧衍 《脚气帖》

三、隋唐书法名品

隋朝寿夭，并未留下几多骄人的墨迹。贞观盛世与唐太宗酷好书法使唐代出现书法艺术发展的高峰，一大批名垂后世的书法名家与传世精品相拥而出。

隋文帝的信札

隋文帝杨坚在位24年，留下墨迹甚少，《慧则法师帖》（图1.30）是写给婺州（浙江金华）双林寺慧则法师的一封信，褒扬他"专心讲诵宣扬妙典"之精诚。

平民的追求

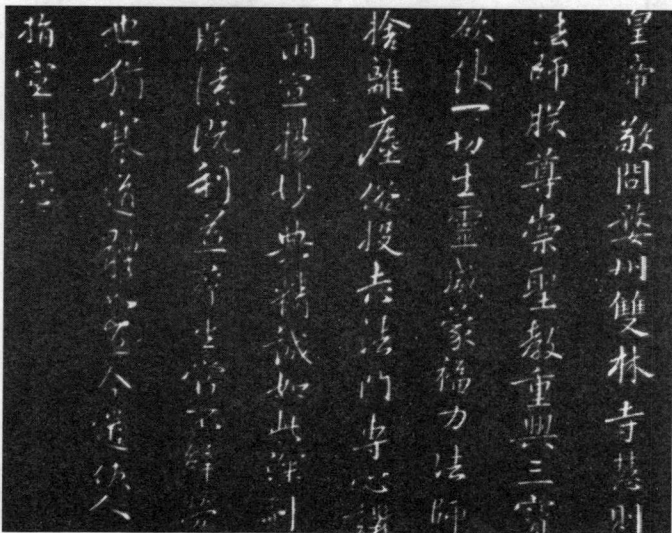

图1.30　隋　杨坚　《慧则法师帖》

唐太宗的墨迹

　　唐太宗李世民酷好书法，但驾驭笔墨的能力难以与其武功文治相媲美。但《续书断》（宋·朱长文）说他的书法"遒劲妍媚"，《张丑管见》则说"清远绝伦"。读者可从行书《两度帖》（图1.31）、楷书《五言秋日效庾信诗帖》（图1.32）自判。

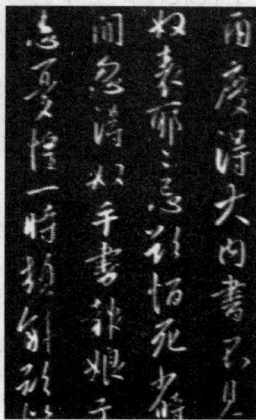

图1.31　唐　李世民　《两度帖》

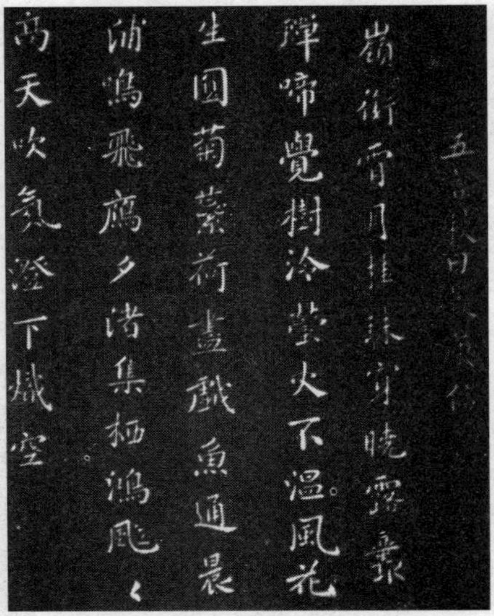

图1.32 唐 李世民 《五言秋日效庾信诗帖》

初唐四大书家名帖

欧阳询、虞世南、褚遂良、薛稷并称初唐四大书家，他们的传世名品甚多，尤以欧阳询为最，称为"欧体"。

欧阳询（557~641）字信本，潭州临湘（今湖南长沙）人，唐贞观初官至太子率更令、弘文馆学士，世称"欧阳率更"。精于行、楷，《九成宫醴泉铭》（图1.33）是楷书代表作，至今仍为学书者所推崇，视为颠覆之作。贞观五年（631年）唐太宗命修葺隋仁寿宫，作为唐高祖避暑之地，更名九成宫。落成之后竖碑刻石，由魏徵撰文，记载唐太宗在九成宫发现涌泉之事，欧阳询正书。原石在今陕西宝鸡市北之麟游，现已剥蚀破损不清，图为宋代拓本。

虞世南（558~638）字伯施，越州余姚（今属浙江）人，唐贞观初官至弘文馆学士、秘书监。唐太宗称誉其德行、忠直、博学、文辞、书翰为"五绝"。书法亲承智永和尚（王羲之七世孙），有"二王"书风，传世书作以碑刻为主，《孔子庙堂碑》（图1.34）为代表作。

图1.33 唐 欧阳询 《九成宫醴泉铭》

图1.34 唐 虞世南 《孔子庙堂碑》

　　褚遂良（596~658）字登善，杭州钱塘人，唐贞观年间官至中书令，备受太宗信重，太宗临终托孤，遗命辅佐高宗。高宗即位封河南郡公，人称"褚河南"。褚遂良因反对武则天立后被贬爱州（今越南清化），不久郁悒而死。其书法继"二王"、欧、虞而别开生面，《雁塔圣教序》（图1.35）为代表作。

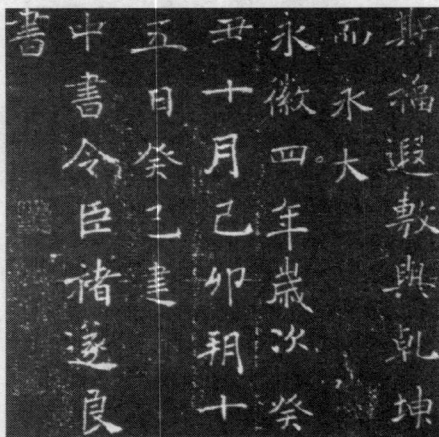

图1.35 唐 褚遂良 《雁塔圣教序》

薛稷（649~713）字嗣通，蒲州汾阳（今属山西）人，官至太子少保，人称"薛少保"。薛稷在外祖魏徵家见到虞世南、褚遂良的法书后，精心临摹，遂以擅书名世。传世碑刻有《信行禅师碑》（图1.36）等。

图1.36 唐 薛稷 《信行禅师碑》

武则天的草书碑刻

武则天代唐称帝，建立起武周王朝（690年）。她以草书撰文为周灵王太子晋树碑，名为《昇仙太子碑》（图1.37），中国历史上绝无仅有的女皇帝在书法上也敢于创新，开草书刻石之先河。

图1.37 武周 武曌《昇仙太子碑》

唐玄宗的隶书碑刻

　　唐玄宗李隆基又称唐明皇，武则天之孙，睿宗李旦之子。705年武周颠覆，中宗李显（武则天之子）即位。710年韦皇后毒死亲夫李显，李隆基发动第三次玄武门之变，诛杀韦后一党，拥李旦即位。两年后睿宗传位玄宗，遂有开元盛世留名青史。李隆基工书法，尤精于隶书，他亲自作序并书石，刻成《石台孝经碑》（图1.38），现存西安碑林博物馆。汉成帝以瘦为美，舞女赵飞燕遂以"瘦"立后；唐玄宗以丰腴为美，贵妃杨玉环遂以"肥"得宠，故自古称赞美女有"燕瘦环肥"之说。唐玄宗喜好丰腴由其隶书碑刻可见一斑。

图1.38 唐 李隆基《石台孝经碑》

"颜柳"书法名品

颜真卿（708~784）字清臣，京兆万年（今陕西西安）人，唐开元进士，官至太子太师，爵鲁郡公，人称"颜鲁公"。其书法初学褚遂良，后从张旭，擅长楷、行、草，正楷端庄，行书遒劲，别开一格，人称"颜体"。《竹山堂连句》（图1.39）《争座位帖》《湖州帖》等皆为范本。

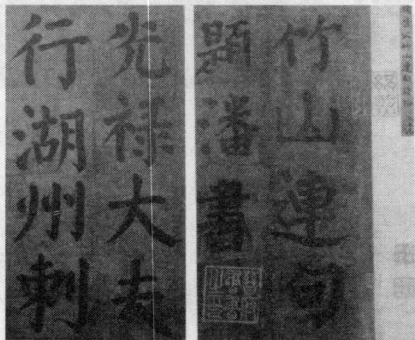

图1.39 唐 颜真卿 《竹山堂连句》

柳公权（778~865）字诚悬，京兆华原（今陕西耀县）人，擅书法，尤精楷书，称"柳体"，与颜真卿并名，称"颜柳"，又有"颜筋柳骨"之称。传世楷书精品有《神策军碑》（图1.40）《金刚般若经》《玄秘塔碑》等。

图1.40 唐 柳公权 《神策军碑》

四、宋代书法名品

宋太宗的草书名帖

宋初书法因宋太祖未能重视而呈衰败之势，北宋文学家、书法家欧阳修叹道："书之盛莫过于唐，书之废莫废于今。"至宋太宗赵匡义（后改名炅）即位方才有所改观，涌现出许多书法名家，苏轼、黄庭坚、米芾、蔡襄并称"宋四家"。太宗酷爱书法，米芾的《海岳名言》称："帝善篆、草、行、飞白、八分，而草书冠绝。"《登黄鹤楼》《宫城诗》（图1.41）等皆草书精品。

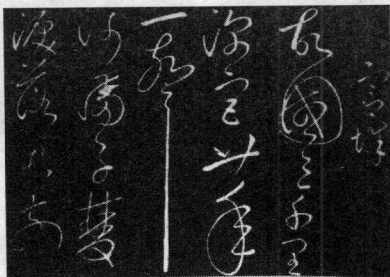

图1.41 宋 赵炅 《宫城诗》

宋徽宗的"瘦金体"

宋徽宗赵佶玩物丧志，最后成为亡国之君，被金兵掳掠北去，囚死于五国城（今黑龙江依兰）。赵佶独创"瘦金体"（图1.42），在书法史上独树一帜。

图1.42 宋 赵佶 《闰中秋月帖》

宋高宗的偷安之作

北宋灭亡之后，宋高宗赵构逃往江南，在临安（今浙江杭州）立国，偷安一隅。传世书迹有《佛顶光明塔碑》、行书《千字文》（图1.43）等。

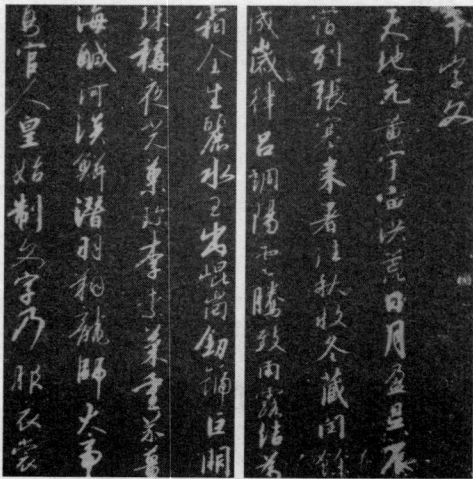

图1.43　宋　赵构　《千字文》

"宋四家"的传世名品

蔡襄（1012~1067）字君谟，兴化仙游（今属福建）人，官至端明殿学士，工书，尤以行书见长，黄庭坚说："蔡君谟行书简札甚秀丽可爱。"《扈从帖》（图1.44）为蔡襄《八帖册》之一。

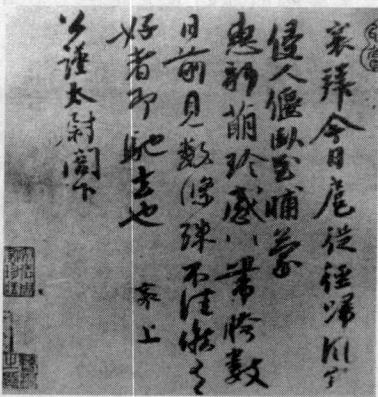

图1.44　宋　蔡襄　《扈从帖》

苏轼（1037~1101）字子瞻，号东坡居士，眉州眉山（今属四川）人，以诗文书画驰名，尤其擅长行书、楷书。嘉靖进士，任祠部员外郎，后以'谤讪朝廷'罪贬黄州，其《黄州寒食诗帖》（图1.45）有"天下第三行书"之称。

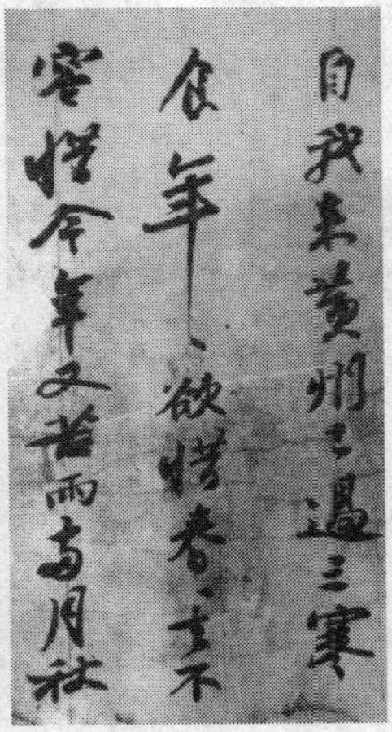

图1.45 宋 苏轼 《黄州寒食诗帖》

黄庭坚（1045~1105）字鲁直，号山谷道人，洪州分宁（今江西修水）人，治平进士，先为校书郎，后以"修实录不实"之罪被贬。其书法本出苏轼门下，却与苏轼齐名，世称"苏黄"，在"宋四家"中颇具特色，不仅楷书妍媚，而且行、草二体皆有重大成就，传世之作有行书《东坡黄州寒食诗跋》（图1.46）、草书《诸上座帖》等。

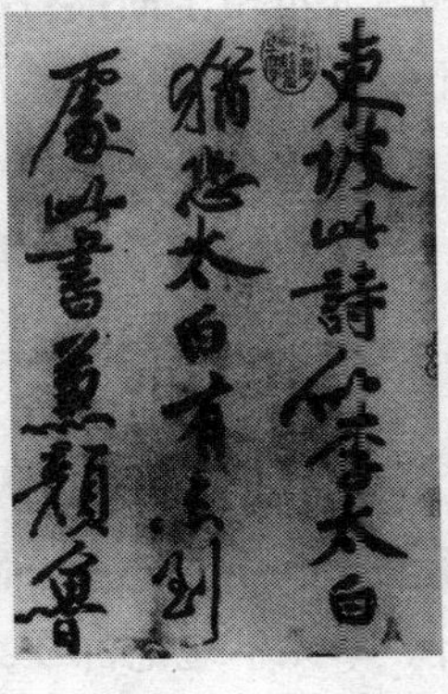

图1.46 宋 黄庭坚 《东坡黄州寒食诗跋》

米芾（1051~1107）字元章，号襄阳漫士，太原（属山西）人，是北宋著名书画家，宋徽宗召为书画学博士，官至礼部员外郎，人称"米南宫"。因举止癫狂，又称"米癫"，各种书体兼善，尤以行书见长；善画山水、花卉、人物，有"米派"之称。著有《书史》《画史》等。米芾的行书潇洒流畅，《苕溪诗卷》（图1.47）为米芾自书游苕溪诗，写于宋哲宗元祐三年（1088年），现存北京故宫博物院。

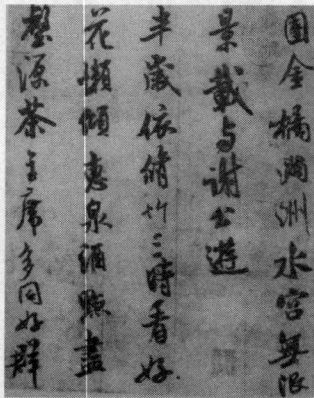

图1.47 宋 米芾 《苕溪诗卷》

五、元代书法名品

元世祖忽必烈1279年灭南宋，结束了传统的汉族王朝的统治，成为第一个统治全中国的非汉王朝。元世祖全面推行汉化方针，欲与历代汉王朝接轨，使中国的传统文化不致为游牧文化所湮没，书法艺术的发展也不致因此而断流。

赵孟頫正是生活在这一"接轨"的时代，成为传统书法艺术的"接轨人"。

赵孟頫的传世精品

赵孟頫（1254~1322）字子昂，号松雪道人、水精宫道人，湖州（今属浙江）人，宋太祖赵匡胤十一世孙。工书，各种书体无不精纯，史称其"篆、籀、八、隶、真、行、草无不冠绝古今，遂以书名天下。"（《元史·赵孟頫传》）明·何良俊《四友斋丛说》："自唐以前集书法大成者，王右军也。自唐以后集书法之大成者，赵集贤也。"赵孟頫的楷书与欧、颜、柳的楷书并称中国"四大楷书"。其小楷清丽秀美，元代另一书法家鲜于枢在《小楷过秦论》跋中写道："子昂篆、隶、正、行、癫草俱为当代第一，小楷又为子昂诸书第一"；清安岐《墨缘汇观》称其书："清劲秀逸，超然绝俗"。小楷的传世之作有《湖州妙严寺记》《老子道德经卷》（图1.48）等。有人则认为其行书成就最大，与正书一样秀媚、清丽，对后世影响也最深，《前赤壁赋》《洛神赋》（图1.49）为行书传世之作。赵孟頫的楷书碑刻也可与欧、颜、柳齐名，明·李日华称赵孟頫的《玄妙观重修三门记》（图1.50）为"天下赵碑第一"。

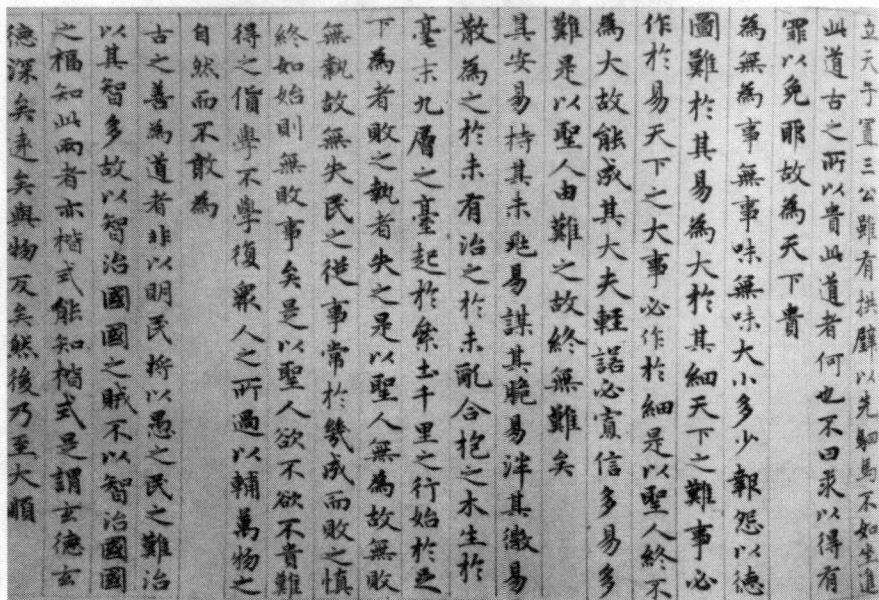

图1.48 元 赵孟頫 《老子道德经卷》

赵孟頫自幼聪颖，读书过目成诵，南宋末任真州司户参军，元灭宋后，元世祖派遣侍御史程钜夫前往江南搜求亡宋遗逸，遂被荐举入朝，官至翰林学士承旨，死后追封魏国公，谥文敏。（《元史·赵孟頫传》）赵孟頫是书史上最有争议的人物，他是赵宋宗室遗老，却屈身事胡，故书界颇有微词，其书作也被讥讽为"奴书""俗书"。在那个提倡"忠臣不事二主"的忠君年代，这可以理解。像不食周粟的商代遗老伯夷、叔齐和

"受宋恩"不屑"事二姓"的文天祥才受到歌颂和推崇。

图1.49 元 赵孟頫 《洛神赋卷》

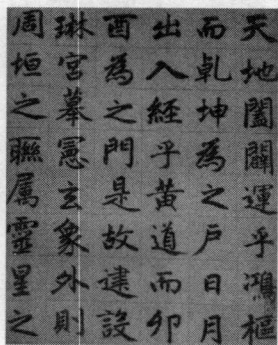

图1.50 元 赵孟頫 《玄妙观重修三门记》

六、明代书法名品

明太祖朱元璋（1328~1398）字国瑞，濠州钟离（今安徽凤阳）人，家赤贫，17岁父兄因饥荒去世无力殡葬，失怙的朱元璋遂入皇觉寺为僧。转而投在起义军首领郭子兴麾下，开始了军旅生涯。后脱离郭子兴独立发展自己的势力，率领一帮文臣武将们逐步打出自己的天地，消灭陈友谅、张士诚之后北伐元都，推翻了元朝的统治，1369年建立起自己的朱明王朝。明太祖出身卑贱，居至尊之位而怀自卑心态，惧怕有人颠覆他的天下，这不仅给元勋国老们带来杀身之祸，许多文人也罹不测之殃，致使明初书坛暗淡，中后期才有起色。明中期在今苏州地区出现"吴中四才子"，书法方面也出现"吴中四名家"。晚明出现书法名家董其昌。

明太祖的大军帖

明太祖朱元璋投军17年而有天下，戎马半生，调兵遣将，少不了敕令部属，《大军帖》（图1.51）是写给徐达和副帅常遇春"二将军"的一封信。至正二十八年（1368年）七月，朱元璋消灭陈友谅、张士诚之后命徐达、常遇春率师北伐元都，中途追下敕令；次月攻克元大都（今北京）。朱元璋少年家贫，文化根底浅，又戎马倥偬，无多少时间习字，有此字迹，实属不易。

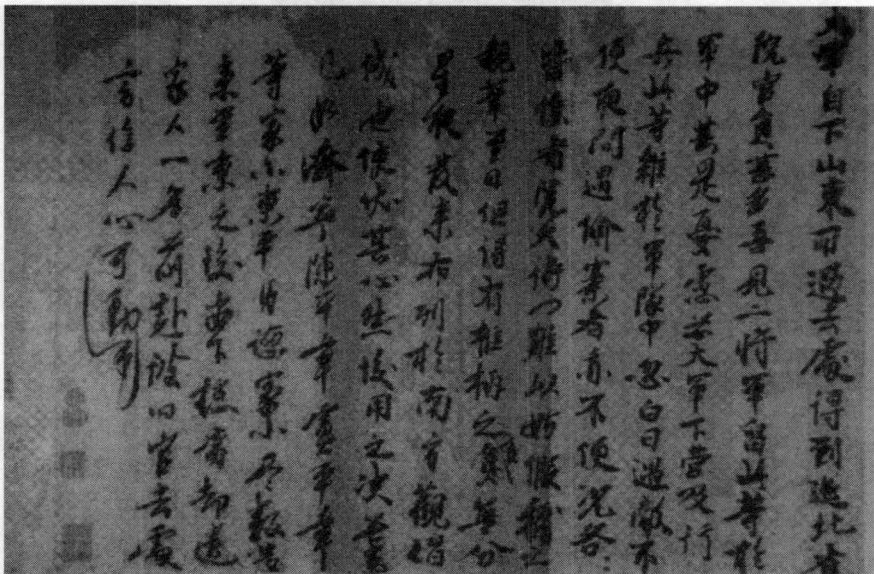

图1.51 明 朱元璋 《大军帖》

明成祖的楷书遗墨

明成祖朱棣（1360~1424），朱元璋第四子，封燕王，镇守北平（今北京）。1398年朱元璋死后传位皇太孙朱允炆（明惠帝），1399年朱棣北平起兵"靖难"，四年攻克都城南京，惠帝自焚，遂登帝位，改元永乐。永乐元年（1403年）明成祖命解缙主持纂修《永乐大典》，六年成书，全书22877卷。嘉靖、隆庆年间又摹副本。正本毁于明末战乱，副本大部分于八国联军入侵北京时被焚毁、劫掠，仅剩下约3%。明成祖存世墨迹也甚少，《御制真实名经序》（图1.52）于遒劲中透出清逸之气，书如其人。

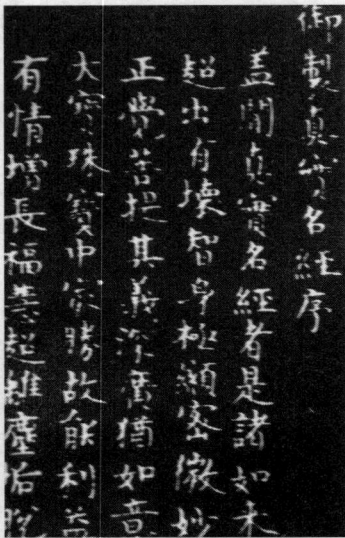

图1.52 明 朱棣 《御制真实名经序》

解缙的传世之作

解缙（1369~1415）字缙绅，号春雨，吉水（今属江西）人，20岁中进士，授庶吉士，是明初大才子，深受明太祖器重，因主持纂修《永乐大典》而垂名后世。草书《自书诗》（图1.53）是解缙的得意之作。全卷排布独具匠心，用笔流畅，飘逸潇洒，纵横长卷游刃有余，可见其草书功力非同凡响。

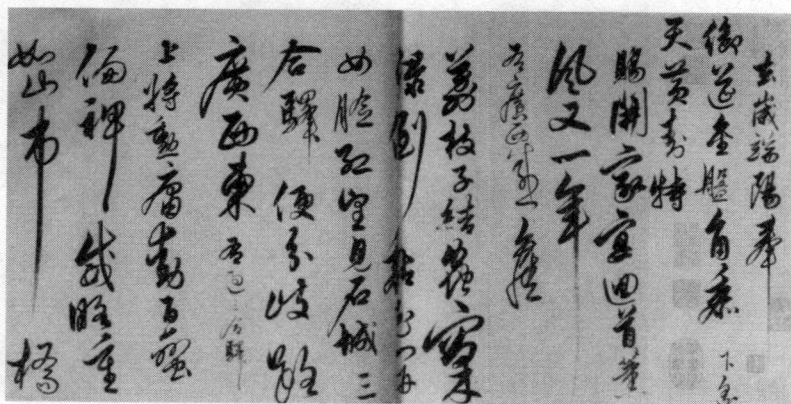

图1.53 明 解缙 《自书诗》

【释文】：去岁端阳奉御筵，金盘角黍下摇天，黄封特赐开家宴，回首薰风又一年。右《广西感旧》，荔枝子结虫窠绿，倒黏花开女脸红。望见石城三合驿，便分岐路广西东。右《过三合驿》，上将勋庸动百蛮，偏裨威略重如山。市桥

"吴中四才子"的墨迹

祝允明（1460~1526）与唐寅、文徵明、徐祯卿并称"吴中四才子"。书法尤以小楷、草书见长，楷书《前出师表》（图1.54）与草书《草书诗卷》皆传世精品。

唐寅（1470~1523）字伯虎，号桃花庵主。工书画，擅行楷，传世绘画多而书作甚少。《自书词卷》（图1.55）为行书传世精品，运笔流畅，风韵秀雅。

文徵明（1470~1559）的书法以小楷、行书最有成就，王世贞的《艺苑卮言》称其"小楷名动海内"，又有人评价其行书"如风舞琼花"，有楷书《归去来兮辞》（图1.56）、行书《赤壁赋》等精品传世。

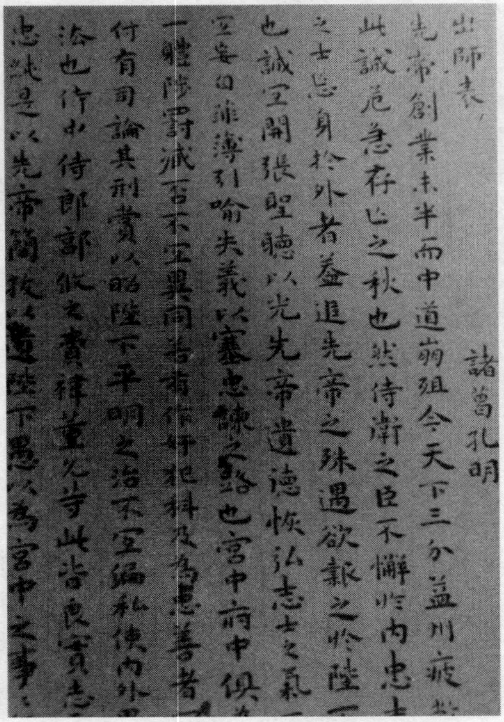

图1.54 明 祝允明 《前出师表》

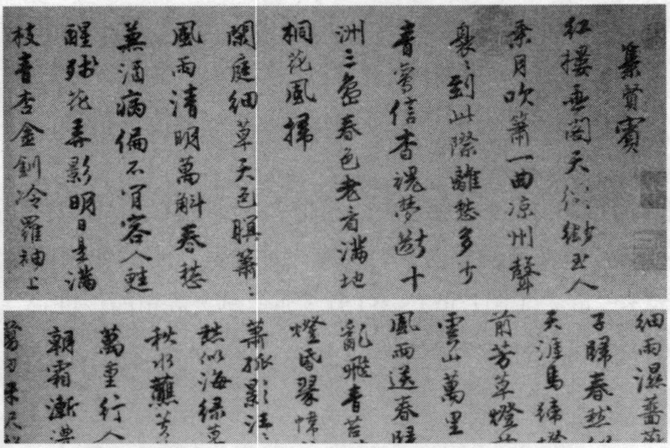

图1.55 明 唐寅 《自书词卷》

平民的追求
二十余位平民精英

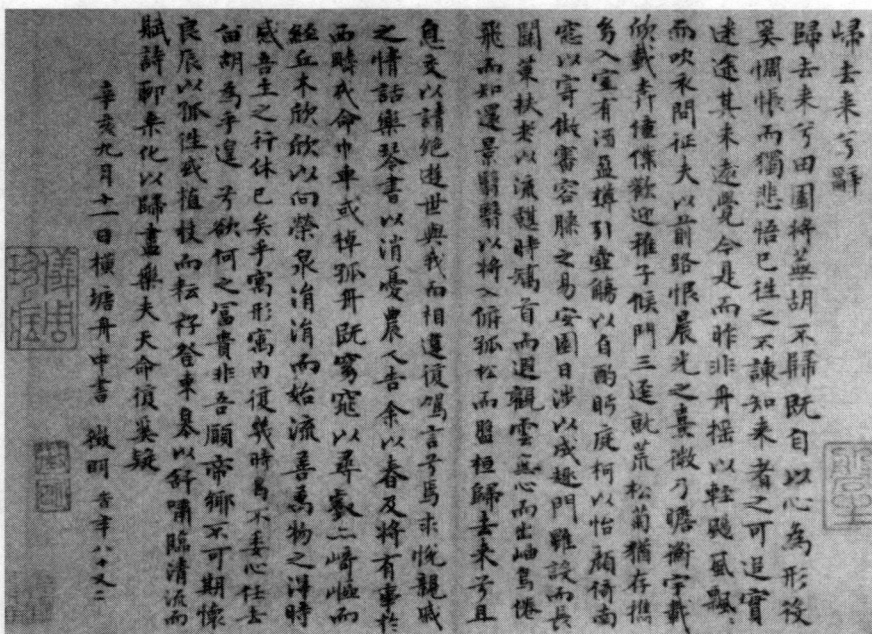

图1.56 明 文徵明 《归去来兮辞》

董其昌的华亭书派

董其昌（1555~1636）华亭（今上海松江）人，晚明书法家，其书法以萧散恬淡为特色而自成一家，成就卓著。华亭书派的影响深远，直至清代前期仍有崇董之风。草书《题潇湘图跋》（图1.57a）书于明万历三十三年（1605年）。行草书王维《无言绝句》（图1.57b）是董书之精品。

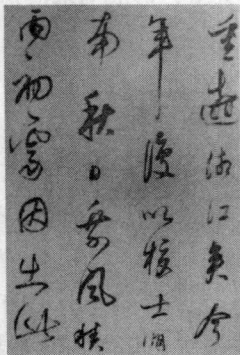

图1.57a 明 董其昌 《题潇湘图跋》

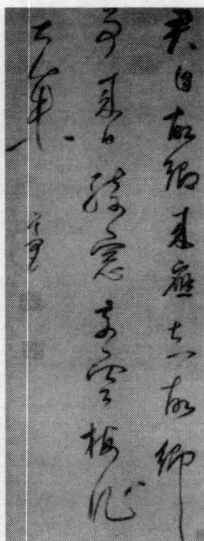

图1.57b 明 董其昌 《无言绝句》

【释文】：重游潇湘矣，今年复以校士湖南，秋日乘风积雨初霁，因出此

【释文】：君自故乡来，应知故乡事。来日绮窗前，寒梅著花未。

七、清代书法名品

1644年，雄踞东北的清王朝乘李自成灭明之机麾兵南下，入关定鼎，建立起中国最后一个封建王朝。异族入主中原，书坛亦起波澜，明末一批书法家因其政治倾向而各有去就，形成明末清初的书坛特色。

亡明四遗老的书作

黄道周（1585~1646）字玄度，号石斋，福建漳浦人，任明翰林院编修、右中允。因不满明末阉党肆虐，魏忠贤争权误国，屡次上疏而流放广西。明亡后出任南明弘光政权礼部尚书，南京沦陷后改拥明唐王隆武为帝，兵败被俘杀。其书法以小楷、行草名世，清宋荦《漫堂书画跋》称其书："意气密丽，如飞鸿舞鹤，令人叫绝。"清王文治《快雨堂跋》称其"楷书遒劲，直逼钟、王"。《行草诗轴》（图1.58）为传世之作。

倪元璐（1593~1644）字汝玉，号鸿宝，上虞（今属浙江）人，天启进士，官至户部尚书。李自成陷北京，明崇祯帝吊死煤山，他效法太监王承恩自缢殉节。其书法以行草名世,《行草诗轴》(图1.59)为传世之作。

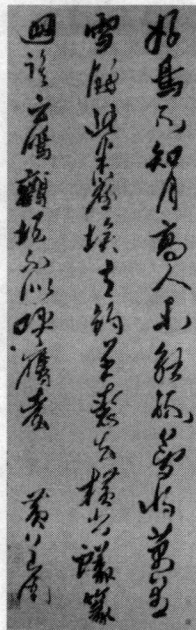

图1.58 明 黄道周
《行草诗轴》

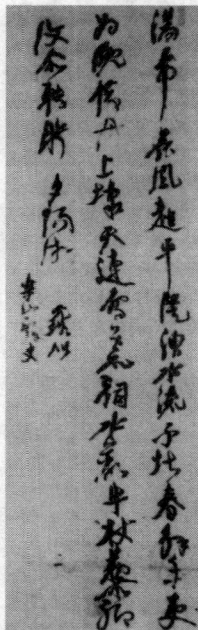

图1.59 明 倪元璐
《行草诗轴》

　　王铎(1592~1652)字觉斯,号文安、嵩樵、痴仙道人,河南孟津人。家境贫寒,后中进士,官至翰林院编修。明亡后任南明弘光政权礼部尚书、东阁大学士,后因淡泊政治醉心书法而降清,授礼部尚书、弘文院大学士。他和赵孟頫一样受到非议,对他的气节、人品颇有微词。

　　王铎是明末清初著名的书法家,其书法笔力雄健,有雷霆万钧之势,而张弛有度,神韵跃然纸上(图1.60),世称"神笔王铎"。与董其昌齐名,有"南董北王"之称。王铎以楷、行、草名世,戴明皋《王铎草书诗卷跋》:"元章(米芾)狂草尤讲法,觉斯则全讲势。……魄力之大,非赵、董辈能及也。"沙孟海《近三百年的书学》说他:"一生吃着二王法帖,天分又高,功力又深……在于明季,可说是书学界的'中兴之主'。"王铎书法深受日本、韩国、新加坡等国的欢迎,他的《拟山园法帖》在日本引起轰动,认为"后王(王铎)胜前王(王羲之)"。

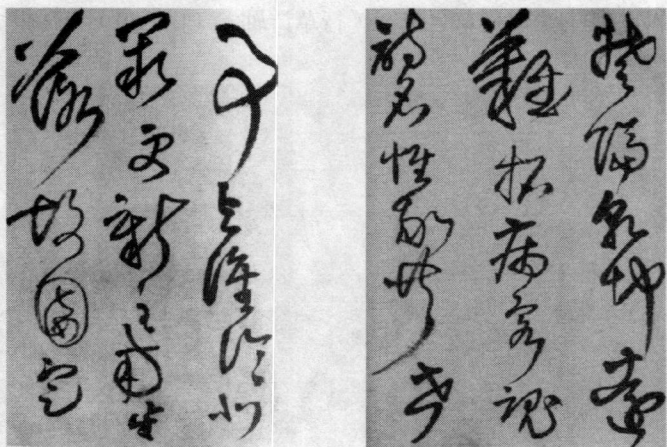

图1.60 明清 王铎 《寄高适》

【释文】：楚隔乾坤远，难招病客魂。诗名惟我共，世事与谁论？北阙更新主，南星落故园。定

　　傅山（1607~1684）字青主，号石道人、朱衣道人，太原阳曲人。明代未受官职，因参与反清活动入狱，出狱后拒受官职，遁迹山林。其书法也取与此相应的叛逆理念，他在《霜红龛集》中申明："作字先作人，人奇字自古。纲常叛周孔，笔墨不可补。"故其书法奇特，别具一格，主张"四宁四毋"："宁拙毋巧，宁丑毋媚，宁支离毋轻滑，宁真率毋安排，足以回临池跃倒之狂澜矣。"草书《五古轴》（图1.61）为传世精品之一。

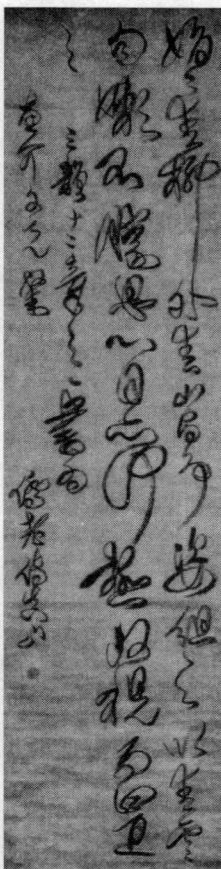

图1.61 明清 傅山 《五古轴》

【释文】：娟娟青柳外，春山与争姿。组之以青云，句嫩不胜思。心目亦何极，收视而置之。三韵十二章之一书为惠介文兄粲侨老傅真山

清初三帝之遗墨

清军入关定鼎中原，建立最后一个封建王朝。出于巩固政权的需要，采取高压与怀柔并用的政策是任何一个入主中土的非汉民族政权所常用的方略。清王朝以此迎来大约百年的康乾盛世。

清圣祖康熙帝玄烨（1654~1722）酷好书法，特别推崇董其昌，遂有清初崇董书风，他本人也刻意模仿，由《柳条边望月诗轴》（图1.62）得窥端倪。

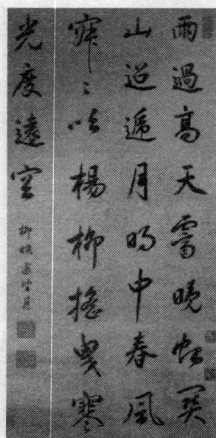

图1.62 清 玄烨 《柳条边望月诗轴》

【释文】：雨过高天霁晚虹，关山迢递月明中。春风寂寂吹杨柳，摇曳寒光度远空。柳条边望月

　　清世宗雍正帝胤禛（1678~1735），康熙第四子，在位13年。喜好书法，也崇尚董其昌，在清代诸帝中造诣较高，有《夏日泛舟诗轴》（图1.63）等传世。

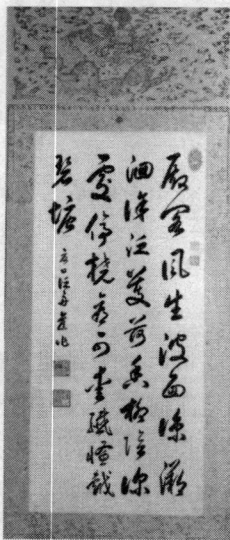

图1.63 清 胤禛 《夏日泛舟诗轴》

【释文】：殿阁风生波面凉，微廻徐泛芰荷香。柳阴深处停桡看，可爱纤倏戏碧塘。夏日泛舟旧作

　　清高宗乾隆帝弘历（1711~1799）在位60年，钟情翰墨终生不辍，有人评论其书法居历代帝王之冠。行书《麦色诗轴》（图1.64）飘逸、潇洒，书如其人。

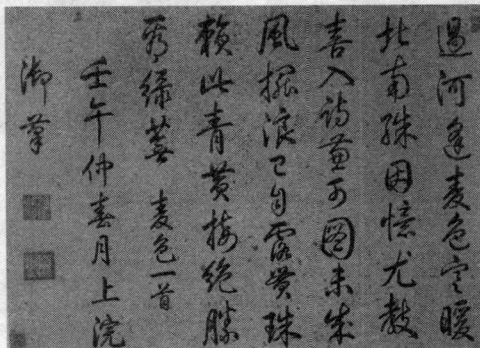

图1.64　清　弘历　《麦色诗轴》

　　【释文】：过河逢麦色，寒暖北南殊。因忆尤教喜，入诗兼可图，未成风摆浪，已自露贯珠。赖此青黄接，绝胜看绿芜。麦色一首 壬午仲春月上浣御笔

八大山人的墨迹

　　朱耷（1626~1705）号八大山人，朱明王朝宗室，明亡后遁入空门。工诗文，擅书画，与石涛、弘仁、髡残统称"清初四僧"。其书笔画粗细均匀，转折圆润，别具一格。行草书《手札十三通册》（图1.65）系致友人书札，随意而为，运笔自如，无拘无束，似行云流水，尽自然之美。

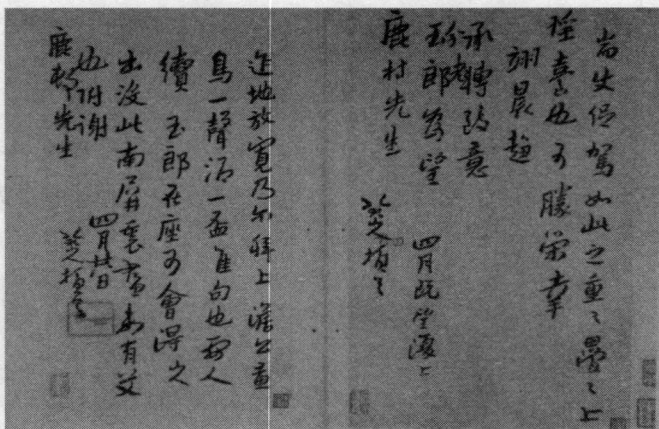

图1.65 清 朱耷 《手札十三通册》

【释文】：专使促驾，如此之重重叠叠上瑶台也，可胜荣幸！翊晨趋承，转致意介老玉郎为望。四月既望，复上鹿村先生 八大山人顿首

　　迳地放宽乃尔，拜上澹公，黄鸟一声，酒一杯，佳句也要人续。玉郎在座可会得？山人出没此南屏里，画未有艾也。附谢鹿邨先生。四月廿八日 八大山人顿首

郑板桥的书画

　　郑燮（1693~1765）号板桥，早年家贫，以卖画为生，乾隆中进士，其书法常以隶书为主，糅合楷、行、草、篆为一体，别具一格，是"扬州八怪"中最具盛名者。以书画驰名，不仅画风有悖于"正统"，其书也颇怪诞，其书法常作为画竹之题款。清蒋宝龄《墨林今话》称其"书隶、楷参半，自称六分半书，极瘦硬之至"。又有人称其书如乱石铺路，但却颇有谐趣，令人称奇，不失为另类中的奇品，极具个性。《墨竹图题款》（图1.66）为郑板桥60岁之作，由题款"乾隆十八年"可知。《咏墨诗轴》（图1.67）则为郑板桥难得之行草书作品，其书运笔迅疾，一挥而就，潇洒中略见狂放，落拓不羁。

　　郑板桥任山东范县县令时给弟弟郑墨写过一封信："我想天地间第一等人只有农夫，而士为四民（士农工商）之末……吾辈读书，得志泽加于民，不得志修身见于世。今则不然，一捧书本便想中举、中进士、做官，如何攫取金钱，造大房屋、置多田产，起手便错走了路头，后来越做越

坏，总没有个好结果。"这说明他是官场中的另类，他的书法特点是这种
另类思想的延伸。

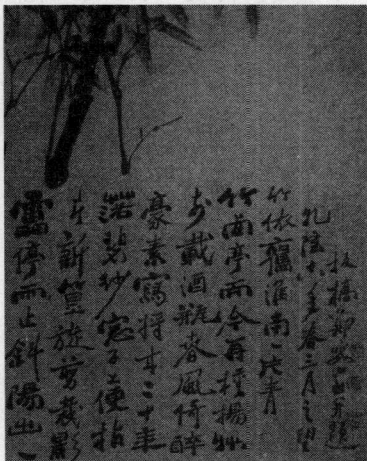

图1.66 清 郑燮 《墨竹图题款》

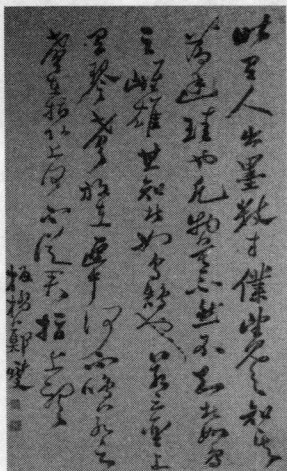

图1.67 清 郑燮 《咏墨诗轴》

【释文】：昨有人出墨数寸，仆望见之，知其为廷珪也。凡物莫不
然，不知者如鸟之雌雄，其知者如鸟鹄也。若云琴上有琴声，放在匣中何
不鸣？若云声在指头上，何不从君指上听？ 板桥郑燮

刘墉的传世书作

刘墉（1719~1804）字崇如，号石庵，山东诸城人。乾隆进士，官至体仁阁大学士。其书法学先贤而自成一家，为"乾隆四家"之一。清张维屏的《松轩随笔》评其书："貌丰骨劲，味厚神藏，不受古人牢笼，超然独出"。康有为谓其书"力厚思沉，筋摇脉聚，近世行草书作浑厚一路，未有能出石庵之范围者，或故谓石庵集帖学之成也"。《七绝二首诗轴》（图1.68）为刘墉传世之作。

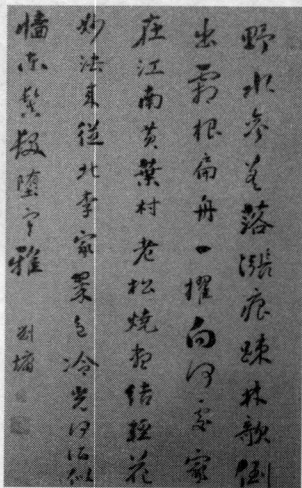

图1.68 清 刘墉 《七绝二首诗轴》

【释文】：野水参差落涨痕，疏林欹倒出霜根。扁舟一棹向何处，家在江南黄叶村。老松烧尽结轻花，妙法来从北李家。翠色冷光何所似，墙东鬓发堕寒鸦。 刘墉

参考文献：

1. 萧元. 中国书法五千年. 北京：东方出版社,2006年第一版.

2. 黄惇等. 中国书法史. 沈阳：辽宁美术出版社,2001年第一版.

3. 龚勋,孙舸. 中国传世书法. 北京：北京出版社,2004年第一版.

4. 李青. 中国书法经典百品. 西安：三秦出版社,1998年第一版.

5. 周小儒. 历代帝王书法. 北京：化学工业出版社,2009年第一版.

第二篇　古代建筑

秦磚漢瓦白玉碑
殿閣亭臺九重闕
帝王坐享威權盛
巧思妙構是庶人

最能体现平民精英之才华睿智的莫过于古代建筑，它是能工巧匠们智慧的结晶与发明创造才能的体现，这些不知名的平民百姓赋予古代建筑以幽深的艺术内涵，使它成为华夏文明百花园中一株闪烁着智慧光辉、玉立挺秀的奇葩，成为华夏文明银河中一颗光彩夺目的明星。

　　为求生存，古人类或穴地而居，或构木为巢，用粗劣的工具营建"居穴"或"居巢"。这些简陋的居所经历千万年的演变，逐步进化为"秦砖汉瓦"的宏伟宫殿，以及今天钢筋水泥的摩天大楼。尽管这一历程漫长而缓慢，但却是连续而渐进的，像一根链条环环相扣；人们可从各阶段建筑物的特征清楚地看到古代建筑发展的轨迹。不论是碧瓦红墙的壮丽宫殿，还是现代钢化透明的高楼大厦，都可以从古人类的"居穴"与"居巢"中找到它们的"根"，看到它们的"影子"。

　　建筑物是根据人们的意愿，通过建筑师与工匠之手完成的，因此它不仅是平民智慧的历史见证，也是古代人思想与行为，志向与追求，乃至灵魂寄托等一切信息的载体。建筑物的主人往往通过建筑来抒发情感，炫耀业绩，豪绅巨贾通过建筑豪宅炫耀其尊贵，统治者则以此向被统治者宣示其神圣不可侵犯的至尊地位，从而成为统治术的一个重要组成部分。历代国君的品行往往为其建筑打下历史的印记，而一个朝代开创者的心理状态，也在很大程度上决定或影响着该朝代建筑的特征。

远古穴居与巢居

一、穴居

远古先民利用天然洞穴或在地面、山坡上掘出洞穴居住，这是人类最早的居住方式，称为"穴居"。《易·系辞下》："上古穴居而野处，后世圣人易之以宫室。"《墨子·辞过》："古之民未知为宫室时，就陵阜（丘陵、土山）而居，穴而处，下润湿伤民，故圣王作为宫室。"这里的"宫室"古人泛指房屋，第一个建造房屋的人被尊为"圣人"和"圣王"。以上这些记叙都告诉我们，远古人类居住洞穴以避风雨、猛兽，这是人类生存的本能。

天然洞穴与人工洞穴

考古发掘证明，大约200万年前的旧石器时代，人类就开始穴居，不过当时只是利用天然洞穴居住，到了大约一万年前的旧石器时代末与新石器时代初，人类方才学会用简单的石器、骨器挖掘人工洞穴，建造自己的住宅。

考古发现许多旧石器时代（二三百万年~八九千年前）古人类居住过的天然洞穴。1927年在北京市西南房山县周口店龙骨山首次发现距今约70万年~23万年的"北京猿人"居住的天然洞穴与头盖骨。1971年在大冶石龙发现年代晚些的天然洞穴和88件旧石器。1978年在吉林布尔哈通河畔的明月沟发现古"安图人"居住过的天然洞穴。

人工洞穴始于何代、何年？至今不详；但大量考古发掘证明，从八九千年前开始的新石器时代，人类居住的主要是人工洞穴。在河北承德附近的磁山文化遗址（距今约7300年）、黑龙江白金宝遗址、吉林大安汉书遗址、甘肃临洮马家窑遗址（公元前3000~公元前2000年）等处都发现这一时期人类居住过的"半地穴"，它比人工的纯地穴已经更进一步了。在磁山遗址的人工洞穴中还有成堆的小米和人工饲养的猪狗等动物遗骸。1954年在西安半坡村发现公元前4800~公元前4200年古人类聚居的十几处氏族聚落，在每个聚落中心广场的周围是一些"半地穴"式民居和少量原始的地面建筑，半地穴深入地下50~80厘米，上半部由植物枝干构成倾斜屋顶。

原始穴居的演变

并不是所有天然洞穴都可以居住，地下水位太高或离河床太近的洞穴就不适合。人口增长所造成的天然洞穴不足，或者由于面积太小或形式不尽如人意，迫使古人类不得不用粗劣的石器、骨器挖掘洞穴——第一个人工洞穴诞生了。虽然只是一个仅能容身的小小洞穴，但却是人类在征服自然的旅程中迈出的关键性一步，具有划时代意义，它标志着建筑和建筑学的开始。这是华夏先民智慧的结晶。

在山坡上挖出的洞穴称"横穴"，在平坦地带则挖成"竖穴"。为了遮挡雨雪、阳光，自然要用树枝、荆条、茅草为"房子"加盖，这实际上已经是一种最原始的"土木结构"了，而先民们所进行的就是一项最简单的"土木工程"。为了扩大竖穴的容积而不增加洞口面积，以及由此所带来的诸如增加顶盖移动的困难等问题，通常是把洞穴挖成口袋形，于是柱形竖穴就演变成"袋形竖穴"。为了减少施工量和出入方便，人们开始缩减竖穴的深度，提升生存空间，从而出现"半地穴"。与此同时顶盖也由活动式进化成固定式，并在顶盖斜坡上开门。这种半穴居已经是近代农村民居与宫殿的雏形。进一步发展就是半地穴演变成全地面结构，这就是近代木结构建筑的雏形，至此人类穴居时代终结。从半坡遗址早期的半地穴，经历三四百年之后到了中期，已经出现了原始的全地面建筑。五帝时期帝王所居就已经是比较讲究的全地面建筑了。（图2.1）

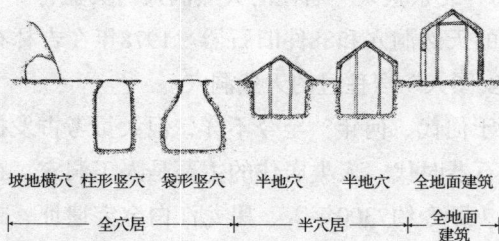

坡地横穴	柱形竖穴	袋形竖穴	半地穴	半地穴	全地面建筑

全穴居 —— 半穴居 —— 全地面建筑

图2.1 穴居形式的演变

穴居发展进化的过程可以归纳为：天然洞穴—人工洞穴（横穴、柱形竖穴、袋形竖穴）—半地穴—地面房屋。华夏建筑文化的发展演变过程是极其缓慢的，从"北京猿人"的自然洞穴到半坡中期与五帝时期的全地面建筑，整整经历了四五十万年。

二、巢居

有巢氏

穴居只适合于干旱地区，如中国北方的高原与山区，不适合南方雨量充沛、水网交错的潮湿地带，因此这些地区的先民选择了"巢居"，像鸟筑巢那样在树上构筑居巢。《韩非子·五蠹》："上古之世，人民少而禽兽众，人民不胜禽兽虫蛇。有圣人作，构木为巢，以辟（避）群害。而民悦之，使王天下，号曰'有巢氏'。"这是关于第一个发明"巢居"的人的事迹传说的记载，他教人民"构木为巢"，人民从此不受禽兽虫蛇的侵害，百姓感恩，尊为圣人，推之为王，称为"有巢氏"。虽系传说，但可信，现在南方一些少数民族地区依然以竹楼、木屋为主要居住形式，我们可以从中看到古人巢居的影子，从而反证上古先民构木为巢的真实。这些竹楼和木屋就是远古的"居巢"经过漫长的发展历程演变而来的。凡事总有第一，居巢虽然简陋，但这是从无到有的突破，是了不起的发明创造，被尊为圣人，理所当然，当之无愧。

巢居的演变

与穴居不同，树巢不可能像地穴那样保留下来以待发掘，因此只能推测。不难构想，巢居只能有两种形式：单树巢和多树巢。前者是在一棵大树上筑巢，当然其大小与居住人数有限；后者是选择临近的几棵树上筑巢。随着人类的生息繁衍，人口增长，生活需求扩大，当没有合适间距的树木时，自然就会想到去"搬运"一部分树木来构筑居巢，就是截断树木，然后用打桩的方式"栽树"——这就是最原始的"立柱"。当树巢结构由部分使用立柱进化到全部使用立柱时，原始的干阑（干栏）式建筑便诞生了。（图2.2）

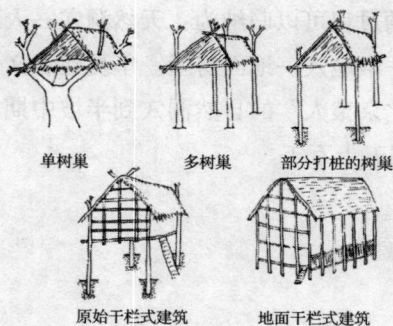

単树巢　　多树巢　　部分打桩的树巢

原始干栏式建筑　　地面干栏式建筑

图2.2　巢居形式的演变

干栏建筑是目前我国南方壮族、侗族、傣族、布依族等民族住房形式之一，分上下两层，一般以竹料、木料作桩柱、楼板和上层墙壁，以树皮、茅草或瓦作顶盖。上层住人，下层没有围墙，用以圈养牲畜、放置农具。史料记载，1800~1400年前的魏晋南北朝时期，这一地区的居民（当时称为僚人）就已居住这样的干栏式建筑房舍。

考古发掘证明，在我国南方这种干栏建筑的历史也和北方的穴居同样悠久。1973年在浙江余姚河姆渡村东北的"河姆渡遗址"中，发现6800年前新石器时代古人类居住的"干栏"式建筑的遗迹，其梁柱已经采用卯榫连接，地板则用企口密拼。在大约7000年前只有石刀、石斧、石凿等粗劣工具的情况下，就能掌握如此成熟、精湛的木构技术，制作出如此精密的木构件，华夏先民的聪明才智与发明创造能力，令人叹为观止。

原始巢居的发展演变可以归纳为：树巢（单树巢、多树巢）—原始干栏式居巢—地面干栏式建筑。

由于地理条件和生活环境的差异，形成了南北两种不同的建筑；虽然二者原始形态各不相同，但最后都演变为地面建筑。这上下两个起点以及自上而下与自下而上的发展路线，有天壤之别，但最终南北合流，殊途同归。这说明华夏民族自古以来就是一个善于发明创造的优秀民族，它所创造的史前文明足以炫耀古今，煊赫中外。

先秦建筑

一、五帝时期建筑

考古证明，在公元前26世纪中期~公元前2070年的五帝时期，中国北方先民的主要居住形式正处于由半穴居向全地面建筑房屋演变的过渡阶段。氏族居住的聚落主要为半地穴，帝王所居已经有了简单的地面建筑，并出现城邑。

黄帝居于邑

1957年开始发掘的河南三门峡市庙底沟遗址中发现了四千多年前人类居住的房基和房址，经碳−14法测定，年代为公元前27~公元前26世纪，正是黄帝生活的年代。近期在这一遗址的西坡村还发现带回廊的建筑物房基，有人结合其他考证，认为疑似黄帝的居所，是否可靠还有待于进一步考证。

《史记·五帝本纪》记载："（黄帝）邑于涿鹿之阿。迁徙往来无常处，以师兵为营卫。"（邑，都城或城市；涿鹿，在北京市西北；阿，大的丘陵。）说明黄帝已经在涿鹿的丘陵地带营建了简单的城郭，只是由于战事的需要，迁徙往来，居无定所罢了。

尧舜的都城

到了尧舜时期，城邑多了，大了，而且有了像样的城门；民间也有了比较像样的全地面建筑——居室和仓廪。尧把舜作为接班人培养，用多种方式对他进行考验，命他到历山农耕，到雷泽捕鱼，到河滨制陶（历山、雷泽、河滨都在今山东菏泽东北）。舜所到之处，都受到民众的爱戴和景仰，纷纷聚集到他的周围，于是"一年而所居成聚，二年成邑，三年成都"（聚，许多户人家形成的聚落；都，都市）。都市的规模比黄帝时大得多了，而且呈方形，四边开有城门。尧命舜到城门外迎接来自远方的诸侯宾客，于是舜迎"宾于四门，四门穆穆，诸侯远方宾客皆敬"（穆穆，庄敬而美好）。尧所居住的已经是简易的宫室了，"堂崇三尺，茅茨不剪"（堂，四方形高台，或宫殿的前部，后面是室；崇，高）。即尧所居宫室的前堂高三尺，其顶盖苫以不加修剪的茅草、芦苇，相当简陋。

为了考察舜的品德，尧把两个女儿嫁给他，并"为筑仓廪（粮仓）"。舜之父瞽叟和后娘想害死他，叫他上仓顶涂泥，然后在下面纵火，"舜乃以两笠自捍而下"。他靠两顶斗笠才"捍"下来逃脱，可见粮仓已经相当高了。瞽叟又让他挖井，舜有所戒备，从井边挖了一条暗道。挖到很深的时候，瞽叟和舜的异母弟象往下填土，舜从暗道再次逃脱。瞽叟父子以为舜已被活埋，遂瓜分舜的妻子和财产，瞽叟分得仓廪和牛羊，象霸占舜的两个妻子和住房，"象乃止舜宫居（房屋）"。舜的住房是全地面房屋无疑。

舜受禅之后，命大禹继其父鲧未竟之业，继续治水。禹全身心投入到这项伟大工程中去，他"卑宫室，致费于沟减"。他鄙弃舒适的住房和安逸的生活，把全部经费都用于治水，而且"居外十三年，过家门不敢入"。"宫室"即地面房屋，"家门"也不会是居穴的门了。

二、夏代建筑

夏代起源于夏禹。公元前2070年虞舜禅位于夏禹。夏禹建都阳城（今河南登封东），在位十年，死后传位于子启，从此父子相传。通常认为夏代是中国第一个朝代。夏都后来迁到斟鄩（今登封西北），再迁安邑（今山西运城）。公元前1600年夏为商汤所灭。夏代处于考古学的新石器时代与青铜时代的交接时期，考古发现这一时期墓葬中有大量石器、陶器和少量青铜器。

夏都王城

在夏代统治的470年间，建筑的形式与规模、技术与材料都有明显进步，首先是大型宫殿的出现。1959年开始发掘的河南偃师二里头（今登封西北数十里）发现大型宫殿的夯土建筑地基，经测定，其年代为公元前1900~公元前1600年，正是夏代中晚期夏都的遗址。它包括几座宫殿及其外围的环绕廊庑，总面积达3.75平方千米，显然这是包括多座宫殿在内的"王城"。靠北中间是面积最大的主体宫殿的夯土台基，略高于地面，呈东西走向的长方形，环绕主殿有一圈排列整齐的柱洞，南北两侧各九个，东西两侧各四个，内有柱础石，显然这是用来安放支撑房梁、房盖的立柱的。柱洞间距约3.8米，据此推测，这是一座由八间房屋组成的宫殿，台基面积应不小于340平方米（图2.3）。在大约4000年前的技术条件下，这已经是大型建筑物了。

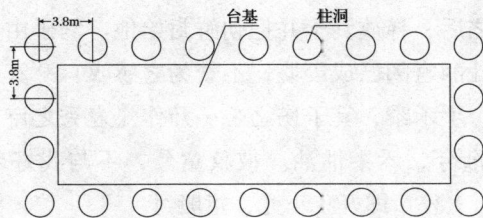

图2.3 夏王城主殿台基示意图

夏代还没有砖瓦，宫殿以及其他建筑物只能是土木结构，以木为主，辅以土。顶盖也只能是茅草和荆条之类的木料，如尧舜之时，只是从发展来看，应该修剪整齐，而不是"茅茨不剪"了。

三、殷商建筑

自公元前1600年商汤灭夏到公元前1046年周武王伐纣灭商，在商代统治的554年间，建筑物、建筑技术、建筑材料等都有所发展，主要表现在大型宫殿与陵墓的出现和开始采用铜材。民居仍保留部分半穴居建筑。

商汤的始祖契是帝喾之子，因佐大禹治水有功，帝舜封于商（今河南商丘），故其部落以及灭夏之后所建立的朝代皆以"商"命名。商部落屡经迁徙，契传十四世至汤始定居于亳（今河南商丘北部）；亳也是商汤立国之后的都城。商汤灭夏之后经过五次迁徙，至商王盘庚十四年（公元前1319年）由奄（山东曲阜东）迁都于殷（今河南安阳小屯村），故"商"又称为"殷"。从盘庚直至纣王覆灭，殷都未再迁徙，总共经历了274年之久，成为中国历时最长、最古老的古都。

殷墟宫殿群

末代商王殷纣淫暴更甚于夏桀，横征暴敛，大造宫室苑台，"厚赋税以实鹿台之钱……益广沙丘苑台，多取野兽飞鸟置其中"（《史记·殷本纪》）。"台"是高而平的建筑物，供眺望、游观之用；"鹿台"是殷纣王所建高台，"其大三里，高千尺"，故址在今河南汤阴朝歌镇南。"沙丘"在今河北广宗大平台。说明纣王所筑宫室苑台不止于殷都，一直向北扩展到河北沙丘大平台，300里内遍布离宫别馆。周武王灭纣之后，殷都建筑全部被毁，成为一片废墟，故称为"殷墟"。纣王的父辈箕子因劝谏被囚，周武王灭殷之后，释放箕子并把朝鲜封给他。箕子由朝鲜朝周，路过殷都时，见往日壮丽宫阙已成废墟，不禁为之感叹："箕子朝周，过故殷墟，感宫室毁坏，生禾黍，箕子伤之……乃作《麦秀之诗》以歌咏之。其诗曰：'麦秀渐渐兮，禾黍油油。彼狡童兮，不与我好兮！'"（《史记·宋微子世家》）狡童即奸狡小儿，指殷纣。

1928年开始的殷墟考古发掘历时50余年，发现了完整的宫殿、陵墓、作坊等建筑遗址。殷都包括两部分：洹水以南安阳小屯村的宫殿、居民区和洹水以北的陵墓区。宫殿区共有53座宫殿，周围环绕着半穴居的居民点、手工业作坊和贵族与平民的墓葬。洹水以北除历代商王陵墓之外，还有贵族墓葬和数以千计的奴隶殉葬坑。整个殷墟总面积24平方公里以上。可见殷商保留奴隶制社会形态，奴隶全无人身自由，可以随意杀戮。从居住形式看，王公贵戚与平民百姓之间的等级差别非常悬殊。

商代建筑特点

（1）宫殿的夯土台基高出地面达三尺；

（2）墙体由夯土和土坯砖砌成，砖缝上下错开，用泥浆黏合；

（3）木柱与石柱础之间有防腐的铜片；

（4）柱脚出现大理石石雕，有饕餮、石兽、石鸮等图像；

（5）草秸屋顶成四坡形，重檐。

四、西周建筑

建筑材料的革命

西周建筑因建筑材料与技术的进步而具有许多时代特征。陶制砖瓦的发明是建筑材料的一次革命，由此引发建筑结构与建筑技术的革命：土木结构进化为砖瓦木结构，并出现"斗拱"（图2.4）。随之而来的是，出现规模更大、装饰更华美的宫殿、台榭和庙堂等大型建筑。

陶瓦　瓦不仅用于屋脊和檐口，也用来铺盖整个屋面，以提高防水功能。还有用来挡瓦并保护檐口木椽的半圆和圆形"瓦当"，而且被刻上花纹以增加其装饰作用与美感。瓦的使用势必增加屋顶的重量和房架的负

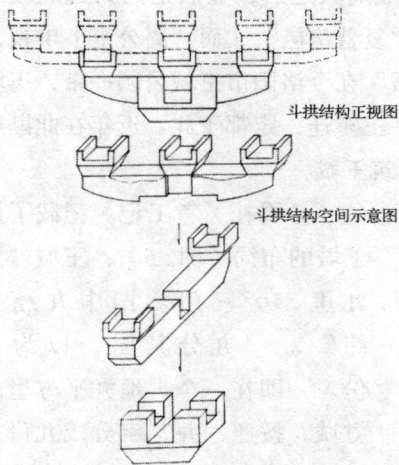

斗拱结构正视图

斗拱结构空间示意图

图2.4 斗拱结构示意图

荷，从而促进房架结构的改革与发展，首先是屋顶构架的改变——发明"斗拱"承托技术。

斗拱 斗拱是由许多斗形木块和弓形肘木纵横交错、层叠而成，并逐渐向外探出，从而形成上大下小的托座。把这个托座"放"在柱顶和连接立柱之间的梁（额枋）上，让它托住整个屋顶，从而把屋顶的负荷通过立柱传给地面。为了增加木柱的稳定性，木柱通常安放在坚固的柱础上，或者把它夯入夯土台基中。

陶砖 西周晚期陶砖的发明也促进建筑技术与建筑艺术的发展。带花纹的方砖用于铺地和夯土墙的贴面，既美观又增加防水功能。

周公筑王城

周代有严格的礼乐典章制度，它赋予建筑的时代特征。相传周礼系周武王之弟周公姬旦所制订，其核心就是严格的等级制度，不论是居室、墓葬、庙堂、祭祀，还是城郭、都邑，乃至冠戴、服饰等等，天子、公卿大夫与平民百姓都有严格的等级差别，不得逾越。天子所居宫殿与王城规格最高，其次是诸侯国的国都，再次是卿大夫的采邑，平民百姓最低。

周武王灭殷之后有意营建东都，但他即位仅四年而崩，未能如愿。为了完成其遗愿，周成王亲政之后派遣召公往洛阳勘察，而后命周公前往筑城。《史记·鲁周公世家》："成王七年（公元前1036年）二月乙未，王朝步自周，至丰，使太保召公先之雒相土。其三月，周公往营成周雒邑。"（丰，即丰京，与镐京同为西周国都，周文王由岐迁此，今陕西长安西南；之，赴；雒，雒邑，即洛阳；相土，选择城址。）周公所筑东都宫城称"成周城"，在今洛阳东郊白马寺以东，竣工之后，迁殷商遗民于此。

但《史记·周本纪》又记载："成王在丰，使召公复营洛邑，如武王之意。周公复卜申视，卒营筑，居九鼎焉。"此次筑城是在周公摄政七年之后还政成王之时，虽未写明确切年代，但从这一段记载中两次出现

"复"字，说明周公此次筑城是在筑成周城之后，显然是因为成周城不"如武王之意"，因此周成王命召公"复营洛邑"，而"周公复卜申视，卒营筑"。周公第二次所筑东都"王城"在今洛阳市王城公园一带，王城才是周王所居和政府机关所在地。周平王东迁，定都于此。近年在此勘察到一座东周时期的城垣，推测即周公所筑王城。

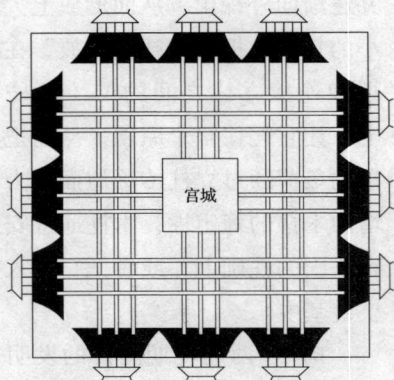

图2.5 周王城布局示意图

《周礼·考工记》记载了周王城的布局（图2.5）：王城"方九里，旁三门。国中九经九纬"。"九分其国，以为九份。"即在一个占地九平方里的方城，按照"井"字分成九份，方城四边各开三门，城内南北方向开九条纵道（九经），东西方向开九条横道（九纬）。

王城这种格局来源于殷周时期的井田制，即把每平方里土地按"井"字分为九份，每份100亩，中间为公田，归奴隶主所有，其余由八夫（八户）耕种；公田由八夫共同耕种，作无偿劳动。王城中间那块"公田"即是天子所居的宫城，以示其王权至高无上的至尊地位。因此周代的王城实际上是由内城和外城两部分组成：内城即宫城，周王所居；外城为公卿住所和民居。这种格局为后世都城所沿袭，现在的北京城依然保留明、清两朝都城的残余：皇帝所居的宫城即紫禁城（故宫），宫城以外为公卿、贵族、平民的住宅以及商铺、作坊等。北京城的外郭有城墙包围，20世纪50年代被拆除。

五、春秋战国建筑

西周灭亡，周平王为避戎狄而东迁洛邑，从此周室衰微，西周所分封的诸侯各据一方，大国争霸，小国或依附大国，或被兼并，春秋初期的一百多个诸侯国至战国初期只剩下20多个，最后演变为七雄并立的格局。这一时期的政治格局赋予建筑具有如下时代特征：其一，各诸侯国特别是大诸侯国的国都的品级提高，骄奢淫逸的国君竞相营建宫室、园囿、台榭；

其二，营建长城，以防御邻国的侵扰，北部诸国（秦、赵、燕）筑长城以御匈奴。

宫室苑台建筑

宫室 当时大国国君都大兴土木营建宫室、国都。燕国是战国七雄中最弱的诸侯国，但燕下都的规模已相当大，其遗址（今河北易县东南高陌村）的夯土墙（大部埋在地下），东西长八公里，南北宽四公里，城内有百米见方的大型宫殿台基，还有铸钱与制作兵器的手工业作坊及贵族墓地。

商鞅为秦孝公营造咸阳城，孝公"十二年（公元前350年），作为咸阳，筑冀阙（宫廷外的门阙），秦徙都之"（《史记·秦本纪》）。筑城完毕之后，由雍（今陕西凤翔）迁都咸阳。

齐景公在位（公元前547~公元前490年）期间大修宫室，"景公好治宫室，聚狗马，奢侈，厚赋重刑"（《史记·齐太公世家》）。齐相晏婴（晏子）曾经提出劝谏，不听。大约百年之后，吕尚的齐国被田氏所代。

台榭 上筑敞屋的高台称台榭，供游观、眺望；多层台榭呈阶梯形金字塔状。台榭往往是园林建筑中的组成部分，在中山王墓葬中出土的铜版图中，有五座台榭组成的陵园建筑群图案。中山国在今河北省正定，春秋时白狄所建，国君于公元前323年称王，公元前295年为赵所灭。

鲁庄公（公元前693~公元前662年在位）好筑台榭，"筑台临党氏，见孟女，说（悦）而爱之，许立为夫人"（《史记·鲁周公世家》）。

晋平公在位时晋国政治已相当腐败，当时强卿崛起，已见灭亡先兆，但他依然热衷于修筑园林台榭，不恤国政。晋平公十九年（公元前539年），齐相晏婴（晏子）出使晋国，大夫叔向充满忧虑地对他说："公厚赋为台池，而不恤政，政出私门，其可久乎！"（《史记·晋世家》）百余年之后，赵、韩、魏三卿分晋，晋亡。

战国末期苏秦为燕国到齐国当间谍，就是乘齐宣王去世齐湣王即位之机，"（劝）说湣王厚葬以明孝，高宫室大苑囿以鸣得意"。其用心就是为了耗竭齐国的人力、物力、财力，削弱其国力，以达到"破敝齐而为燕"的目的。

修筑长城

楚国的方城 最先筑长城的是春秋时的楚国，楚长城起自河南南阳市东北之方城，至其东南部之泌阳，故其长城称为方城。战国时又自方城向西北沿伏牛山拓展，然后折向南，循白河、湍河之间分水至邓州。楚国赖此长城守其北境。

春秋初期齐桓公争霸，于桓公三十年（公元前656年）率师伐楚，兵至召陵（今河南漯河市）。楚成王派遣将军屈完御敌。齐桓公炫耀武力，屈完用以德服人回敬道："君以道则可；若不，则楚方城以为城，江、汉以为沟，君安能进乎？"（《史记·齐太公世家》）

魏国的长城　魏国是战国初期的强国，乘秦衰败之机向西扩张，攻取秦黄河以西领土。秦孝公崛起，欲收复失地。为遏制秦国东进，故魏筑长城以防御。《史记·秦本纪》：秦孝公元年（公元前361年）"魏筑长城，自郑宾洛，以北有上郡"。（郑，周宣王弟姬友之封国，今陕西华县东；宾，濒，濒临；洛，洛河；上郡，战国时魏文侯所置，辖今陕西北部与内蒙古乌审旗等地。）从华县向南至濒临洛河筑长城，欲挡住秦出关（潼关、函谷关）之路。十年之后又于北端筑长城，以保上郡。"（魏惠王）十九年（公元前351年），诸侯围我襄陵。筑长城，塞固阳（今内蒙古包头北）。"（《史记·魏世家》）

燕国的长城　列国中长城最长的是燕国。燕国北部边界最长，当时匈奴崛起，屡屡犯边，故筑长城以抵御匈奴。燕国长城北段西起今河北张家口，经河北省北部、内蒙古东南部，再经辽宁省阜新、开原、新宾，最后至朝鲜半岛。

修筑长城的方式因地制宜，山地险要之处通常利用天然陡峭地形以石头砌成城墙；平原地带常以夯土为主。

秦始皇帝二十六年（公元前221年）统一中国，结束了500余年列国分立、诸侯并争的局面，列国所筑长城已经失去存在的意义，而且成为统一国家发展的障碍，因此秦始皇命拆毁，只留下与匈奴接壤的秦、赵、燕北部长城，并且加以修缮贯通。

建筑材料与建筑技术

春秋末期铁器的使用已相当普遍，在河北易县境内发现的战国晚期燕下都遗址中，已有冶铁作坊和制造兵器的手工业作坊。铁制工具的使用，促进了建筑业的发展与繁荣。其一，使卯榫木结构更加精良，从而使建筑物更加坚固耐用，花纹雕刻也更加精巧美观；其二，屋瓦和瓦当的使用更加普遍，瓦当的纹饰也更加精美，还出现金属瓦钉；其三，在台榭建筑中普遍出现斗拱、出檐与勾栏（栏杆）等形式，增加其外形的美观。

秦代建筑

一、时代的印记

秦始皇以雄才一统天下，以奢靡淫暴中土，这就为秦代建筑打上恢宏壮伟而又瑰丽豪侈的时代印记。同时秦始皇想通过宏伟的建筑来炫耀他的丰功伟业，抒发他的壮怀，这是所有秦代建筑的灵魂。他的建筑活动始终与其军事行动同步，并六国期间，每灭一国，即模拟该国王宫筑殿，想把它作为胜利成果永恒地固定下来，建筑物的气势与其吞灭六国的气魄同样豪壮。他的这一举措实际上是把他的兼并思想与实践通过建筑的形式表达出来，为秦代建筑文化打下"秦记"的烙印。

建国之后，秦始皇更是无一日不治宫室。秦始皇帝二十七年（公元前220年），这是完成统一的第二年，随即"作信宫渭南"。他以信宫象征天极，所以把它改名"极庙"。又于今陕西淳化西北的甘泉山"作甘泉前殿"。

数年之后，咸阳与关中地区已是宫室苑园林立，"关中计宫三百，关外四百余"。但秦始皇还嫌宫廷太小，难以抒发心中的豪壮，遂于秦始皇帝三十五年（公元前212年）命筑阿房宫，"乃营作朝宫渭南上林苑中。先作前殿阿房，东西五百步，南北五十丈，上可坐万人，下可以建五丈旗……表南山之巅以为阙"。南山，即咸阳东南之终南山，阿房宫在咸阳南之阿房村。仅前殿就如此庞大，足见朝宫规模之宏伟。更令人兴叹的是，居然把终南山当作朝宫之门阙，足见其气势凌天，显然秦始皇想通过修筑朝宫来抒发其气吞山河的气概。

和历代帝王一样，秦始皇即位之初即为自己修筑陵墓，"始皇初即位，穿治骊山"。并天下之后，修骊山墓的人更多了："天下徒送诣七十余万人，穿三泉，下铜而致椁。""隐宫徒刑者七十余万人，乃分作阿房宫，或作骊山（陵墓）。"秦始皇驱赶70余万刑因为他修建宫室、陵墓，对于当时只有不足3000万人口的国家来说，这个数目是惊人的。

秦始皇无休止地修筑宫殿、陵墓暴露了他的骄奢淫逸，不惜以千万民众的膏脂填其无穷之欲壑。至此秦王朝已危机四伏，阿房宫未成，他就已暴死沙丘。第二年陈涉举义，又二年，秦亡。

二、阿房宫与《阿房宫赋》

唐代著名文学家杜牧的《阿房宫赋》以尖锐的艺术笔触描述了阿房宫的豪壮，也揭露了秦始皇的暴虐："六王毕，四海一；蜀山兀，阿房出。覆压三百余里，隔离天日。"开宗明义地指出：六国覆灭，天下一统，秦始皇以为从此可以高枕无忧，开始纵欲。于是砍伐山林，修筑宫室，川蜀山林被伐尽，变成秃山；阿房宫出世，黑压压三百余里，遮天蔽日。接着无情地揭露秦始皇为了满足其私欲而搜刮无度："奈何取之尽锱铢，用之如泥沙？使负栋之柱，多于南亩之农夫；架梁之椽，多于机上之工女；钉头磷磷，多于在庾之粟粒；瓦缝参差，多于周身之帛缕；直栏横槛，多于九土之城郭；管弦呕哑，多于市人之言语。"杜牧以愤激之辞，抨击秦始皇榨取民脂民膏，却视为泥土随意挥霍。为何像锱铢（古代很小的重量单位）那么小的财物都被刮净，而使用时却有如泥沙？遂使承梁之柱多于耕作的农夫，梁上的椽多于机上的织女，金光闪闪的钉头多于仓中的谷粒，交错的瓦缝多于衣服上的丝缕，纵横的栏杆多于九州的城郭，管弦之音多于闹市的人声。

杜牧的传世之作也已经指出，秦王朝在娱乐升平中潜伏着覆灭的危机。这些宫苑建筑被项羽的一把火付之一炬，《史记·项羽本纪》："项羽引兵西屠咸阳，杀秦降王子婴，烧秦宫室，火三月不灭。"只剩下阿房宫高大的台基，高七米，东西广约千余米，供后人研究探索。

三、秦始皇陵

秦始皇13岁（公元前246年）即位即开始为自己修筑陵墓，一直到秦始皇帝三十七年（公元前210年）七月秦始皇死，九月下葬，一共花了整整37个年头。秦始皇陵的规模之大，气势之恢宏，古今中外，无出其右。

秦始皇陵坐落在骊山北麓，在今陕西临潼县东5公里处，离西安市只有大约35公里。陵区呈南北长、东西窄的长方形，分内外两部分，外城垣面积2173米×974米，内城垣面积1300米×578米。坟冢在内陵区南部，由多层夯土台构成，三国魏人记载："坟高五十余丈"，约合120米。经两千多年的岁月风霜的剥蚀，现尚存残高76米，底485米×515米。

1974年在陵园东墙外一公里多处发现四个大型陶制兵马俑坑，总面积两万多平方米，其中有队列整齐的兵俑、马俑、将军俑和战车。一号坑内有38路步兵俑和76辆马拉战车；二号坑有步兵、弩手兵、骑兵和四马战车64辆等；三号坑有军官俑和兵俑等，显然系指挥所；四号坑未完工。武士身高1.78~1.87米，身披铠甲，挟弓持箭，或手执剑、矛、弩机等兵器，马俑大小也与真马相似。兵马俑排列整齐，皆栩栩如生、威武雄壮，显然这是一支由近万人组成的秦始皇地府卫队。如此精心设计，除了彰显其武功之外，更重要的目的还在于确保他在阴间的安全。秦始皇立国之后，搜缴天下兵器，就是惧怕百姓（被贬称为黔首）起来造反。他几次遭袭击，始终心有余悸；又因他杀人太多，总怕有人要他的命，因此，到了阴曹地府也不放心。

秦始皇兵马俑同时也反映了秦代高超的制陶技术。1980年在陵园西侧出土两驾铜马车，装备齐全，做工精细，反映了秦代高超的青铜铸造与金工工艺技术水平。这些艺术精品是能工巧匠们智慧的结晶，是古代平民百姓用平凡的双手创造华夏文明的又一历史佐证。

四、筑长城修驰道直道

秦始皇并没有意识到秦王朝潜伏着的危机，他只看到匈奴对他的王朝所构成的威胁，于是在派遣将军蒙恬两次发兵北击匈奴的同时，于秦始皇帝三十四年（公元前213年）命蒙恬率30万人筑长城，"起临洮（今甘肃兰州南），至辽东，延袤万余里"（《史记·蒙恬列传》）。司马迁引西汉政论家贾山的评论："使蒙恬北筑长城而守藩篱，却匈奴七百余里，胡人不敢南下而牧马。"

为了巡游的需要，秦始皇于即位第二年（公元前220年）开始大修驰道，"为驰道于天下，东穷燕齐，南极吴楚，江湖之上，濒海之观毕至。道广五十步，三丈而树"（《汉书·贾山传》）。

秦始皇于三十五年（公元前212年）命蒙恬修直道，《史记·蒙恬列传》："始皇欲游天下，道九原，直抵甘泉。乃使蒙恬通道，自九原抵甘泉，堑山堙谷，千八百里。"（九原，今内蒙古包头西北；甘泉，陕西淳化西北。）因为道路较直，故名直道。

五、建筑材料与技术

秦代宫殿建筑以夯土为主，辅以陶制砖瓦与石材。虽然砖瓦均发明于西周，但素有"秦砖汉瓦"之说，说明秦代砖与汉代瓦之精美。秦代的制陶技术非常发达，陶制砖瓦以及其他陶制品都很精美。陶砖用于铺地、贴墙，有方形砖、条形砖、少量异型砖和空心砖。秦宫殿出土的陶制水管弯头内外都有纹饰，也很精美，而且还有大小头。特别是秦始皇陵中数以千万计的陶制兵马俑制作精良，千人千面，栩栩如生，令人叹为观止。秦长城为夯土，瓦、瓦当依然用于铺盖屋面；石材主要用于筑城墙、铺路和水利工程，并作为立柱的基础。墓葬铜器中所显示的斗拱说明木结构在当时的使用也相当普遍。

汉代建筑

嬴秦的暴政与项羽的残虐促成汉之暴兴。汉高祖三年亡秦，五年灭楚，经过八年征战而得天下，遂于公元前202年建立起自己的汉王朝，这足以令其自矜功伐，自负英武；而文、景二帝的勤俭治国使国家殷富，又使汉武帝的豪侈有了充足的物质条件，这一切赋予了西汉建筑以显著的时代特征——西汉初期的豪壮与中期的奢丽。

一、萧何修筑长乐宫、未央宫

汉高祖五年（公元前202年）即位之后定都洛阳，同年五月迁都长安，因此没来得及修缮洛阳宫殿，而致力于营建长安宫室，九月即命萧何"治长乐宫"。长乐宫原为秦始皇的兴乐宫，在长安城东南隅，周回20里，面积占长安城1/4。其前殿东西49.7丈，殿东西两个夹室之间的中堂宽35丈，深12丈。进行一番修缮之后，"七年冬十月，长乐宫成"。西汉初仍袭秦制以十月为岁首，故汉高祖'七年冬十月'即公元前201年10月，就是说长乐宫的修缮工作一共用了一年零一个月。

四个月后，"七年春二月，（命）萧何治未央宫"。萧何受命，立即开始运作："萧丞相营作未央宫，立东阙、北阙、前殿、武库、太仓。"（阙是宫殿、陵墓前的建筑物，通常左右各一。）

未央宫在长安城西南隅，周回28里，和长乐宫之间隔着一个武库。前殿东西50丈，深15丈，高35丈。萧何是刘邦的忠实家臣，极能揣摩主子的豪壮心情，未央宫又是新建，可以尽情抒发其忠贞之志，于是他把未央宫修建得威壮而富丽堂皇。落成之后请刘邦前往观看。刘邦"见宫阙壮甚"，大怒，责备道："天下汹汹，苦战数岁，成败未可知，是何治宫室过度也？"萧何从容答道："天子以四海为家，非壮丽无以重威；且无令后世有以加之。"他说非如此不足以显示天子至高无上的权威，而且定要让后世帝王望尘莫及。其实刘邦责让萧何"治宫室过度"只是出于理智，或者只是为了表示节俭的虚辞，而显示王者至尊令后世莫及才是他的终极心愿，萧何说到他心里去了，于是"高祖乃说（悦）"。

未央宫内除皇帝起居与朝会殿堂之外，还有皇后所居的椒房殿、供游观用的柏梁台和沧池，池中有浸泡在水里的渐台，高10丈。

汉高祖在位期间，主要居长乐宫，偶尔也到未央宫，他最后死于长乐宫。从惠帝开始至西汉末的历届皇帝都居未央宫，皇后居长乐宫。绥和元年（公元前8年）王莽篡汉，就是在未央宫前殿"御王冠，即真天子位"。

二、萧何筑长安城

惠帝三年（公元前192年）命萧何于龙首山（今陕西西安市南）筑长安城。萧何于是组织人力，"发长安六百里内男女十四万六千人城长安，三十日罢"。惠帝五年（公元前190年），又"复发长安六百里内男女十四万五千人城长安，三十日罢"。第二年建成。实际上所筑长安城只是长安城的外郭城墙，城周回65里，四面各有三门，城下有护城河。把长乐宫、未央宫等都囊括在内。

三、汉武帝筑建章宫

汉武帝即位（公元前141年）之后，广筑宫室园囿。太初元年（公元前104年）于长安城西营建章宫，周围20余里，前殿高于未央宫。其东有高

25丈的"凤阙";西有"数十里虎圈";北有太液池，池中有高20余丈的渐台与蓬莱、方丈、瀛洲、壶梁等建筑，象征海中仙山；南有玉堂璧门，因其阶陛以及楼屋上椽首皆用玉制成，故称"璧门"。璧门右有神明台，台高50丈，上有9室，室中置百尊九天道士，是汉武帝求仙的处所。又筑井干楼，高50丈，与神明台对峙。井干楼积木而成，木结构极其复杂，形如井，故名。

此外，又建大量离宫别馆，仅长安城东南之上林苑中离宫就有70所，将秦始皇所筑上林苑扩展至200余里。另外，扩建甘泉宫，作为避暑疗养之离宫，建前殿、紫殿、通天台等数十个宫馆。通天台高30丈，作为守候、迎接神仙之用。

更始元年（公元23年）绿林军攻入长安，宫室被毁。王莽逃入未央宫沧池中之渐台继续顽抗，被杀。光武帝建武二年（公元26年），赤眉军攻入长安，"焚西京宫室，发掘园陵"，又"收载珍宝，大纵火烧宫室"。长安城在四年内连遭两次兵燹，宫室园囿荡然无存。

四、光武帝修洛阳宫

光武帝中兴汉室，建立东汉王朝，建武元年（公元25年）定都洛阳，遂修宫室。洛阳是西周之东都，东周国都，汉高祖立国之初也曾一度定为国都。洛阳宫东西七里，南北十余里，横跨洛河，河南为南宫，河北为北宫。北宫正殿德阳殿，南北七丈，东西37.4丈，"周旋容万人，阶高二丈，皆文石作坛，激沼水于殿下，画屋朱梁，玉阶金柱。"（《后汉书·礼仪志》）距离洛阳宫43里的偃师，都可以看到洛阳宫的主要建筑："望朱雀五阙，德阳其上，郁律（音律，高峻）与天连。"

洛阳宫也毁于兵燹。东汉末初平元年（公元190年），董卓挟持汉献帝往长安，临行"焚烧洛阳宫室，悉发掘陵墓，取宝物。"（《三国志·董卓传》）"悉烧宫庙、官府、居家。二百里内，室屋荡尽，无复鸡犬。又使吕布发诸帝陵及公卿以下冢墓，收其珍宝。"（《资治通鉴·汉纪五十一》）洛阳宫室荡然无存，只留下一些殿基遗存，留待后世挖掘探索。

五、贵戚争建园苑

西汉末年外戚专权，汉元帝皇后王政君有八兄弟，加上其父王舜一门九侯，他们权倾朝野，竞相奢侈，展开修筑豪宅园苑竞赛。汉成帝（公元前32~公元前7年在位）造访成都侯王商府第，"见穿城引水，意恨。内衔之，未言"。自古君臣有别，特别是自周代开始制定了严格的等级制度，不得逾越，天下财富只有帝王可以随意挥霍，而公卿贵戚则不行。因此汉成帝对母舅如此挥霍自己的"家财"，十分不满，恨恨地，但尚未发作。他又到曲阳侯王根府第，"又见园中土山、渐台、象白虎殿"。王根的园苑同样豪侈，两个舅舅都如此，看来所有舅舅都一样，他再也忍不住了，"于是上（汉成帝）怒"。（《资治通鉴·汉纪二十三》）

东汉末年外戚梁冀之豪宅园苑冠于古今。梁冀之妹为汉顺帝皇后，顺帝死后梁太后临朝，并以其妹为桓帝皇后。梁冀成为双重国舅，独霸朝政，和平元年（150年）"增封大将军冀万户，并前合三万户"。其妻也受破格封赏："封冀妻孙寿为襄阳君，兼食阳翟租，岁入五千万。加赐赤绂，比于长公主。"梁冀夫妻同受殊封，自古未有，于是展开竞赛："冀与寿对街为宅，殚极土木，互相夸竞，金玉珍怪，充积藏室。又广开园圃，采土筑山，十里九坡，深林绝涧，有若自然。奇禽驯兽，飞走其间。……又多拓林苑，周遍近县。起兔苑于河南城西，经亘数十里。又起别第于城西，以纳奸亡。"（《资治通鉴·汉纪四十五》）

西汉末年与东汉末年贵戚专权，竞起豪宅，是汉代一道特有的风景线，也是两汉衰败的标志与灭亡的先兆。

六、民居建筑

汉代宫室园苑屡经兵燹与岁月风霜，已荡然无存，有的仅留下台基。而民居建筑可从随葬冥器的各种模型略知一二，有平房、楼阁、猪圈、羊舍、仓廪等，二三层楼阁模型中的斗拱、栏杆、门窗、瓦顶等结构清晰可见。画像石所显示的建筑图案有厅堂、楼阁、门阙、亭树等，这些建筑物有台基、柱、枋、斗拱、栏杆、门窗、瓦顶及鸟兽等饰物。由此可见，汉代建筑已具备近代建筑的各种基本元素，它们实际上可视为近代建筑物的雏形。

七、建筑材料与建筑技术

由考古发掘可知，在汉代墓葬中已经普遍使用各种类型的砖。普通砖用于砌墙，上大下小的"发券砖"用于砌筑拱形墓顶，方形砖用以铺地，空心砖用于砌柱、梁。除此之外，还有长方形砖、三角形砖以及各种异型砖，用于各种特殊场合。

瓦的使用也已十分普遍，各种屋顶用瓦包括屋面用的板瓦、筒瓦，两坡相交处屋脊用的脊瓦，屋顶端部用的圆形和半圆形瓦当常有动植物纹饰。在冥器模型与画像砖所显示的各种类型建筑物中，斗拱的采用已相当普遍。建筑物的各种形式以及所使用的各种结构元素也已经一应俱全。

三国建筑

一、曹操建三台

东汉末年，军阀混战，虽然战事连绵，曹操也从未忘记修宫室、筑苑台。"建安十五年（210年）冬，作铜雀台。"（《三国志·魏书·武帝本纪》）铜雀台又称铜爵台，在今河北临漳西南古邺城西北隅，高10丈，有屋120间。同时又筑金凤台、冰井台，各有屋百余间，合称"三台"。虽然此时曹操只是"挟天子以令诸侯"的汉丞相，但代汉之势已成，他俨然国君，实际上是没有穿龙袍的皇帝。

公元220年正月曹操死后，其子曹丕代汉称帝（魏文帝），建立魏王朝，同年"初营洛阳宫"，欲定都洛阳。227年，曹丕之子曹睿（魏明帝）即位之后即大兴土木营建宫苑，当年"立文昭皇后寝园于邺"，又"初营宗庙于洛阳"。太和六年（232年）又"治许昌宫，起景福、承光殿"。青龙三年（235年），"既作许昌宫，又治洛阳宫，起昭阳太极殿，筑总章观，高十余丈"（《资治通鉴·魏纪五》）。由于大批征集民工，遂至农桑失业。

二、孙皓大开园囿

孙权比较节俭，在位30年并未有多少营建。他孙子孙皓即位（264年）之后即大力营建宫室园苑，宝鼎二年（267年）"作昭明宫，方五百丈。（俸禄）二千石以下（的官员），皆自入山督伐木，大开园囿，起土山楼观，穷极伎巧。功役之费，以亿万计"（《资治通鉴·晋纪一》）。诸大臣纷纷规劝，一概不听不纳，一意孤行。

刘备也以节俭为本，又有诸葛亮把关，后主刘禅嗣位亦不敢逾越成规，因此终蜀汉之世，都未大兴土木。

两晋十六国建筑

三国归晋，但西晋只维持了52年，于316年为匈奴汉国的创立者刘渊之子刘聪所灭。随后中国北方相继被十多个少数民族政权所瓜分，从此进入"十六国"时期。西晋灭亡的同年，皇族司马睿于江南立国，建都建康（今南京），史称东晋。

两晋、十六国期间虽战乱不息，但这些大小王朝的统治者们始终没有停息宫室园囿的营建，特别是晋武帝司马炎与后赵的羯胡石虎、夏国的赫连勃勃这样的淫暴之主，他们的宫苑建筑最为豪侈。

一、晋武帝以黄金明珠装饰太庙

晋武帝司马炎于265年代魏建立晋王朝。他原本就是一个极善享乐的荒淫之主，于是无所忌惮地营建宫室、园苑、宗庙。仅营建太庙一项工程，就"致（罗致）荆山之木，采华山之石，铸铜柱十二，涂以黄金，镂以百物，缀以明珠"。后来太庙地陷被毁，"遂更营新庙，远致名材，杂以铜柱，陈勰为匠，作者六万人"。与此同时，派遣宫臣遍采天下美女数千充实后宫，灭吴之后又从孙皓后宫择取5000人，至此后宫万人，纵情淫乐（《晋书·武帝纪》）。

二、石虎的宫室穷极工巧

石虎为石勒之侄，残暴成性，是十六国时期残暴君主之一。石勒字世龙，上党武乡（今山西榆社北）人，古羯族。羯曾属匈奴，古代称匈奴为胡，故称羯胡。石勒于319年自立为赵王，史称后赵，330年称帝之后即"起明堂、辟雍、灵台于襄国（今河北邢台）城西"。明堂系天子朝会及举行各种庆典、祭典的地方；辟雍，亦作璧雍，即太学，因四面环水如璧而得名。同年又聚集数十万人于邺（在今河北临漳）营建宫室："（石勒）虽都襄国，又营邺宫，作者数十万人，兼以昼夜。"（《魏书·羯胡石勒传》）曹操曾于邺城按国都建制营建宫室、宗庙、祭社等，其宫城暗仿天子禁宫。西晋末年战乱不息，宫室被毁，石勒重建邺宫。

石虎杀石勒之子自立之后由襄国迁都邺城，又大兴土木扩建宫室；故都襄国也同时营建，两地宫室规模以及投入的人力、物力远超过石勒："赵王虎作太武殿于襄国，作东西宫于邺。太武殿基高二丈八尺，纵六十五步，广七十五步……珠帘玉璧，穷极工巧。殿上白玉床，流苏帐，为金莲花以冠帐顶。又作九殿于显阳殿后，选士民之女以实之，服珠玉被绮縠（丝织品）者万余人。"石虎又"于邺起台观四十余所，营长安、洛阳二宫，作者四十余万人。又欲自邺起阁道至于襄国"（《资治通鉴·晋纪十七》）（《魏书·羯胡石勒传》）。

三、赫连勃勃的城墙可砺刀斧

赫连勃勃字屈孑，匈奴铁弗部人，当时称匈奴父鲜卑母的人为铁弗，屈孑深以为耻，故改姓赫连氏。407年拥兵自立为大夏天王，乘东晋相国刘裕灭后秦之机，占据关中。418年称帝，建都统万（陕西靖边北），以长安为南都。当时十六国之间互相攻伐，与东晋也是战事不断，各国都在修筑都城以御敌。赫连勃勃筑城的方法与众不同，"蒸土以筑都城。……城高十仞（汉制一仞七尺），基厚三十步，上广十步，宫墙五仞，其坚可以砺刀斧。"城墙坚硬如铁石，可作磨刀石。同时大力营建台榭、园苑，"台榭高大，飞阁相连，皆雕镂图画，被以绮绣。饰以丹青，穷极文采。"（《魏书·铁弗刘虎传》）

南北朝建筑

十六国由于国君治国无方或淫暴无度，或在互相攻伐中被兼并，或为江南立国的东晋所灭，寿命都很短，439年拓跋珪所建立的北魏统一中国北方，从此进入"北朝"发展的轨道。北魏后来分裂为东魏和西魏，进而分别更替为北齐和北周。东晋江南立国104年之后，于420年为其相国刘裕（宋武帝）所灭，从此中国南部进入"南朝"发展的轨道，并相继更替为宋、齐、梁、陈。

一、北魏以石窟名天下

386年拓跋珪（道武帝）建立魏国，史称北魏，亦称拓跋魏、后魏、元魏。立国之后多有营建，397年道武帝"迁都平城（山西大同），始营宫室、建宗庙、立社稷"。（《魏书·太祖本纪》）明元帝于421年"发京师六千人筑苑，起自旧苑，东包白登，周回三十余里"。（《魏书·太宗本纪》）第二年"筑平城外郭，周回三十二里"。太武帝太延五年（439年）统一北方之后，开始大规模营建，440年"发长安五千人浚昆明池"。又"起殿于阴山之北"（《魏书·世祖本纪》）。

孝文帝笃信神佛，故多筑石窟（石室），太和三年（479年）"起文石室、灵泉殿于方山（山西西部）"；五年，"建永固石室于山（方山）上，立碑于石室之庭，又铭太皇太后终制于金册，又起鉴玄殿"；七年"幸武州山石窟佛寺（大同西）"；八年"行幸方山石窟寺"。（《魏书·高祖本纪》）山西大同的云冈石窟和洛阳南的伊阙石窟（即龙门石窟）也分别完成、开凿于孝文帝年间。（《魏书·孝文帝本纪》）宣武帝即位（500年）后又"发畿内夫五万人筑京师三百二十三坊"（《魏书·宣武帝本纪》）。宣武帝皇后胡氏也好佛，孝明帝熙平元年（516年）胡氏于洛阳宫侧建永宁寺，浮图九层，僧房千间，极为侈丽。"寻幸永宁寺，观建刹于九基之上，僧尼士女赴者数万人。"（《北史·后妃列传》）

二、东魏再筑邺城

534年东魏立国后迁都邺城,翌年"发众七万六千人营新宫"。兴和元年(539年),又"发畿内民夫十万人城邺城"。武定元年(543年),权臣高欢"召夫五万于肆州(在今山西忻州西北)北山筑城"。(《魏书·孝静帝本纪》)

三、北齐高洋重筑三台

550年高欢之子高洋(齐文宣帝)代东魏,史称北齐;北齐疆域不大,占据洛阳以东的原北魏领土。北齐虽寿命很短,但却以高洋的淫乱、残暴而闻名。他在位十年无日不营宫苑,于国都邺城"起宣光、建始、嘉福、仁寿诸殿","于洛阳西南筑伐恶城、新城、严城、河南城";为抵御突厥,"发夫一百八十万筑长城,自幽州北夏口至恒州九百余里";又"于长城内筑重城,自库洛拔而东至于坞纥戍,凡四百余里";在曹操"三台"地基上重建三台,更高更大,"发丁匠三十余万营三台于邺下,因其基而高博之,大起宫室及游豫园。至是三台成,改铜爵曰金凤,金兽曰圣应,冰井曰崇光"。(《北齐书·文宣帝纪》)

后主高纬亦挥霍无度,营建不止,他认为这是帝王之当然。"乃更增益宫苑,造偃武修文台,其嫔嫱诸宫中起镜殿、宝殿、玳瑁殿,丹青雕刻,妙极当时。又于晋阳(今属山西太原)起十二院,壮丽逾于邺下。"他反复无常,喜新厌旧,玩腻之后毁了重建。"凿晋阳西山为大佛像,一夜燃油万盆,光照宫内。又为胡昭仪起大慈寺,未成,改为穆皇后大宝林寺,穷极工巧,运石填泉,劳费亿计。"(《北齐书·后主纪》)

四、北周宇文赟以金玉珠宝装饰宫室

557年宇文觉代西魏建立北周王朝,疆域为洛阳以西的原北魏领地。宣帝宇文赟(音氲)亦是酒色淫暴之主,在位仅二年,由于荒淫无度而暴死,死时才22岁。在位期间从未停止过营建:"起洛阳宫,常役四万人","发山东诸州民修长城"。其所居宫室瑰丽,"金玉珠宝,光华炫耀，极丽穷奢"；洛阳宫虽未竣工，但"其规模壮丽，逾于汉、魏远矣"。（《周书·宣帝本纪》）他死后第二年（581年）北周为隋国公杨坚（隋文帝）所灭。

五、南朝继任国君的奢靡之作

南朝宋、齐、梁、陈四朝的开国皇帝都以禅代得国，却都比较节俭，其都城建康（今南京）并未进行大规模营建。但其继任者却多是侈靡之辈，骄奢淫逸。

宋孝武帝之雕栾珠窗

"世祖（孝武帝）承统，制度奢广。……更造正光、玉烛、紫极诸殿雕栾绮节，珠窗网户，嬖女幸臣，赐倾府藏，竭四海不供其欲，殚民命未快其心。"（《宋书·良吏列传》）大明三年（459年），"于玄武湖北立上林苑"（《宋书·孝武帝本纪》）。

齐东昏侯的贴地金莲花

永元二年（500年）某夜后宫起火，东昏侯外出游逛未归，宫门紧闭不敢开，烧死者无数。宫室被烧毁了30余间。"帝乃大起芳乐、玉寿等诸殿，以麝香涂壁，刻画装饰，穷极绮丽。"同时以高价收购民间金宝，然后"凿金为莲花以贴地，令潘妃行其上，曰：'此步步生莲花也。'"（《资治通鉴·齐纪九》）第二年"后宫遭火之后，更起仙华、神仙、玉寿诸殿，刻画雕彩，……麝香涂壁，锦幔珠帘，穷极绮丽"。又"于阅武堂起芳乐园，山石皆涂以五彩，跨池水立紫阁诸楼观"。（《南齐书·东昏侯本纪》）后主在位两年后，577年北齐为北周所灭。

陈后主的临春三阁

陈后主陈叔宝即位之后倦怠朝政，热衷于修宫筑殿，整日里沉湎于酒色、歌赋。第二年，"于光昭殿前起临春、结绮、望仙三阁，各高数十丈，连延数十间。其窗牖、壁带、悬楣、栏槛，皆以沉檀为之。饰以金玉，间以珠翠，外施珠帘，内有宝床、宝帐。其服玩瑰丽，近古所未有。每微风渐至，香飘数里。其下积石为山，引水为池，杂植奇花异卉。"（《资治通鉴·陈纪十》）后主在位仅七年，589年为隋所灭。

六、梁武帝大造佛寺

梁武帝笃信神佛达到痴迷地步，钻研佛经孜孜不倦，解释经义的著作凡数百卷。虽然生活俭朴，甘居小殿暗室，但对佛寺营建却从来不吝惜投资，"及居帝位，即于钟山造大爱敬寺，青溪边造智度寺，又于台内立至敬等殿，又立七庙堂。"还屡次到同泰寺、永宁寺向僧众与四部听众讲经，甚至还多次到同泰寺"舍身"：太清元年（547年）"高祖幸同泰寺，设无遮大会，舍身，公卿等以钱一亿万奉赎"（《梁书·武帝本纪》）。梁武帝生活俭朴，也很吝啬，让公卿们捐款为他赎身。

隋代建筑

一、隋文帝建大兴城与仁寿宫

虽然隋文帝为人勤劳节俭，但都城、宫室乃皇权象征，从小儿手里夺位的隋文帝，绝不会放过显示无上权威的机会。当时长安有汉代和北周两个故城，隋文帝认为它们都"不足建皇王之邑"，所以开皇二年（582年）"诏左仆射高颎、将作大匠刘龙、巨鹿郡公贺娄子干、太府少卿高龙叉等创造新都"。新都在汉都城东南21里的龙首山，命名为大兴城。城东西18里，南北15里。城内北部有皇城，宫城在皇城北部。（《隋书·高祖本纪》）开皇十三年，命杨素、将作大匠宇文恺、记室封德彝等"营仁寿宫于岐州（今陕西凤翔南）之北"，作为他避暑之所。（《资治通鉴·隋纪二》）仁寿宫与大兴城相距200余里，之间又建行宫12所。

二、隋炀帝的大手笔

隋炀帝生性奢侈淫暴，604年即位之后即大兴土木营建宫苑，在位15年间所建宫室园囿之数量，所投入人力之众，以及所耗费资财之巨，在中国历史上只有秦始皇可与之并名。

营建洛阳宫苑穷极华丽

大业元年（605年）三月，下诏"尚书令杨素、纳言杨达、将作大匠宇文恺营建东京（洛阳），每月役丁二百万人"。东都外郭周回七十三里又一百五十步，宫城东西五里二百步，南北七里。同月"敕宇文恺与内史舍人封德彝等营显仁宫，南接皂涧，北跨洛滨。发大江之南、五岭以北奇材异石，输之洛阳。又求海内嘉木异草、珍禽奇兽以实园苑"。又命"作天经宫于东京，四时祭高祖"。同年五月"筑西苑，周二百里。其内为海，周十余里，为方丈、蓬莱、瀛洲诸山，高出水百余尺。台观宫殿，罗络山上。……堂殿楼观，穷极华丽"。（《资治通鉴·隋纪四》）

凿运河造龙舟建离宫

与此同时，于大业元年三月"发河南、淮北诸郡民前后百余万开通济渠……又发淮南民十余万开刊沟"。于长安和江都之间"置离宫四十余所"。命于江南造龙舟及杂船数万艘，"龙舟四重，高四十五尺，长二百丈。上重有正殿、内殿、东西朝堂。中二重有百二十房，皆饰以金玉。下重内侍处之。皇后乘翔螭舟，制度差小，而装饰无异"。五个月后一切就绪，开始"行幸江都"。（《资治通鉴·隋纪四》）

营建汾阳宫

虽然西京长安、东都洛阳以及江都布满了宫室园苑，但时间长了也觉得乏味，于是命人收集天下山川名胜之图，亲自确定"胜地可置宫苑者"，遂于大业四年（608年）"于汾州之北、汾水之源营汾阳宫"。大业九年（613年），再筑大兴城，"发丁男十万城大兴"。（《资治通鉴·隋纪五》）

大乱中的营建

隋炀帝的暴政激起全国性农民起义，大业九年又爆发杨玄感之乱，内忧外患使隋炀帝如坐针毡，寝食难安，于是想躲往江南。但东都龙舟在杨玄感之乱中被毁，遂于大业十一年"诏江都更造，凡数千艘，制度仍大于旧者"。（《资治通鉴·隋纪六》）同时"诏毗陵（今江苏丹徒）通守路道德集十郡兵数万人于郡东南起宫苑，周围十二里，内为十六离宫，大抵仿东都西苑之制，而绮丽过之"。龙舟与离宫建成之后，隋炀帝于大业十二年（616年）再次行幸江都。（《资治通鉴·隋纪七》）

到江都之后，隋炀帝又想迁都丹阳（在丹徒东南），梦想保住江东一隅，"乃命治丹阳宫"；同时又想于会稽（今浙江绍兴）筑宫室，但第二

年他已被宇文化及所杀，夙愿未遂。（《资治通鉴·唐纪一》）

除此之外隋炀帝又两次修筑长城，大业三年，"发丁男百余万筑长城，西距榆林，东至紫河"；（《资治通鉴·隋纪四》）大业四年，"发丁男二十余万筑长城，自榆谷而东"。（《资治通鉴·隋纪五》）

三、天下第一赵州桥

赵州桥又名安济桥，位于河北省赵县（石家庄市东南），横跨县城南之洨河。隋文帝开皇十年（590年）至隋炀帝大业四年（608年）由工匠李春设计建造，历经1400年的岁月风霜与兵灾火劫，至今依然巍然挺立，这是中国建筑史上的奇迹，也是极少数留下建筑师姓名的旷世之作。唐中书令张嘉贞为赵州桥撰写《安济桥铭》："赵郡洨河石桥，隋匠李春之迹也，制造奇特。"

赵州桥（图2.6）全长50.82米，桥面宽10米，是由28条石条组成的单拱桥，拱圈为半径约27米的圆弧，拱圈高7.23米，拱圈跨度37.02米。桥拱与桥面之间设有四个小拱，以减少重量、节省材料，同时有利于排洪和增加美感。其设计之巧妙、工艺之新颖，可称世界桥梁史的典范，跨度之大在古代亦属罕见。

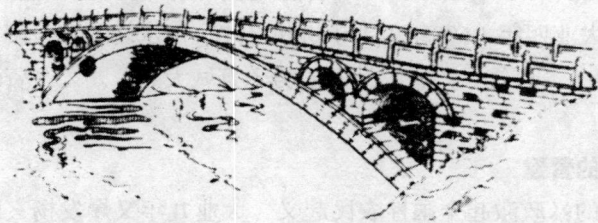

图2.6 赵州桥

唐代建筑

一、初唐三君主的勤俭之风

唐高祖建太和宫
唐高祖李渊在位（618~626）期间天下尚未大定，他的精力主要用于与群雄角逐夺取天下。因此以隋之大兴城为都城长安，仅于武德八年（625年）"造太和宫于终南山"（《旧唐书·高祖本纪》）。太和宫在长安城南五十里处之太和谷。

唐太宗修葺隋氏宫室

唐太宗严于自律，所居多为隋氏宫室，略加修缮或增补而已。贞观五年（631年），"修仁寿宫，更名曰九成宫"，作为高祖避暑之地。但仁寿宫是隋文帝被儿子杀死的地方，李渊犯忌讳，太宗于是命于长安城东北部营建大明宫（图2.7）作为避暑之地。又"命将作大匠窦琎修洛阳宫"。窦琎未能理解太宗本意，于是大兴土木"凿池筑山，雕饰华袆"。引起太宗不满，免窦琎官，命毁宫室。

为避酷暑，贞观十四年，太宗"命将作大匠阎立德行清暑之地"，"作襄城宫于汝州（今洛阳东南）西山"。但落成之后

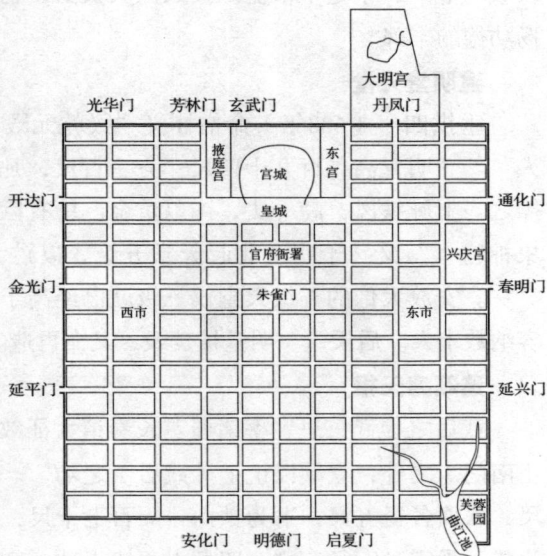

图2.7 唐代长安城平面图

发现并不理想，气候燥热，又多毒蛇，所以"罢襄城宫，分赐百姓"。晚年太宗患风邪病，苦于酷暑，遂"命修终南山太和废宫为翠微宫"。后来发现"翠微宫险隘，不能容百官"，于是"诏更营玉华宫于宜春（陕西宜君县）之凤凰谷"。（《资治通鉴·唐纪九至十四》）

唐高宗集资修宫室

唐高宗永徽五年（645年），命工部尚书阎立德"雇雍州丁夫四万一千人筑长安外郭"。显庆五年（660年），"造八关宫于东都苑内。改为合璧宫"。龙朔三年（663年），以京官每人捐助一个月俸禄的方式"助修蓬莱宫"，于宫中新起含元殿。麟德二年（665年），于"东都造乾元殿成"。乾元殿为洛阳宫之正殿。咸亨四年（673年），"九成宫太子新宫成"。（《旧唐书·高宗本纪》《资治通鉴·唐纪十五至十七》）

二、武则天的旷古之作

武则天于公元684年临朝，690年称帝，705年逊位，在这22年间大兴土木营建宫室，并竖碑颂功。她为自己的成功与天才陶醉，她觉得应该像历代帝王那样享受一切，而且要以超常的营建来显示一个女皇帝至高无上的权威与尊严，于是不惜血本投入巨大人力、物力，营建超大型的宫殿与颂扬功德的丰碑。

建明堂天堂

垂拱四年（688年）命僧怀义"毁乾元殿，于其地作明堂，凡役数万人"。"明堂高二百九十四尺，方三百尺，凡三层。……上为圆盖，九龙捧之。上施铁凤，高一丈，饰以黄金。中有巨木十围，上下贯通，号曰万象神宫。"又"于明堂北起天堂五级，以贮大像。至三级，则俯视明堂矣"。安放大像的五级天堂仅三级就已经高于明堂，大像的一个小指就能容纳数十人。后天堂、明堂被焚毁，又命再造。

造颂德天枢

武后之侄武三思"率诸蕃酋长奏请大征敛铜铁，造天枢于端门（皇城正南门）之外，立颂以记上（武后）之功"。天枢"高一百五尺，径十二尺，八面各径五尺，下为铁山，周百七十尺，以铜为蟠龙麒麟萦绕之，上为腾云承露盘，径三丈。四龙人立捧火珠，高一丈"。武三思撰文颂德，镂刻其上。武则天为天枢命名，并亲笔手书：大周万国颂德天枢。

铸九州鼎

武后命"铸铜为九州鼎及十二神（即十二生肖）立于庭。其中神都鼎高一丈八尺，其余八鼎高一丈四尺，十二神各高一丈"。（《旧唐书·则天皇后本纪》《资治通鉴·唐纪二十至二十一》）

以上建筑皆被唐玄宗李隆基所毁。

三、唐玄宗鸣琴垂拱筑宫苑

唐玄宗李隆基剪灭武周余孽登基之后推行"与民休息"政策，遂迎来开元盛世，当时"垂髫之儿，皆知礼让；戴白之老，不识兵戈"。内治外安，物阜民丰。他认为从此天下太平，可以高枕无忧，鸣琴垂拱，于是开始营建宫室，广筑离宫、园囿。开元十八年（730年），"筑京城（长安）外郭城，凡十日而功毕"；开元二十年，"遣范安及于长安广花萼楼，筑夹城至芙蓉园"；开元二十六年，"于西京、东都往来之路作行宫千余间"；天宝十二载（753年），"雇京城丁户一万三千人筑兴庆宫墙，起楼观"；改骊山温泉宫为华清宫，并于"骊山上下益置汤井为池，台殿环列山谷"；等等。（《旧唐书·玄宗本纪》）

唐玄宗后期失政、奢侈，导致安史之乱，李唐从此衰败。

宋代建筑

"五代十国"时期，内有藩镇割据，外有契丹凭陵，战乱不息，各国国君无暇顾及宫室建筑，直至宋太祖赵匡胤于960年代后周立国后，逐渐统一中国，方才有了营建宫室、园囿、陵墓、寺庙的条件。

一、宋太祖的权宜之计——修葺汴京

宋立国之初战乱未息，疮痍未复，一切从简是宋初营建的原则与特色。五代除后唐建都洛阳之外，其余四朝都以汴梁（今河南开封）为都，宋承后周亦以汴梁为都，并承接其宫室。立国第四年——乾德元年（963年）方才"广大内"，开始扩建大内（皇帝宫城）宫室，其周长只有2.5公里。至开宝元年（968年）"增治京城"，为汴京修筑外城。外城根据考古发掘测定，其周长为19公里，面积只有约

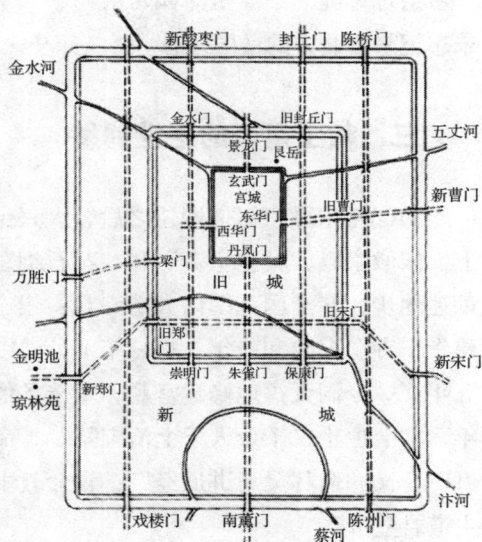

图2.8 北宋汴京城示意图

23平方公里，远小于历代帝都的规模，不及唐都长安的三分之一，相当于唐东都洛阳的二分之一。其内城即原来的汴州城，周长9公里；大内宫城（图2.8）在内城中，面积为内城的七分之一。乾德二年为杜太后与王皇后修筑陵墓——安陵。宋太祖晚年把洛阳定为西京，汴京称东京，遂于开宝八年（975年）南唐覆灭前夕命"修西京宫阙"，准备迁都洛阳。（《宋史·太祖本纪》）洛阳为隋、唐东都，安史之乱有所损毁。

二、太平天子的娱乐建设

宋太宗于976年即位，三年之后国土统一，同时经济复苏，出现空前的繁荣，东京人口暴增，与汉唐京邑相比"十倍其人"。为适应汴京发展的需要，同时也使太平太子有更多娱乐场所，遂进行多种营建。太平兴国二年（977年）命修崇文院三馆，以收藏天下图籍，并作为观书馆院。三年，于城西凿金明池，作为游幸、嬉戏的宫苑，同时也是演习水战的处所。四年，"作太清楼"于后苑；八年，"作太一宫于都城南"；淳化元年（990年），"作清心殿"；至道元年（995年），"宣祖旧第作洞真宫殿成"。当时天下太平，于是太宗常"幸金明池观习水战"、"幸金明池观水嬉"、"幸金明池御龙舟"、"幸讲武池观鱼"等等。在游乐之余还"习射琼林苑"、"玉津园习射"、"幸讲武台观射"，向世人表示他并未忘记来自北方的辽国外患。（《宋史·太宗本纪》）

三、教主皇帝的绝世创举

1100年宋徽宗赵佶即位之后，大兴土木营建宫室、园囿。在中国历史上，宋徽宗以"教主皇帝"和"花石纲"闻名古今。宋徽宗崇信道教达到痴迷地步，在全国范围内大造寺观：崇宁二年（1103年），"令天下郡皆建崇宁寺"，政和三年（1113年），"以福宁殿东建玉清和阳宫"，政和五年，"令洞天福地修建宫观，塑造圣像"。同时到处讲经布道，政和七年，"会道士二千余人于上清宝箓"，命通真先生林灵素宣告"帝君降临事"，又"命林灵素讲道经"；自命教主，暗示道箓院上奏章"册己为教主道君皇帝"。

宋徽宗为了建造宫苑竟派遣官员到各地搜罗建筑材料，崇宁二年

（1103年），"遣官相度湖南、北徭地，取其材植，入供在京营造"。崇宁四年，为了建造"寿山艮岳"，甚至不惜把自己堂堂一国之君沦为入室抢劫的匪首。他专门成立苏杭应奉局，命地方官吏窥察民间奇花异石，一经发现即直入其家，破门拆屋强抢明劫，然后编组为纲，分批纲运至东京汴梁，称为"花石纲"。

除此之外，还铸九鼎，置文绣院，为新乐《大晟》置府建宫，建僖祖殿室，建明堂于寝殿之南，建神霄宫等等。蔡京因修建明堂有功，进封为陈、鲁国公。（《宋史·徽宗本纪》）

宋徽宗在位期间营建不息，遂至府库空虚、民力耗竭，终于酿成覆国之祸。北宋积弱，前不能抵御契丹侵扰，后无力抗击金兵南寇，最后丧邦辱国，靖康之耻徽宗、钦宗父子被掳，命丧异域。

四、亡命天子的偷安之作

靖康二年（公元1127年）宋高宗赵构向南奔逃，最后落脚临安（浙江杭州），遂定为南宋国都。临安原为东汉临水县，晋改为临安县，也许是机缘巧合，赵构未有长久之计，临时偷安而已，临安名副其实。宋高宗受惠于父兄身陷房庭，却自命中兴宋室。"苏杭"素有天堂之称，遂于湖光山色的"天堂"里筑巢，过起了安逸的生活。

宋高宗几乎无日不治宫室、山陵。他自比中兴汉室的光武帝，绍兴元年（1131年）作"大宋中兴宝"；二年，"修临安城"，同时"诏修建康（今南京）行宫"；三年，"诏创廊庑于南门内"；四年，"作明堂行礼殿于教场"，即皇城正殿文德殿；五年，"作行宫书院，命名资善堂"。这一年，宋徽宗囚死于五国城（今黑龙江依兰、汤原、桦川、绥滨、伯力五地）。七年，"筑太庙于建康，修浚建康城池"；九年，为皇太后修慈宁宫；十三年，制郊庙社稷祭器，"建景灵宫"以安置历朝神主，"造卤簿仪仗，建社稷，筑园丘"（卤簿，天子出外时的前后仪仗队）；十六年，"增建太庙……新作太庙祏室"以安置神主石盒，甚至还为秦桧营建家庙及家庙祭器；同年，"作景钟"，景钟建成之后，高宗亲自"撞景钟，奏新乐"；十七年，营太一宫，建玉津园；等等。（《宋史·高宗本纪》）

辽、金、元建筑

中国古代一些边关少数民族只要与大汉民族接触、杂居，就必定要被同化、融合，最后成为汉民族的一部分，契丹、女真、蒙古也不例外。民族的同化与融合从生活、生产方式开始，进而扩展到经济、文化、建筑等各领域。当经济、文化落后但拥有军事优势的强悍民族占据统治地位时，将加速这一过程，其结果就是汉民族的先进文化与建筑形式渗入到边远地区，形成具有各民族特色的汉化建筑。

一、辽代建筑

韩延徽为辽太祖营都建殿

契丹系游牧民族，逐水草而居，故辽代草创之初并无城郭、宫室，州府、官制以及一切礼仪制度也是一片空白。辽太祖认识到要立国，除了接受汉文化别无他途，因此重用汉儒韩延徽。韩延徽乃唐末幽州节度使刘仁恭帐下观察度支使，受命出使契丹时被留用。韩延徽备受信重，觉得有了施展才能的空间，乐于为异族服务，于是为契丹"营都邑，建宫殿，正君臣，定名分，法度井井"（《辽史·韩延徽传》）。从此成为辽太祖耶律阿保机驾前的佐命重臣。辽太祖二年（908年），"建明王楼"；后来明王楼被焚毁，于太祖八年重建："建开皇殿于明王楼基"之上。神册三年（918年），命"城皇都"（今内蒙古巴林左旗南之波罗城），为国都修筑城郭，城高二丈，幅员二十七里，宫城在皇都北部，其南门称承天门，城正南街两侧为各司衙府、寺观、国子监、孔子庙等；四年，"修辽阳（在辽宁）故城"，并改为东平郡。（《辽史·太祖本纪》）

辽太宗营建燕京城

辽太宗耶律德光即位（927年）之后，升东平郡为南京，再次修筑辽阳城。辽阳城原为渤海国城邑，为唐代时靺鞨粟末部首领大祚荣所建。唐玄宗先天二年（713年）封大祚荣为渤海郡王、左骁卫大将军。渤海强盛时，其辖境内有五京、十五府、六十二州，其中在乌苏里江东岸的就有四府、十一州，其上京龙泉府在今黑龙江省宁安县东北之渤海镇。辽太祖天显元年（926年）灭渤海，改为东丹国，以其太子耶律倍为东丹王。后东丹国南迁，遂建都辽阳。修缮后的辽阳城幅员三十里，分内外城，内城为宫城，在城东北隅，外城谓之汉城，有南北市场和寺观。（《辽史·地理志》）

辽太宗十一年（936年）扶立石敬瑭为后晋皇帝，攫取了燕云十六州（或幽蓟十六州），遂以幽州为南京开始营建；原来的南京（辽阳）改为东京。幽州治所在今北京市西南之蓟县，战国时属燕国，故又称燕京。燕京城址在今北京宣武门以西，方36里，一说25里或27里，说法不一。会同三年。辽太宗诏：于"燕京皇城西南墌建凉殿"（《辽史·太宗本纪》）。以后历朝辽主都有所增建，如景宗修筑五凤楼，圣宗筑内果园，兴宗修宫阙府署。

二、金代建筑

契丹立国二百年后女真崛起；五代时称靺鞨为女真。辽太祖灭渤海后，迁部分女真于辽阳，称熟女真；留北方的称生女真，分布于松花江、黑龙江下游。北宋末期，生女真完颜部首领阿骨打（金太祖）统一女真各部，于1115年称帝立国，建都会宁（今黑龙江省阿城南），取金之质坚而不坏，定国号为大金。天会三年（1125年），金太宗完颜晟灭辽，1127年灭北宋，使大金国进入全盛时期。

草创之初的禁宫

金太祖及其弟金太宗之世专事征伐，一心灭辽伐宋，无暇顾及宫室营建，故其上京会宁府"初无城郭，星散而居"，依然是渔猎民族的简陋建筑或帐篷。金太宗时开始有了乾元殿，但却与现在的东北农村民居无别："绕壁尽置火炕"，殿外没有围墙，"四处栽柳以作禁宫而已"；君臣议事时"（太祖）则与臣下坐于炕，后妃躬侍饮食"。直至1135年金熙宗即位之后方始营建宫室，命"建天开殿于爻剌"。天眷元年（1138年）又"命少府监卢彦伦营建宫室"，八个月竣工（《金史·熙宗本纪》）。

海陵王不惜血本建五京

海陵王于1149年杀熙宗自立之后，随即开始大规模营建，不惜民力，但求靡丽。天德三年（1151年）"诏广燕城，建宫室"，在辽南京的基础上拓建，命司职人员呈上"燕城宫室制度（图）"。建成之后遂于贞元元年（1153年）迁都燕城，并"改燕城为中都"。同时以汴京（今河南开封）为南京，大定（今内蒙古宁城）为北京，山西大同为西京，辽阳为东京。同年建成园苑瑶池殿；三年，"命于大房山云峰寺为山陵"，翌年竣工之后，迁葬金十代始祖于此。同时于房山山麓营建行宫，作为巡视、祭祀之用。迁都之后撤上京，并"命会宁府毁旧宫殿、诸大族第宅及储庆寺，仍夷其址而耕种之"。表示已与草创诀别。正隆三年（1158年），命"左丞相张浩、参知政事敬嗣晖营建南京宫室"；正隆四年，又命"修中都城"。北宋灭亡时汴京遭金兵洗劫焚荡无遗，海陵王不惜血本予以恢复。"运一木之费至二千万，牵一车之力至五百人。宫殿之饰，遍傅黄金，而后间以五彩，金屑飞空如落雪。一殿之费以亿万计。成而复毁，务极华丽。"（《金史·海陵王本纪》）海陵王狂暴嗜杀，南京建成之后未及享受即于正隆六年（1161年）为叛臣所杀。

三、元代建筑

12世纪末蒙古成吉思汗崛起漠北，1206年称帝之后东征西杀，建立起横跨欧亚的世界帝国。太宗、定宗、宪宗等几代蒙主继承其遗志，继续开疆拓土，半个世纪间征伐不已，无暇营建宫室，直至元宪宗蒙哥汗六年（1256年）才开始考虑营建宫室、都城。

刘秉忠营建开平府

元宪宗六年（1256年）命"建城市，修宫室，为都会之所"，当时尚居藩邸的忽必烈因僧子聪（刘侃，刘秉忠）精通天文地理与阴阳占卜之术，遂命他选择风水好的吉地筑城。子聪经过考察，认为"桓州东、滦水北之龙岗为吉"，遂于龙岗筑城，三年竣工，命名开平府。（《元史·世祖本纪》《新元史·刘秉忠传》）开平府在今内蒙古正蓝旗东。

刘秉忠营建中都城（大都）

元世祖忽必烈即位之后欲迁都燕京，于是升开平为上都，改燕京为中都并开始准备筑城工作：征集各地、各族匠人赴中都，并"以银万五千两为行费"。至元四年（1267年）"命秉忠筑中都城，始建宗庙、宫室"。元中都新城在辽、金燕京旧城东北，至元八年建成后改名大都。至元九年，建宫城之东西华门与左右掖门；十年，建太庙，准备迁入神主。

元大都之营建颇有特色。首先，出于政治需要其规模特别宏大，总面积约50平方公里。其次，其布局沿袭历朝都城之建制，呈方形和三城结构，考古发掘所测得资料，其东西宽6.65公里，南北长7.4公里；外城内有皇城，皇城内建宫城。其三，由于会集了全国各地各族的能工巧匠，故建筑精良，装饰华美。其四，以汉族建筑为主体格调，兼有其他民族的风格，如宫城位于都城中轴线的南端，而不是通常的北端，宫内墙壁上挂着毛皮、毡毯之类的饰物，皇宫中还出现一些蒙古包式的帐篷，又建造一批西域风格的棕毛殿、截锥形平顶的盝（音录）顶殿和畏兀儿式宫殿等等。

四、辽、金、元的寺观佛塔建筑

辽金元皆中国北方游牧民族、渔猎民族，多逐水草而居，立国之后吸收中原文化，营建宫室、宗社的同时修建许多寺观建筑。这些建筑物都具有中国传统特色，特别是元世祖统一中国之后，出于政治需要推行多民族融合的宗教政策，故出现多种宗教并存、发展的局面，以及多种形式的宗教建筑。

辽代重建独乐寺观音阁（在天津蓟县城内，唐代所建）、新建佛宫寺释迦塔（在山西应县），皆全木结构之精品，斗拱、重檐。观音阁规模宏大，三层，阁内中空，贮观音立像，像高16米，造型精美；应县木塔共五层，总高67.31米，内贮佛像，结构精美。

金代山西大同的善化寺三圣殿与华严寺大雄宝殿皆斗拱重檐，古朴而庄严雄伟。

元大都的圣寿万安寺（今北京阜成门内之妙应寺白塔）由尼泊尔设计师阿尔尼格设计建造，高50.86米，砖结构。山西芮城的道教永乐宫，相传为唐吕洞宾（道教全真教奉为北五祖之一）故居，后遭火焚。元世祖敕令重建，名为大纯阳万寿宫，后改为永乐宫。永乐宫的重阳殿有元代精美壁画960平方米；三清殿的《乾元图》制作宏伟，画天神、地祇280余幅；纯阳殿的《纯阳帝君仙游显化之图》有壁画52幅。山西洪洞县广胜寺始建于东汉，唐代加以扩建，各殿中的佛像多为元代所建，造型艺术精美；下寺明应王殿也有精美的元代塑像与壁画。

明代建筑

一、明太祖的呕心之作

虽然裋褐已换成龙袍，寺庙也变成宫殿，但是旧礼教的烙铁早已在明太祖身上打下了难以磨灭的烙印，在他心灵深处留下了难以抚平的创伤。他力图从建筑等方面向世人强调其至尊地位，这种努力在他登基（1368年）前两年就开始了；这也决定了明初的宫室、庙社、陵墓等建筑都特别宏伟的时代特色。

元后至元26年（1366）朱元璋命"改筑应天城（今南京市），作新宫钟山之阳"。（《明史·太祖本纪》）应天即建康，是三国孙吴，东晋，南朝宋、齐、梁、陈等六朝故都，龙盘虎踞。明太祖本想在旧城基础上营建新宫，但嫌它"为宫稍卑隘"，作为他所创建的大明朝的国都，他认为太过卑微隘小，因此"乃命刘基等卜地定伦新宫于钟山（今南京东郊紫金山）之阳，在旧城东白下门之外二里许，增筑新城"。"东北尽钟山之阳，延亘周围，凡五十余里，规模特别宏大。"同时他认为"国之所重，莫先庙社"，宗庙、社稷建设是新兴国家首先必须进行的重要工作，因此，同年又"命有司营建庙社，立宫室"。负责具体工作的营缮者献上宫室图，第二年，新的宫室、社稷坛、太庙等落成。

明太祖还为自己修筑冠绝古今的宏伟陵墓——孝陵。孝陵在紫金山南麓，陵前有石人、石兽群与神功圣德碑。工程之巨，古今罕见，仅采石一项就调集了上万民夫，费时三年。据说其中有一块墓碑石坯，长达60米，宽12.5米，厚4.4米，重8.9万吨，加上碑座、碑头，总重量达17.7万吨，由于当时的技术条件实在无法搬运，只好遗弃于南京麒麟门外。

明太祖的父母与三位兄长都死于瘟疫和饥饿，当时无钱殡殓，靠乡亲邻里资助方才草草下葬，因此已经是威名煊赫的吴王的他，想为父母改葬，并在衣锦还乡时表达了这种愿望。但有人说："改葬恐泄山川灵气"，只得作罢。洪武二年（1369年）明太祖以其家乡临濠（今安徽凤阳）为中都，并于第二年"建郊庙于中都"。

二、明成祖扩建北京城

明太祖1398年辞世时传位于皇太孙允炆（惠帝），引发一场长达四年的刀兵之祸。坐镇北平（今北京）的四皇子燕王朱棣不甘心坐受废黜，遂起兵"靖难"，1402年攻入建康，惠帝自焚而死，朱棣在建康登上皇位，是为明成祖。他决定迁都北平，第二年即"改北平为顺天府"，并开始修建宫殿。他承袭明太祖的病态心理，欲以宏伟、豪壮的建筑物来壮其威权，投入巨大人力、物力。永乐四年（1406年）"分遣大臣采木于四川、湖广、江西、浙江、山西"。命泰宁侯陈珪负责"董（监督）建北京"，又调集全国工匠名师以及民工、军工凡二三十万人赴北平，于永乐十九年（1421年）建成，历时十五年。随即"改京师（建康）为南京，以北京为京师"，迁都北京。直至明亡，再未迁都。（《明史·太祖本纪》《资治通鉴·元纪三十七、三十八》）

明成祖的都城建设除了紫禁城（北京故宫）之外，还有郊庙。不幸的是北京宫殿屡遭不明之火，当年奉天、华盖、谨身三殿被焚毁，第二年乾德殿又遭火厄。（《明史·成祖本纪》）至英宗即位，方始于正统五年（1440年）重建北京宫殿。

明成祖所建北京城包括内城、皇城、宫城。内城是以元大都为基础建成的，东西6.6公里，南北5.3公里，总面积约35平方公里。内城中轴线南端为正阳门，往北为大明门、千步廊、金水桥、华表，至皇城起点天安门。皇城在内城中部偏南，其北门为地安门；东西2.5公里，南北2.7公里，面积约6.8平方公里。宫城在皇城中部偏东南，东西760米，南北960米，占地面积73万平方米，建筑面积约15万平方米，四周有十余米高的城墙和五十余米宽的护城河，四角有角楼，南面正中为午门；宫城北面是景山。宫城亦称紫禁城，即现在的北京故宫，它是世界上现存最大的宫殿群。主要建筑分为外廷与内廷两大部分，外廷以奉天、华盖、谨身三大殿（清代依次改为太和殿、中和殿、保和殿）为主体，是帝王朝会之所；外廷以北的内廷以乾清宫、交泰殿、坤宁宫为主体，是帝王居住和办事的地方。正殿太和殿称金銮殿，是现存世界上最大的木结构建筑。

明嘉靖三十二年（1553年），于内城之南部接建外城，外城中轴线南端为永定门。外城东西7.9公里，南北3.1公里，面积24.5平方公里。至此，北京城总面积约达60平方公里。

三、明代帝王陵墓

明代共十六位皇帝，除明太祖的孝陵在南京、惠帝陵墓无可考以及景泰帝被打入另册葬于北京西郊金山之外，其他从成祖到思宗十三位皇帝的陵墓都集中于北京昌平天寿山南麓，称明十三陵。

明十三陵陵区三面环山，只有西南方有一出口；陵区东西6公里，南北9公里，总面积54平方公里。明成祖的长陵是入口处的第一座陵墓，规模最大，最宏伟，兴建于永乐七年，永乐十三年竣工。从陵区入口至长陵的神道长达7公里，最南端是一座巨型石牌坊，往北依次为大红门、碑亭、华表、石柱、石人、石兽等。墓前为祾恩殿，规模与太和殿相当，红壁，琉璃瓦顶，殿内全部木料皆为香楠木，有62根金丝楠木大柱，中间四根巨型大柱直径达1.17米，高12米，是稀世珍品。

四、明代祭祀建筑

明代祭祀建筑多建于明成祖永乐年间，主要有天坛、先农坛、社稷坛、太庙等。

天坛　天坛位于北京外城东南隅，在今北京永定门内，建于永乐十八年（1420年），它是帝王祭天、祈求丰年之场所。古代人认同"天圆地方"之说，故其建筑与一般宫殿不同，皆呈圆形结构，以象征天。主体建筑祈年殿是一座三层重檐的圆形大殿，中央有四根大柱，象征四季，外围12根柱子代表12个月和12个时辰。天坛内有举世闻名的环形"回音壁"，其高超技艺更彰显古代建筑师的聪明才智。

先农坛　"先农"是传说中最早教民耕种的神农氏，一说为舜帝时的稷官后稷，后世奉以为神，设坛以祭祀，称先农坛。明先农坛位于天坛西，系明、清帝王祭祀先农神之所，始建于明嘉靖年间，清乾隆十九年（1754年）重修。坛是一个1.5米高，15米见方的正方形高台，由砖石砌成。南部还有天神坛和地祇（即地神）坛。20世纪50年代，于先农坛西南隅建先农坛体育场。

社稷坛　社稷坛始建于永乐十九年（1421年），是在辽、金兴国寺遗址上兴建的，清乾隆二十一年（1756年）重修。地址在今天安门西侧，是明、清两代帝王祭祀土地与谷神之处。主要建筑为汉白玉砌成的三层方坛，及其北部之祭殿或享殿（今之中山堂）。1914年改建为中央公园，1925年孙中山先生逝世后曾停灵于此，故1928年改名中山公园，至今。

太庙 永乐十八年（1420年）于今天安门东侧建太庙，乾隆年间大加扩建，是明、清两代帝王的祖庙。主要建筑为前殿、中殿、后殿三座大殿和配殿，皆黄色琉璃瓦顶。前殿最为雄伟壮丽，殿内之梁柱皆包以沉香木，天花板和柱子皆贴赤金花。殿前有玉带河，河上建筑七座石桥；庙内苍松翠柏，又造假山，风景秀丽。1928年改为和平公园，新中国成立后改为劳动人民文化宫。

清代建筑

清太祖努尔哈赤奋起于明末衰期，后金天命十年（1625年）由辽阳迁都沈阳。清太宗皇太极1643年去世，年仅六岁的顺治帝福临即位。第二年李自成攻陷北京城，灭了明王朝，清兵乘机入关击败李自成，入据北京，成为继元朝之后第二个统治全中国的非汉民族王朝。清代的宫室、园囿、陵墓等包括入关前和入关后两大部分。

一、清代宫殿建筑

沈阳故宫 沈阳故宫坐落在沈阳旧城中心，1625年努尔哈赤迁都沈阳时开始兴建，直至皇太极崇德元年（1636年）方才基本建成。清军入关后作为清代帝王行宫，称"奉天行宫"。乾隆、嘉庆年间又有所增建。

沈阳故宫占地面积6万平方米，主要建筑依次为崇政殿、凤凰楼、清宁宫。崇政殿俗称金銮殿，是皇太极处理朝政的地方。东侧为大政殿，是大臣办事之所；西侧为文溯阁，具有江南风格。沈阳故宫建筑兼有汉、满、蒙古三个民族的特色，为我国现存仅次于北京故宫的最完整宫殿建筑。

北京故宫 李自成逃离北京前"焚宫殿及九门城楼"（《明史·李自成传》）。李自成烧毁的只是部分宫殿和九个城门楼，所以清朝定鼎之后，并未重建，只是进行一番修葺而已，北京城依然保持原来的规模与布局。

顺治三年（1646年）修奉天、华盖、谨身三殿，并分别改名为太和、中和、保和；顺治十二年（1655年）重修内宫。康熙八年（1669年）重建太和殿。后遭火厄，乾隆三十年（1765年），重修太和三殿。

北京故宫的布局依然是以外朝三大殿和内廷三宫为主体。太和殿前有约600米长、130米宽的前庭。前庭最南端是宫城的正门——午门。保和殿后为内廷三宫，由南至北为乾清宫、交泰殿、坤宁宫。三宫东西两侧各有六宫，称十二宫，是妃嫔之住所。东六宫以东为宁寿宫，乾隆帝禅位后以及后来的慈禧太后居此；西六宫以西有慈宁宫、寿康宫、寿安宫，为历代太后居所。再后面为御花园。除以上宫殿之外，尚有一些次要宫殿分布于两侧。

二、清代园苑建筑

西苑　西苑原为辽、金、元、明时的皇家宫苑，位于北京皇城内，紫禁城西华门外。西苑包括水域与环水建筑两部分：水域称太液池，包括北海、中海、南海（湖），元代称西华潭，明代称金海；环三海的建筑有宫殿、楼台、佛寺等。通常按三海划分西苑，各包括水域及其环水建筑。北海最大，总面积1071亩，湖占面积583亩。湖中有琼华岛，辽、金、元时在其上建离宫，顺治八年（1651年）于山巅建藏式佛塔——白塔，高35.9米，是清代最早的佛塔之一。塔周围有漪澜堂、永安寺等；沿湖有九龙壁、五龙亭、万佛楼等建筑。北海为明、清两代的帝王御苑，现称北海公园。中、南二海总面积1500亩，其中水域面积700亩；中海与南海之间有一宽百余米之长堤相连。金、元时开始营建中海，南海始建于明代。南海中有瀛台岛，殿阁楼台依山而筑，多为康熙年间所建，戊戌政变后光绪帝被囚于此。南海尚有怀仁堂、紫光阁等建筑，民国初年袁世凯在此设立总统府，现为党中央与国务院所在地。丰泽园为毛泽东故居。

圆明园　圆明园坐落在北京西郊，始建于康熙四十八年（1709年），但多数建筑系乾隆年间完成的。周回十余公里，包括环绕福海的圆明、长春、万春三个园。圆明园建设投入巨大财力、物力、人力，并会集了大批技术人才；收集并遴选国内外名胜，凿湖堆山，修桥筑路，建成40个景观和145个建筑物；又种植奇花异木，建成有独特风格、风景秀丽的园苑，有"万园之园"的美誉。长春园中还有海晏堂、远瀛观等西洋风格的建筑群。

咸丰十年（1860年）英法联军攻陷北京，大肆劫掠园中珍宝之后，纵火焚毁，幸免者仅十之有一。新中国成立后经过部分修复，现以"圆明园遗址公园"开放。

颐和园 颐和园在圆明园以西。金贞元元年（1153年），海陵王完颜亮以燕京为中都时，即于此营建宫室园囿，作为他的行宫花园。明代改建为好山园。清乾隆十五年（1750年）再次改建，并改名清漪园。咸丰十年（1860年）亦为英法联军所毁。光绪十四年（1888年），慈禧太后挪用海军军费重建，并改名为颐和园。颐和园总面积2.9平方公里，以万寿山与昆明湖为主体，湖面占总面积四分之三。前山下有长达728米的彩画长廊，主要建筑有排云殿、佛香阁等，沿湖有石舫、知春亭，以及连接湖中小岛龙王庙的十七孔桥等。

三、陵墓建筑

关外三陵

清军入关前在今辽宁省有三处陵墓：位于辽宁省沈阳市的清太祖努尔哈赤的福陵和清太宗皇太极的昭陵，以及位于辽宁省新宾满族自治县境内的清太祖的祖陵。

福陵 福陵是清太祖努尔哈赤与皇后叶赫那拉氏的陵墓，位于沈阳市东北郊，故称东陵。始建于皇太极天聪三年（1629年），至顺治八年（1651年）方才基本完成。东陵倚天柱山而建，前临浑河，苍松翠柏，古木参天，风景秀丽。现辟为东陵公园。

昭陵 昭陵是清太宗皇太极和皇后博尔济吉特氏的陵墓，位于沈阳市区北部，故称北陵。它是关外三陵中规模最大者，崇德八年（1643年）开始兴建，顺治八年（1651年）基本建成。其格式与东陵雷同，而陵区较大，风景更优美。现辟为北陵公园。

关内陵墓

清军入关之后定都北京，其后历代帝王皆葬于河北省内，有东西两个陵区。

清东陵 清东陵在河北省遵化市马兰峪，有顺治（孝陵）、康熙（景陵）、乾隆（裕陵）、咸丰（定陵）和同治（惠陵）等五座陵墓。此外还有慈禧等十五位皇后的陵墓，以及一百余座妃嫔、王公与公主的陵墓。康熙二年（1663年）开始兴建，以居中的康熙景陵最完整，慈禧的定东陵最华美。

清西陵　清西陵在河北省易县西永宁山下，有雍正（泰陵）、嘉庆（昌陵）、道光（慕陵）和光绪（崇陵）等四座陵墓。此外还有皇后、妃嫔、王公、公主的陵墓十四座。雍正年间开始兴建，以雍正的泰陵最为宏伟、精致。

从古人类的"居穴""居巢"，到帝王金碧辉煌的宫殿，无一不是平民百姓智慧的结晶，然而这些累累硕果经不住烽燹盗劫的摧残与岁月风霜的剥蚀，至今所剩无几。有感于近代中国的衰落与西方的崛起，外强入寇，宫阙名苑付诸一炬，殿阁楼台化为焦土。更有憾于西洋后至之强盛一时湮没了东方古老的文明；远去的汉、唐辉煌与蒙、满鼎盛，无补于后世之衰败。自卑而丧志，崇洋而不辱，数典而忘其祖，令人扼腕！《易·乾》："天行健，君子以自强不息。"自尊，自强，才是民族复兴之道！

参考文献：

1. 梁思成. 中国建筑史. 天津: 百花出版社, 1998年第一版.
2. 王其钧. 华夏营造. 北京: 中国建筑工业出版社, 2005年第一版.
3. 王振复. 中华建筑的文化历程. 上海: 上海人民出版社, 2006年第一版.

第三篇　古代医术

扁鹊四诊疾患除
华佗术刀巧摘腐
当今生世森神医
何不向古问鼻祖

人生于天地之间，五谷为食以延生命，衣衫遮体以御风霜。一旦饮食失调或外感风寒，则将有病魔袭体。有病自然就会有医，有医自然就会用药，这是通理，也是任何一个群体带有随机性的自然分工，无论是远古的原始人群还是现代的国家、地区，无一例外。医务工作者以救死扶伤为天职，担负着"医而生之"的重任，医生的职业是神圣的。他们钻研医术，年复一年，代复一代，薪火相承，逐渐形成中国的传统医术——中医学，它是可与西方医学并驾的独特的医疗体系，是华夏文明史中闪烁着智慧光辉的又一篇章。

中医学植根于本民族文化的土壤，有着坚实、完整而独具特色的理论体系，它的核心是建立在古代阴阳理论基础上的经络学说；这一学说是在几千年医疗实践中逐渐形成并在考验中不断发展与完善起来的。

任何一个领域，都会诞生该领域的明星；这需要天才！更需要无私的奉献。一些医学奇才，能以救死扶伤为宗旨，并竭尽全力钻研医术，富贵不能移其心，爵禄不能易其志，他们游走天下，采药山林，终生奔波劳碌而乐此不疲，遂有大成，成为名医、神医、医圣、医祖。扁鹊、华佗、李时珍等就是这样的医学奇才，他们是医坛明星中的巨星。

经络学说——中医学的核心

一、古代阴阳理论

老子的道德经与辩证法

老子是春秋时期与孔子同时代的思想家、哲学家，姓李，名耳，字聃，楚国苦县（今河南鹿邑东）人，曾任周朝"守藏室之史"，管理周室藏书。孔子曾特意赴周"问礼于老子"。过后孔子对弟子们讲述观感，说他知道鸟能飞，鱼能游，兽能走，但不知道龙是否能"乘风云而上天？"他明确告诉弟子们说："吾今日见老子，其犹龙耶！"

老子见周室衰微，想出关隐居。来到关口，守关官长尹喜久闻老子盛名，以不让出关相要挟，胁迫他写书，他对老子说："子将隐矣，强为我著书。"老子无奈，"乃著书上下篇，言道德之意五千余言而去，莫知其所终"。从此不知去向。这篇论著称为《老子》或《道德经》。（《史记·老子列传》）

《道德经》分"道经"与"德经"两部分，1973年长沙马王堆汉墓出土《道德经》抄本。《道德经》中的"道"可理解为"天道"和自然规律，老子认为"道生一，一生二，二生三，三生万物"。意思是说，宇宙之初处于混沌状态，叫作无极，这就是"道"，这种状态是唯一的。接着无极生出两仪，即天地或阴阳；两仪又生出三才：天地人；最后形成万物。这是老子对宇宙万物形成的看法，或者说是他的宇宙观，它包含着朴素的辩证法，或者说这就是中国最古老的辩证法"一分为二"思想，即一切事物皆有正反对立的两面，而且它们可以转化。老子为后世留下的警世名言，"祸兮福之所倚，福兮祸之所伏"，就指出祸福可以相互转化。

老子在《道德经》中继续阐明他的辩证法思想："图难于其易，为大于其细。天下难事，必作于易；天下大事，必作于细。是以圣人终不为大，故能成其大。"意思是说，办理难事要从容易的事入手，做大事要从细小的事做起。天下的难事一定要从容易的事做起，天下大事一定要从细小的事做起。这就是为什么有德有才的"圣人"总是不贪功图大，而最后又能成其大业的根本原因。老子关于事物对立的两个方面，即"难与易""大与小"的论述是如此深刻、精辟。

《易经》的阴阳理论

中国古代思想家借用向日为阳、背日为阴的习惯说法，以阴阳的概念来表示事物中对立的两面，把最根本的自然规律概括为阴阳对立两面的交互作用，说："一阴一阳之谓道"。而且事物的运动变化是没有止境的，发展到一定程度总是要转变为它的反面，即所谓物极必反。《易经》以"穷则变，变则通"来表达这种变化（穷，极、尽头），认为事物发展到尽头就要变，变就能通顺，实际上就是"物极必反"的意思。又以四季的更迭以及商汤灭夏与武王灭商的革命来说明这一观点："天地革而四时成，汤武革命，顺乎天而应乎人。"

《易经》是以"卦"、"爻"的形式推测世间万物的经典，古人用以卜卦，上自国家大事，如战争、祭祀等；下至出巡、狩猎、婚丧嫁娶等；都必须用占卜来预测吉凶祸福，选择黄道吉日。周文王出猎前占卜，卜辞说，"所获霸王之辅"，遂遇姜太公，车载而归，开周代八百年之基业。周武王伐纣前占卜不吉利，唯独姜太公坚持出师，遂败纣兵，诛纣灭商。《易经》同时也传递了古代人对宇宙万物起源的认识与看法，包含着朴素的辩证法思想。它几乎渗透到古代人的思想以及文化的各个方面，医术自然也受其影响，甚至可以说，古代医术的理论与实践是建立在《易经》的基础上也不为过。

《易经》（简称《易》）包括《经》与《传》两部分。《经》是"经文"，《传》是《经》的释文。《经》由卦、爻两种符号及其说明文字卦辞、爻辞所组成，共64卦和384爻。相传伏羲氏作八卦，周文王作64卦；一说伏羲画卦，文王作辞。故《易经》又称《周易》。《传》是对64卦、384爻及其卦辞、爻辞的解说，共有10篇，称为《十翼》；相传系孔子所撰，一说是战国或秦汉时期儒家的作品。

《易经》以"八卦"的形式研究世间万物的变化。"八卦"名称：乾、坤、震、坎、艮、巽、离、兑，主要象征天、地、雷、水、山、风、火、泽等自然现象以及其他多种事物，如八种方位、八类亲人等，见下表：

八卦卦名	乾	坤	震	坎	艮	巽	离	兑
象征事物	天	地	雷	水雨	山	风木	火日	泽
象征方位	西北	西南	东	北	东北	东南	南	西
象征亲人	父	母	长男	中男	少男	长女	中女	少女
卦的性质	纯阳	纯阴	阳卦			阴卦		

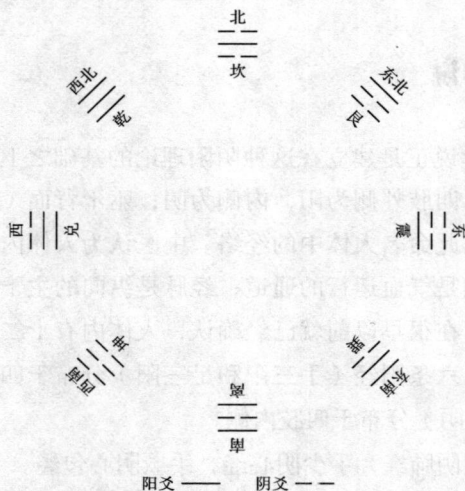

图3.1　八卦图

　　"卦"以阳爻"—"和阴爻"--"表示。八卦中的每个卦都由三个爻组成，比如"乾"卦用三个摞在一起的阳爻表示，代表纯阳；"坤"卦由三个摞在一起的阴爻组成，代表纯阴；其他卦则以一个阳爻和两个阴爻，或两个阳爻和一个阴爻表示，并绘成八卦图（图3.1）。把这八种基本卦形两两重叠，即每一个卦都和包括自己在内的八个卦相重叠，因此八个原始卦就可得到六十四卦，象征更多的事物。

　　古代医术以《周易》的核心思想——太极阴阳学说为理论基础。从"八卦图"可以清楚地看到，每一个"卦"都由阳爻和阴爻所组成，而它所象征的是许多种事物，或父或母，或男或女，或天或地，或春或秋等等，这本身就说明八卦图所涉及的事物都包含有阴、阳或正、反两个方面。《易·系辞上》："易有太极，是生两仪，两仪生四象，四象生八卦。"两仪指天与地或阴与阳；四象或指春夏秋冬或金木水火，或其他事物；八卦象征多种事物。即认为"太极"是派生天地万物的本原，而一切事物都有正反或阴阳两个方面，用阴阳的变化和消长来解释各种事物。

64卦象征更多的事物，包罗万象，乃至于至大至广的天地万物，无有遗漏，即所谓"范围天地之化而不过，曲成万物而不遗"。由此可见，《周易》所阐明的基本观点是，世间万物都包含正反两个方面，这就是中国古代的"一分为二"思想，是最古老的辩证法；它已经渗透到古代医术的各个方面。

二、经络学说

中医的经络学说正是建立在这种阴阳理论的基础之上。就人体而言，上为阳，下为阴；四肢外侧为阳，内侧为阴；躯干背面（外侧）为阳，胸腹一面为阴，并以此命名人体中的经络。中医认为人体内分布着经络——经脉和络脉，它们是气血运行的通道；经脉是纵向的主干通道，络脉是横向的分支与网络。在很早以前就已经确认，人体内有十二条主要经脉，其中阴、阳各六条；六条阳经（手三阳和足三阳）分布于四肢外侧，六条阴经（手三阴和足三阴）分布于四肢内侧。

手三阴：手太阴肺经，手少阴心经，手厥阴心包经。

足三阴：足太阴脾经，足少阴肾经，足厥阴肝经。

手三阳：手阳明大肠经，手太阳小肠经，手少阳三焦经。

足三阳：足阳明胃经，足太阳膀胱经，足少阳胆经。

此外还有任脉与督脉，也是一阴一阳。任脉为阴脉之海，有总任诸阴脉的作用，由会阴沿腹胸正中上行至咽喉，再经过面颊到两目下；督脉是阳脉之海，有总督诸阳脉的作用，由会阴沿脊柱上行到颈项，经脑部下行至鼻。十二经脉与任脉、督脉都各有一条络脉；此外还有一条脾大络脉。

十二经脉的循行路线是：手三阴沿手臂内侧下行，至手指端与手三阳相接；手三阳沿手臂外侧上行，至眼角、口唇接足三阳；足三阳沿腿外侧下行，至足趾接足三阴；足三阴沿腿内侧上行，至心、肺接手三阴，完成一个大循环。

中医认为血液在心气的驱动下，沿十二经脉运行，周而复始，循环不息。可以把这一循环视为人体的平衡系统，在正常情况下，人体处于稳定平衡状态；一旦循环失序，平衡状态就被打破，人体将处于失衡状态，遂产生病变。一般情况下，失衡与病变根源于经络阻塞或紊乱，中医通常采用针、灸穴位的方法来疏通经络，并辅以汤药、热熨等药物治疗，以达到祛病康复的目的。穴位是经络通道上的关节点，经脉上的穴位称为"经穴"，已知14条经脉上共有360多个穴位。此外还有一些所谓"经外奇穴"和没有固定位置随病变而定的"阿是穴"。

古代以铸造的方法制成人体铜模型，并于其上标出经络与穴位，作为针灸教学的教具，称为"针灸铜人"。

三、针灸铜人

最早的针灸铜人是北宋天圣年间制成的，故称"天圣针灸铜人"，目的是为了纠正针灸书籍与针灸临床中常出现的舛误。如果没有高超医术，要想找准穴位很难，故而针灸不能达到预期功效，甚至可能伤及脏腑，导致死亡。

北宋年间针灸盛行，故舛误亦多，造成恶劣后果，于是宋仁宗赵祯（1023~1063年在位）下诏翰林医官院制订一个针灸经穴的国家标准，医药奉侍王惟一接受这一任务。王惟一是当时著名的针灸学家，对针灸理论有深入研究，临床经验也非常丰富，受命之后对针灸学专著进行整理、校对，于天圣四年（1026年）撰成《铜人腧穴针灸图经》三卷（腧穴即穴位）。宋仁宗看了觉得非常精辟，很满意，但是只靠这部书还是难以彻底解决针灸舛误的问题，因此又命王惟一研制针灸人体模型——"铜人经穴模型"，即"针灸铜人"。为此，王惟一进一步研究人体解剖、经络走向、穴位的准确位置及其主治功能等，于第二年设计、铸成两尊"针灸铜人"，一尊放在翰林医官院，一尊放在大相国寺仁济殿。

铜人身高1.73米，男性，与真人相仿。其设计机巧，加工技艺高超，铸成前后两半，以插头连接，可以拆卸，其上标出14条经络和354个穴位的名称。体内有木雕的五脏六腑与骨骼，其大小、形态、位置与尺寸比例都基本准确，做工精细，栩栩如生；胸腹部可以打开，五脏六腑清晰可见。由此可见，宋代的解剖学也已经有了相当高的水平与成就，这要比西方早将近800年。

《铜人腧穴针灸图经》是说明人体经络运行与穴位的图籍，而《针灸铜人》使人体经穴结构形象化、直观化，二者结合起来，把中医的经络学说、针灸理论与实践的教学推向一个新的阶段。

《针灸铜人》还有出水功能，即"针入水（或汞）出"，特别适用于教学与考试。考试前用蜡封住表面，遮盖了经络与穴位，应考者如同面对一个真实人体。考试时教师提出五个穴位，学生根据所学认穴施针；针扎得准而且力道足够大时，方才有水（或汞）流出。显然"铜人"做成双层结构，在夹层中注水；发髻处暗藏注水孔。

《针灸铜人》铸成后，王惟一又重新修订《图经》，撰成《新铸铜人腧穴针灸图经》并刊刻印刷，由政府颁行各州县，推广至全国。同时又将"经络腧穴图"刻于大相国寺仁济殿的"针灸图石壁堂"；"针灸图经石刻"部分保留至今，现存于中国历史博物馆、首都博物馆和北京石刻艺术博物馆。

《针灸图经》与《针灸铜人》是古代人智慧的结晶，是华夏人民高超的发明创造才能的又一集中表现，它们的问世震动了邻国。《铜人腧穴针灸图经》流传至朝鲜、日本。《针灸铜人》则成为敌国抢夺的对象，北宋末年金军大举伐宋，抢夺重点就是《针灸铜人》；1126年金兵围困东京汴梁（今河南开封），朝廷提出议和，金人把获得《针灸铜人》作为议和的条件之一。徽、钦二帝被掳，金兵将皇室珍宝洗劫一空，连同皇族宗亲、宫女、仪仗等一起掠往胡庭；《针灸铜人》也一起消失，从此不见踪影。现存北京御生堂的《针灸铜人》系明代复制品。

医祖扁鹊

一、扁鹊拜师

《史记》版本

《史记·扁鹊仓公列传》记载，扁鹊姓秦，名越人，渤海郡莫州（今河北省任丘市北）人，青年时期当过馆舍舍长（客馆经理）。名医长桑君前来住宿，扁鹊凭直觉知道，此公绝非凡人。长桑君也看出秦越人与众不同，他早想找个有培养前途的人传授其精湛医术，遂有意进行考察。通过往来投宿与秦越人接触进行考察，十余年之后才把他确定为自己的传人。

他对秦越人说："我有禁方（秘方），年老，欲传与公，公毋泄（勿外传）。"越人当然乐于从命，于是长桑君把他的"禁方书"全部给了他。秦越人从此潜心钻研，至于精通，遂"以诊脉为名"行走天下，为人治病。他医术精湛，为天下人祛除病痛，备受爱戴，遂以黄帝时的神医扁鹊相称。一说他是卢国（今山东长清）人，故名"卢医"。

其他史籍版本

扁鹊原为长桑城邑中的弃儿，名医殷常公带着他的得意弟子邯郸姜殳经过长桑，把他收养，取名为扁。殷常公从此"择居长桑，授徒乳子"，一边传授姜殳医术，一边抚养扁；殷常公遂称长桑君。一晃十年过去了，姜殳已经23岁。姜殳机灵乖巧，善解人意，先生一说就懂，懂了就去做，而且做得很好，先生对他十分满意。扁的性格、为人和姜殳截然不同，不喜张扬，"讷而少声"。姜殳从心里瞧不起这个木讷的小师弟，觉得他很愚笨，经常嘲笑他说："汝貌若獬（传说中的神兽，似羊），声若鹊。其闻不能知，知无其所谓。"嘲笑他像一只呆板的獬，先生讲的话都听不懂，懂了也觉得无所谓。扁回答道：你在先生面前表示什么都明白，先生自然对你少督促，这不是理智；你觉得什么都能办好，先生自然不需要对你严加管束，并非有见识。至于说我"貌若獬"，那是父母给的；"声若鹊"，说明我能鸣叫。先生听了两个徒弟的对话，开怀大笑。扁于是请以鹊为名，遂称扁鹊。

姜殳从学十年，先生认为他学已成，遂命他独立行医。临别针对他的弱点提出希望和告诫："居细无祸，灾其自妄。"告诉他，步入社会要处处小心谨慎，方能避祸；如果妄为不法，将有牢狱之灾。送走姜殳之后，先生对他的前途充满忧虑，他想听听扁鹊的看法，遂问道："汝谓殳之去，可得安乎？"问他姜殳此去，前途能平安否？扁鹊觉得不应该对老师隐瞒自己的看法，遂道："初安，再安，复牢之。"11岁的孩子，却对师兄的品行有入木三分的了解，下断语说开始还能平安无事，接下来就胆大妄为，最后将身陷囹圄。果然，三年之后，姜殳"涉罪，囚于牢"。

扁鹊随长桑君西行，"日奉而夜读，勤勉而事焉。途有不明，告先生，先生所释解能记之"。他恪守"一日为师，终生为父"的信条，尽心侍奉老师；白天跟随先生行医，晚间勤恳地学习、钻研。有不明白的地方就向老师讨教，老师为他释疑解惑，他都用心记下。长桑君被扁鹊的学习态度所感动，不时发出由衷的感叹："吾自谓殳之可才，然吾知不及扁。

吾常自叹其拙，今其学优于吾，安矣。"经过这一段时间的相处、了解，长桑君发现自己看错了人，他原以为姜汲才是可塑之才，可以成为自己的传人，然而他终于意识到他对姜汲的了解远不及扁鹊。扁鹊略显迟钝，拙于姜汲，现在才知道扁鹊远胜于姜汲，而且优于他这个老师，他为青出于蓝而胜于蓝而感到欣慰，他的医术总算有了满意的传人，他可以心安了。

长桑君死于西周都城镐京（今陕西长安县西北），按照当时例俗，扁鹊为老师守孝三年之后方才离开镐京，从此巡游天下为百姓治病，到了"四十有四岁名闻天下"。世人赞誉他是医术精湛的神人："长桑扁鹊，神乎其人哉！"

二、扁鹊的医疗实践

医案1 治赵简子昏睡症

春秋末赵、韩、魏三卿分晋前夕，晋定公十一年（前501年）"赵简子疾，五日不知人，大夫皆惧，于是召扁鹊。扁鹊入视病，出，董安于问扁鹊，扁鹊曰：'血脉治（稳定正常）也，而何怪。昔秦穆公尝如此，七日而寤。……今主君之病与之同，不出三日必间（远离，病愈），间必有言也。'"这一段记叙说赵简子得了一种十分奇怪的病，昏迷五日仍不省人事，大夫们都非常害怕。扁鹊诊视之后出来，董安于向他打听病情，扁鹊告诉他说：血脉正常，不必大惊小怪。过去秦穆公也曾得过这样的病，七日后醒过来。主君的病和他一样，不出三日，自然会病愈。果然二日半后，赵简子醒过来了，董安于向他禀报了实情，为了表达感激之情，"简子赐扁鹊田四万亩"。（《史记·扁鹊仓公列传》《史记·赵世家》）这四万亩地就在今河北省河间市北之任丘。据《任丘县志》记载，任丘县西北22公里处建有扁鹊庙，称鹊山祠、鹊王庙，占地3700平方米。庙内有扁鹊塑像，庙左有扁鹊墓，庙前有九龙水流过，河上建汉白玉石桥，称九龙桥，又称回生桥。九龙桥前有九棵粗可合抱的柏树，树龄有2000余年，称九龙柏；庙周围还有许多扁鹊当年采药、制药和作手术之处的遗址。任丘以东的南宫县还有个扁鹊村。

医案2 治虢太子尸厥症

扁鹊来到虢国，正好赶上虢太子刚死，人们都在忙着治理丧事。扁鹊以治病救人为己任，赶紧跑到宫门前打听情况。一个喜好方技医术的中庶子（门卫官）告诉他，太子是"气血不顺、混乱失常而致邪气蓄聚、阴阳失调"而死，是鸡鸣时暴死的，还不到半日。扁鹊从了解到的情况判断太子得的是"尸厥"症，是假死；时间不长还有救。他请门卫官禀报虢君，说他能把太子救活。中庶子认为这是荒诞可笑的无稽之谈，又继续卖弄他的医学知识。扁鹊怕因此耽误时间，说如果不信可以去看，此时病人应该还有耳鸣，鼻翼微张，两大腿至会阴处尚有微温。中庶子大惊，翘起的舌头半天没下来，这才赶紧进去禀报。

虢君听说儿子还有救，又惊又喜，亲自出迎。一通客套之后，止不住激动的心情，乃至涕泗横流，悲不自胜。扁鹊告诉他，太子得的是"尸厥"症，是"阴阳失调，阳脉下窜，阴脉上冲，使脉象紊乱造成的，故静如死尸。他只是突然昏厥，没有死"。扁鹊说完赶紧和弟子们施救，他命徒弟子阳用磨刀石磨利砭石（古代用一头尖一头扁的砭石进行针刺治疗和切割脓疮），然后以针刺病人的"三阳五会"（三阳，三阳经；五会：百会、胸会、听会、气会、臑会等五个穴位），不久太子悠悠醒来。又命徒弟子豹煎熨药（热敷用）与汤药，然后趁热熨帖太子的两胁下（腋下肋骨处），太子终于坐起来了。连续服汤药二十日，太子康复如初。

扁鹊使虢太子死而复生的消息不胫而走，很快传遍天下，人们传说扁鹊能起死回生，从此奉为神医。相传虢太子为了使扁鹊能够救治更多像他这样的病人，曾经随扁鹊一起采药；人们把内丘县（河北省邢台市北）西30千米处的山峰叫作"太子峰"，山腰处的洞叫作"太子洞"，传说当时洞前还有太子采药时居住过的"太子楼"。扁鹊被害后，相传虢太子收其骸骨，葬于今山西永济（山西省西南端）之清华镇东。

医案3 齐桓侯拒医暴死

齐桓侯也叫齐桓公，但并非春秋第一任霸主齐桓公姜小白，而是战国初期田齐之桓公田午。姜太公创建的齐国于公元前386年被权臣田和所代，公元前374年桓公田午即位。扁鹊于公元前356年来到齐国，受到国君的热情款待。扁鹊看桓公午的神色，发现一种潜伏的病变正开始发作。作为一名医生，他不能向病人隐瞒病情，于是直言相告说："君病在腠理，不治将深。"中医认为腠理是肌、肤之间的空隙纹理，是气血津液流通灌注之处。但齐侯此时并无异常的感觉，不信，说："寡人无疾。"扁鹊走后，齐侯对左右说："庸医好利，欲以无疾者为功。"齐侯是个刚愎自用的人，他闻扁鹊之大名而宴请他，却把他当成只求功利的庸医，说他无中生有，硬说健康的人有病，想以此邀功求利。他更不懂，以功利为宗旨的医生不可能成为名医，更不可能成为垂范后世的神医。

出于医生的职业良心，扁鹊五日后再来看病人的病情；名医重医德也由此可见一斑。扁鹊看到齐侯的病情有了发展，遂道："君有疾在血脉，不治恐深。"齐侯还是坚持说："寡人无疾。"从语气中，扁鹊感觉到他有些不高兴，不耐烦。又过了五日，扁鹊又来，看到齐侯的病情继续恶化，已经相当严重了，于是提出警告："君有疾在肠胃间，不治将深。"齐侯非常顽固，觉得这个庸医很讨厌，干脆不说话，不理不睬。顽固和愚蠢使他失去最后一次治疗的机会。扁鹊只好告别。

又过了五日，扁鹊见了齐侯扭头便走。齐侯不解，派人去问个究竟，扁鹊说：病在腠理，药物热敷就能治好；病至血脉，针刺可以解决；病至肠胃，药酒尚可治疗；而今病入骨髓，神仙也救不了。既然回天乏术，说什么也没有用，所以也就什么都不用说了。

可惜扁鹊的这些话依然没有引起这位国君的重视。五日后齐侯暴发急病，派人去找扁鹊，扁鹊早已跑得不见踪影；他了解这些冥顽不化的君主，不需要任何理由，就可以要你的命。桓公田午为自己的冥顽不化、刚愎自用付出了生命的代价。（《史记·扁鹊仓公列传》《史记·田敬仲完世家》）

三、扁鹊对传统医术的贡献

扁鹊对中国传统医术的贡献主要有三个方面：其一，首创中医临床四诊法；其二，是运用针灸、热熨、汤药等疗法的第一人，这些至今依然是中医临床诊断与治疗的主要方法；其三，熟练地运用经络学说，是中医理论的奠基人。

首创中医临床四诊法

四诊法即望诊、闻诊、问诊、切诊（切脉）。齐侯疾病初发，扁鹊只凭观察神色（望诊）就断定他有病；以后病情发展，他都只凭望诊作出准确判断，而这些都是在患者没有任何异常感觉的情况下作出的判断。齐桓侯暴病而亡说明他的这一系列诊断都准确无误。扁鹊只听了门卫官对病情的介绍（闻诊），就判定虢太子得的是"尸厥"症；根据发病与死亡时间，就判定太子未死，结果证明他的判断是正确的。赵简子昏睡五日未醒，扁鹊观察神色与切脉发现病人的血脉运行正常，于是判定赵简子和秦穆公一样得的是昏睡症，从而断言三日内病人定会醒来。他的判断准确无误。

奠定中医理论的基础

扁鹊判断虢太子病因就是根据中医经络理论，施救方法也是顺经络穴位施针、热熨以疏通经络，而太子被治愈则证明经络理论的正确。

四、扁鹊的崇高医德

扁鹊崇高的医德为后世行医者树立起光辉榜样。医务工作者以医疗为职业，客观上都在治病救人，然而就其深层思想与主观愿望而言却大相径庭。一些人靠一点医术游走江湖，或坐堂行医，虽然他们举的是"悬壶济世"的招牌，其实只是在夹缝中求生，糊口而已。由于这些人只是把行医当作一种求生手段，故而其医术不可能有太高深的造诣。还有一些人利欲熏心，靠着天生的乖巧胆大妄为，而行不法，甚至以医术行骗，最后难免身陷囹圄，毁了自己的前程，扁鹊的师兄姜殳被终生监禁就是一例。而另一种人品德高尚，行为端庄，不求名，不图利，一心为了解除患者的病痛。他们潜心钻研医术，成为名医，其中一些医学奇才就会登上医术的顶峰，成为一代医学宗师，扁鹊正是这样的人。

扁鹊怀抱"悬壶济世"之志遍游列国，根据各地区病情特点，随俗而医。到了赵都邯郸，听说那里"贵妇人"，非常尊重妇女，于是主要治疗妇科病，使自己成为"带下医"（腹部在环腰的带脉以下，故称带下，把妇科病叫作带下病），专治妇科病。到了雒阳（洛阳），听说那里敬爱老人，于是就以治疗耳、鼻以及痹症（风、寒、湿）等老年常见病为主。到秦都咸阳，听说那里人疼爱小孩，就专治儿科病症。

扁鹊名满天下，深受百姓与王公们的爱戴，但却遭庸医们的妒忌与潜毁，不逞之徒遂对他痛下杀手。"秦太医令李醯（音西）自知技不如扁鹊也，使人刺杀之。"太医令是负责宫廷医疗的官员。李醯因妒生恨，因恨而起杀心，遂于扁鹊离开咸阳的途中，派遣杀手刺杀了他。一代医祖死于庸医刀下。

五、扁鹊的生卒年代

扁鹊生于今河北省任丘，被刺杀于秦国，无有异议。但他究竟生于何年，死于何时，至今未有定论。而有关医术的史料匮乏，又不尽可靠，因此只能根据少量史料，从分析入手，确定其大致的生卒年代。

《史记·田敬仲完世家》："齐侯太公和立二年，和卒，子桓公午立。""六年……桓公卒"。说明田齐桓公午是齐太公田和之子，即位（公元前385年）六年后于公元前379年去世。据《史记·赵世家》与《史记·晋世家》记载，扁鹊为赵简子看病是在晋定公十一年（公元前501年）。这说明扁鹊行医活动时间是在公元前501~公元前379年之间，他活了100多岁，这是可能的。但他为虢太子治病却为后人留下许多疑惑。春秋时期有三个虢国：东虢、西虢、北虢，到底是哪个虢国的太子？不得而知。东虢在今河南省荥阳市北，是周文王弟之封国，公元前767年被郑武公所灭。北虢在今河南三门峡市与山西平陆一带，西周时立国，公元前655年为晋献公所灭。西虢在今陕西宝鸡市东，也是周文王弟之封国，公元前771年周平王迁都洛阳时，部分随周平王东迁，不知所踪。留宝鸡部分称小虢，公元前687年也为秦武公所灭。根据上述三个虢国灭亡的年代，它们与赵简子、桓公午相去二三百年，也就是说，扁鹊必须活到三四百岁，才能同时给这几个人治病；在中国历史上，除了个别善于养生的武术宗师之外，常人是不可能做到的。扁鹊虽精于医道，可能也善于养生，恐怕也很难做到。最有可能的是随周平王东迁的西虢的太子，但至今尚无史料可考。据此只能理解为，为虢太子治病的是另一位医术高超的"扁鹊"。

至于扁鹊被秦太医令所害，因秦武王举鼎负伤而死，就断言扁鹊是为秦武王治腰伤时被害的，进而确定扁鹊死于前306年，这种说法明显缺乏根据。据此，扁鹊生卒年代可以大致确定为春秋末期到战国初期，大约在公元前400年前后。

医圣华佗

一、华佗生平

华佗（？~208），字元化，沛国谯（沛国辖境包括安徽北部及其周边部分地区；谯县即今安徽亳州市，现有华佗镇）人，东汉末医学家，与张仲景、董奉并称"建安三神医"（建安为东汉末代皇帝汉献帝年号）。

华氏原为望族，后来家道中落。华佗颇有文采，攻读诗书典籍甚见成效，在沛国境内颇有名气。沛国丞相陈圭与太尉黄琬都聘他为官，但他却偏好医学，且有悬壶济世之志，遂拒绝他们的盛情，从此开始从医。

华佗学医走的是与扁鹊完全不同的路，他未拜师，全靠自学。自春秋战国以来中医已相当发达，并留下许多医学名著，《黄帝内经》《黄帝八十一难经》都是那一时期的经典名著；扁鹊所创四诊法以及针灸、药物等治疗手段也已被广泛应用；这些都为华佗自学成才提供了充足的条件。他又有深厚的文学功底，可在医学名著的汪洋中凫游。他终于成为一名能医百病、深受百姓爱戴的神医，成为继扁鹊之后的又一位医圣。

华佗又善养生，"晓养性之术"，他认为"人体欲得劳动（活动），但不当使极耳"。运动不能过量，绝不能达到人体所能承受的极限；运动可使"血脉流通，病不得生，譬犹户枢不朽是也"。他首创的"五禽戏"健身法流传至今。

二、华佗治病的特点

华佗医术精湛，在医疗实践中游刃有余。他谙熟四诊法，断病如神，只凭望色就能准确判断病因、病情，加上切脉，判断更加精准。他精通各种治疗方法，运用起来得心应手。配制汤药时通常只需几味，对其用量心里有数，手头有准，无需称量手抓即可；告诉患者服药所需注意事项以及禁忌，总是药到病除。施针时，一般不过一两个穴位；下针时向患者说明针所到的部位，到达时请说一声，患者说"到了"，随即起针，病情很快痊愈。需要热灸时，也只是一两个穴位，每个穴位所需艾炷也不过七八壮，病即可痊愈。（艾炷，把艾叶搓成艾绒，然后捏成手指盖大小的窝头状，放在穴位处热灸；壮，针灸学的计数单位，点燃一个艾炷，叫作一壮。）

三、外科手术之祖

华佗是世界医学史上率先采用全身麻醉实施剖腹手术的第一人。如患者体内有郁结物、肿块而针、药又无能为力时，就进行手术摘除。先给患者服用"麻沸散"，病人"须臾便如醉死无所知"，而后开刀摘除郁结物；如郁结物在肠，则断肠，切去病变部分，洗净后缝合，最后缝好腹部，再敷上药膏。四五日后病愈，不痛，伤处无感觉；一个月后，伤口平复。

西方于18世纪初才使用全身麻醉，华佗比他们早了大约1600年，被尊为外科手术之祖。麻沸散以曼陀罗花为主，还有当归、川芎、白芷等。

四、华佗的医疗实践

华佗精于医理，对内、外、妇、儿各科以及各种疑难杂症，乃至人体的所有病变都无不精通，其医术已臻化境，达到炉火纯青的境界。《三国志·魏书·华佗传》等史籍记叙了华佗的许多医案。

医案1　为某郡太守治血郁
某郡太守得病，华佗诊断后确认其体内有黑血郁聚于上焦（胸腹膈膜以上），当时尚无法实施开胸手术，只能采取口吐法治疗。他设法激怒这位郡守老爷，使他在盛怒之下借助被增强了的肝脏鼓动力把黑血吐出。他假意向太守索取重金作为医疗费用，却不给治疗，还留下一封书信，把这位郡军政长官骂得狗血喷头，然后扬长而去。郡守大人长期养尊处优，向来说一不二，一句话可决人生死，而今一个小小江湖郎中竟敢如此狂妄无礼，怒不可遏，立即派人缉拿，可是华佗已经不见踪影。郡守愤恨至极又无处发泄，气往上撞血往上冲，"哇"的一声郁血狂喷而出，"吐黑血数升而愈"，无需用药就把他的血郁症治好了。

医案2 为广陵太守陈登治内疸

广陵太守陈登得病，胸中烦懑，面红耳赤，吃不下饭。华佗把脉后说："府君胃中有虫数升，欲成内疸，食腥物所为也。"说他海鲜吃多了，胃里生虫子数升。遂给他服汤药，果然吐出三升多红头小虫，还在蠕动，还有一半是碎生鱼肉。病愈后华佗叮嘱他必须断绝酒色，方能断根，否则因虫卵无法根绝，三年后必定复发，非良医不能救治。陈登是三国期间很有名气的人物，曾协助曹操除掉吕布，因功被曹操提拔为广陵（今江苏扬州）太守，加封伏波将军。可太守老爷的生活太优越了，又值盛年，根本无法戒掉酒色，三年后果然旧病复发，急忙派人去请华佗。也是他的运气太差，正值华佗出门行医，结果陈登不幸告别人世，年仅39岁。

医案3 为路人治咽塞

华佗乘车出门，路上适逢一病人，家人用车载他去看医生。听到呻吟声，华佗命停车询问，得知患者得了咽塞症，不能进食。华佗仔细观察病人神色，已经知道所得病症与病因。于是告诉家人向路边卖饼的店家买"蒜齑大酢"（蒜泥和醋)三升，给病人服下，而后继续驱车前行。病人服下之后"立吐蛇一枚"，或许是像蛇一样的寄生虫。遂把蛇挂在车旁，驱车前往先生府上道谢。先生尚未回府，门前小童看到车旁小蛇，知道又是来致谢的，遂把客人请进府内落座。患者看到北面墙壁上挂着这样的小蛇十余条。看来华佗没少治这种病，很有经验。

医案4 为琅琊少女治膝疮

琅琊有一少女，左膝盖以上长疮，只痒不痛，七八年了，请华佗前往医治。先生看了心里有数，吩咐准备良马三匹，黄狗一只，命人驱马疾驰，又命人牵着狗在后面紧追。马跑累了随即更换；狗跑累了却不让停息，强令奔跑，一直跑了五六十里。同时给患者服麻沸散，令昏睡。将累得半死的狗剖腹，血喷涌而出，而后切下后腿，把切口贴在离疮口二三寸处，静静守候。过了一会，就见一条红头蛇从疮中蜿蜒而出，有眼无瞳，是条盲蛇。遂以铁锤击其颈项将蛇打死，拽出来长达三尺余。然后在疮口敷上膏药，七日痊愈。

据说人染蛇毒，或者误食带有蛇卵的食物，体内就会生出蛇来。蛇嗜血腥，靠食体内血生长。黄狗血极腥，奔跑之后，血郁积于腿部，宰杀后直冲而出。蛇在体内多年，习惯了人体之血，骤然闻到如此美味的狗血，难禁诱惑，遂爬出体外。华佗没做手术，却实施全身麻醉，目的只是让昏迷中的患者不受惊吓，不致狂呼乱动，才能将蛇顺利引出。

医案5　为某军吏治咳血

军吏李成为咳嗽所苦，日夜不宁，时而吐脓血。通常咳血缘于肺疾，但华佗诊断后判定系肠痈所致，他对患者说："君病肠痈，咳之所吐，非从肺来也。"于是给他两剂药散，告诉他服用后将吐浓血二升多，保养一个月可起床，再将养一年即可康复。告诉他十余年后还会旧病复发，于是又给他两剂药散，发病时服用即可痊愈；若无此药，则将病死。

五六年后，李成的乡人患同种病，向他乞药，言语恳切，说：我都要死了，你难道就忍心眼睁睁看着我无药而死。又说等他治好了病再替李成去向华先生讨药。李成心诚，于心不忍，遂将药散给了他。李成给出药之后去找华佗，正赶上曹操派人前来缉拿，好心的李成第二次放弃自己求生的机会；他见先生忙于应对差役、安顿家属、收拾行囊，出入匆匆，不忍再去烦扰他，遂空手而归。18年后，李成旧病复发，无药可服，遂不治身亡。

医案6　为某督邮治虚损

督邮顿某病愈，去找华佗复诊。先生切脉后告诉他，病虽愈身体尚虚，当切忌房事，否则即死。还告诉他死状的恐怖，"临死当吐舌数寸"，以示警告。其妻听说夫君病愈，兴冲冲从百余里外赶来探望。久别如初婚，情意绵绵，遂忘记先生的告诫。三日后发病死，死状一如先生之所言。

医案7　治酒精中毒

严某与人共饮于酒肆，华佗正好来到，观其神色已知道他病情严重，遂问道："君身中佳否？"该人尚未感觉异常，回答道："自如常。"华佗见他不以为意，不得不提出警告："君有急病见于面，莫多饮酒。多饮则不治。"临别，先生还拿出一包药叫他服用。严某不信，继续饮酒。回家路上，突然"头眩堕车"，同行人送他回家。第二天夜里暴死。欲望盛而忌医致死者第三例。

医案8　为甘陵相夫人治死胎

甘陵相夫人怀孕六个月，腹痛不安，请华佗诊治。先生切脉后知道胎儿已死，遂命亲人用手摸其腹部，说男左女右；回答道"胎儿在左"，华佗令服汤药，"果下男形"，病愈。

医案9　为李将军夫人治死胎

李将军夫人产后腹痛难忍，华佗诊脉后说："伤娠，而胎不去。"说腹内有胎儿。将军觉得惊异，因为夫人已生产过，所以告诉先生："胎已去矣。"华佗坚持说："按脉，胎未去也。"将军不以为然，华佗只好离去。病情略有好转，但百余日后又有感觉，华佗告诉他，根据脉象看腹内还有胎儿，说原为双胞胎，但生出一个后以为生产完毕，未再迎接，遂使胎死腹中，引起腰脊疼痛。将军不能不信了，于是华佗针、药并用。但死胎日久不能自出，遂令接生婆用手探出。死婴通体发黑，长约一尺。

医案10　为婴儿治腹泻

东阳陈某有二岁小儿得病，腹泻前常先啼哭，而且日渐羸弱。华佗诊断确认系母乳有寒气所致："乳中虚冷，儿得母寒故也。"说婴儿吃了寒乳胃不舒服，故而啼哭；又吐不出来，只能下泻。因此告诉主人："治法当治其母，儿自然不时而愈。"他给母亲服用"四物女菀丸"，十日后婴儿病愈。

医案11　为县吏断肢烦口干

县吏尹某肢体烦躁，口中干苦，不想听人声，小便不通畅。华佗诊断有两种可能，一种为普通热症，一种是绝症。因此叫家人给他做热食吃，说："得汗即愈；不汗，后三日死。"患者吃热食后，没有发汗。先生说："脏气已绝于内，当啼泣而绝。"结果如先生所言，三日后尹某啼泣而死。

医案12　为二府吏治头痛身热

有府吏倪寻、李延均患头痛身热，病症完全相同，但华佗诊断后说是完全不同的两种病：倪寻得的是"外实"症，李延得的是"内实"症。因此治病的方法也完全不同：倪寻服泻药，李延服发汗药。第二天早晨二人皆病愈。"实"与"虚"相对，中医认为，"外实"则体内有积垢，故用泻药；"内实"则湿火上冲，故令发汗。

医案13　脾脏切除手术

一人突感腹痛难忍，十余日后须眉全部脱落。华佗诊断为脾脏腐烂所致，说："脾半腐也"。遂进行麻醉切除手术。剖腹后果然发现半个脾脏已经腐坏，于是切去腐烂部分，处理完毕之后，缝合，敷上膏药。配合汤药，百日后平复。

医案14 断某督邮针刺误伤肝

督邮徐某得病，华佗前往探视。徐某说昨日医生以针刺胃管引起咳嗽，非常难受，躺下也不得安宁。先生一听，大惊，知道是施针不准误伤肝脏所致，无法挽回。病情严重不能隐瞒，于是实话实说："刺不得胃管，误中肝也。"接着又说："食当日减，五日后不救。"五日后徐某不幸身亡，如先生之所言。庸医致死人命，古今如此。通常咳嗽多由肺疾引起，但肝脏受伤也可影响肺致咳；受伤的肝脏还影响胃，使胃胀不能进食，遂致饮食日减，不治而亡。

医案15 为某军吏神断急症

军吏梅平因得病被免职回家，中途暂住亲戚家。正巧华佗到此，主人请他给梅平看病。先生一看就知他得的是一种急症，但已经耽误了治疗，无法救治，遂非常惋惜地直言相告："君早见我，可不至此。今疾已结，速去，可得与家人相见，五日卒。"告诉他只有五天时间，赶紧回家与家人见最后一面吧。梅平遵照嘱咐赶紧回家，五日后不治身亡。

医案16 为某人手术去痛痒

某士大夫得病，痛痒难忍。华佗告诉他病能治，但需做剖腹摘除手术，术后可活十年。不过他又说明，不做手术强忍也能活十年，所以他劝患者不要手术。但患者难耐痛痒之苦，坚持做手术。手术后病愈，但他只活了十年。

医案17 为曹操治头风

曹操得头风病，发病时头痛、心乱目眩，召华佗治病。华佗为他针刺鬲穴，手到病除。但他如实相告，说不可能断根，隔一段时间还会复发。有人认为这是医生的心理作用，给权贵治病自然胆怯，施针不敢到位，唯恐过量。他们的观点是："贵处尊高以临臣，臣怀怖慑以承之。"曹操则认为华佗有意不给他断根。

五、五禽戏健身法

华佗发明五禽戏用以健身，并把它传给两个弟子：广陵吴普和彭城樊阿，告诉他们要经常作适量活动以促进血液流通，如"户枢不朽"可不得病。说古代长寿的"仙者"正是靠习练导引之法，像"熊颈鸱顾"那样转腰引体，活动各关节，从而达到益寿延年的目的。（导引或道引，以肢体运动配合呼吸的一种健身延寿方法，熊颈鸟伸、熊颈鸥顾、五禽戏等都是导引之术。熊颈鸟伸或熊经鸟伸，像熊那样攀枝自悬，像鸟飞时那样伸腿。鸥，鹳鹰；顾，回头；鸥顾，像鸟类那样身体不动而转头。）接着说：“吾有一术，名五禽之戏，一曰虎，二曰鹿，三曰熊，四曰猿，五曰鸟。”边说边模仿这五种禽兽的动作：虎扑前肢，鹿转头颈，熊人立，猿纵跳，鸟伸腿。他告诉吴普，身体不舒服时就做一禽之戏，出汗之后，身体会觉得轻便，肚子就有饥饿之感，想吃东西了。吴普从此坚持做五禽戏，90多岁依然耳聪目明。华佗活了100多岁，最后被曹操杀害。

六、华佗之死

华佗的下场和扁鹊相同，都是被杀身亡；不同的是，扁鹊被庸医李醯所害，华佗则被大名鼎鼎的曹操所杀。曹操为什么要杀华佗？可从他杀害华佗的经过找到答案。

华佗被害经过

《三国志·魏书·华佗传》记叙：“（曹操）得病笃重，使佗专视。佗曰：‘此近难济，恒事攻治，可延岁月。’佗久远家思归，因曰：‘当得家书方，欲暂还耳。’到家，辞以妻病，数乞期不返。太祖累书呼，又敕郡县发遣。佗恃能厌食（俸禄）事（侍奉），犹不上道。太祖大怒，使人往检：若妻信病，赐小豆四十斛，宽假限日；若其虚诈，便收送之。于是传付许狱，考（拷）验首服。荀彧请曰：‘佗术实工，人命所县（悬），宜含宥之。’太祖曰：‘不忧，天下当无此鼠辈耶！’遂考竟佗。佗临死……”

这段话的意思是说，曹操得重病，想要华佗长留身边专门为他一人治病。华佗推托说，这种病近期难以治愈，必须用一段时间专门攻治方能奏效。华佗在外日久，想家，遂对曹操说：“家里有所需医方，想暂时离开回家去取”。可是到家后，又以妻子有病推托，一再拖延不归。曹操屡次敕令归朝，又令郡县敦促，华佗自恃其能，不愿食曹操的俸禄，侍奉他，拒绝回归。曹操大怒，派人前往检查情况：如果其妻果真有病，就赐小豆慰抚，并宽限其归期；若是欺诈，即实施抓捕。于是抓入许昌监狱，拷问令其服罪。谋士荀彧劝阻说：“华佗的医术精湛，双手系着天下人的性命，宜包容宽宥。”曹操说：“别担忧，天下没有这样的鼠辈也罢！”遂穷绝人伦，拷掠至死。

建安十三年（公元208年），一代医圣华佗被杀害于许昌监狱。为了悼念这位旷世名医，人们在许昌、徐州、沛县等地为他修墓立庙。

华佗确实不愿专为曹操一人看病，不愿食其禄，所以托故回家，并一再迁延不归。但《三国志》作者魏晋陈寿却说他想家，而且自恃其能，这是对一代名医华佗的情操的曲解，甚至可以说是对华佗崇高的人格与医德的诬蔑。在江苏沛县的华祖庙里有副对联：

医者剖腹　实别开岐圣门庭　谁知狱吏庸才　致使遗书归一炬
士贵洁身　岂屑侍奸雄左右　独憾史臣曲笔　反将厌事谤千秋

对联的作者以婉辞抨击陈寿对华佗曲笔诟谤。华佗回家的真正原因是要离开曹操，他一再迁延不返，就是坚决拒绝当曹操的侍医。这是一代医圣的人格与情操，也是曹操必杀华佗的根本原因。

曹操杀华佗的根本原因

曹操与华佗之间绝对不是简单的患者和医生的关系。曹操以当朝一人的身份召华佗治病，他使用的是威权；华佗受命为他治头风，也是迫于无奈。曹操洞悉华佗的心境，于是怀疑华佗治病不力，甚至故意给他留根，让他永远依赖他。华佗死后，他每犯头风病的时候，就愤愤然道："佗能（治）愈此（病）。小人养吾病，欲以自重。然我不杀此子，亦终当不为我断根源也。"他认为即使不杀华佗，华佗也绝不会为他断根。尤其是华佗拒绝当他的私人侍医，托故跑回家，屡召不返，曹操真真实实地感受到华佗对他的轻蔑与挑衅。相比历代挟君之权臣，曹操毫不逊色，那个被他所挟的天子都得仰其鼻息求活命，而今这个小小的江湖郎中居然如此放肆，这更使他无法容忍。两种人生哲学与道德准则的冲突，至此已经达到白热化程度，势不两立，曹操必杀之而后快。因此当谋士荀彧出来说情、劝阻的时候，他断然拒绝，并把华佗斥之为"鼠辈"；认为没有他地球照样转！华佗坚持自己的信念，捍卫做人的尊严，富贵不能淫，威武不能屈，宁为玉碎，不为瓦全，不惜以生命为代价，以死相抗。

华佗生不逢时，更确切地说，是生错了时间与地点；他和曹操生于同时、同地，同是沛国谯县人。更糟糕的是，他的活动空间也只限于沛郡及其周边地区，正好是曹操雄霸的领域。虽然华佗一生熠熠生辉，照亮了传统医学之路，但是在那个权力与武力主宰一切的年代，他和普通百姓一样是弱势群体，处于被欺压、任人宰割的地位。华佗既与权力的象征——曹操相克、相抗，结果就像陨星碰上地球，毁灭是必然的。

医学经典失传

华佗临死，把他一生临床经验总结写成的《青囊经》交给狱吏，以便传于后世，救活更多天下人。他对狱吏说："此可以活人。"就是这么一点点要求，狱吏也不敢答应，"吏畏忏，不受"。华佗一怒之下，"索火烧之"，一生心血付之一炬；绝世经典，从此失传。虽然他高超的医术与丰富的临床经验通过几个弟子的医疗实践与著作传世，但华佗本人心血的结晶毁于阿瞒之手，不能不说是中国传统医学的一大损失。

医神孙思邈

一、孙思邈生平

孙思邈（541~682）京兆华原（今陕西省耀县）人，生于南北朝北魏、西魏年间，唐高宗永淳元年（公元682年）去世，享年141岁。孙思邈自幼聪颖好学，"七岁就学，日诵千余言。"到了弱冠之年，谈论起《老子》《庄子》以及诸子百家学说如数家珍，滔滔不绝。（《旧唐书·孙思邈列传》）按理说，如此大的才气，在当时的社会定然是仕途亨通，高官厚禄，然而他却走上另一条路。他自幼多病，但投医求药耗竭家财却始终难以治愈，因此断然放弃仕途，立志从医以济世人，最后成为中国医学史上又一位神医，被誉为医神。

北周末年，他见朝政日非，故隐居于太白山（在陕西宝鸡、武功南部）学道，并习练导引之术。隋文帝辅政时征召他为国子博士，他鄙薄隋文帝的为人，遂以疾拒绝。唐太宗即位方才应召至长安，此时孙思邈已是90岁左右高龄，但唐太宗见了却觉得他很年轻，十分惊奇，感叹"其容色甚少"。要给他封爵，他"固辞不受"，依旧闲云野鹤四处行医。后来唐高宗又想封他为谏议大夫，他"又固辞不受"，特赐给他良马及鄱阳公主旧宅。当时名士宋令文、孟诜、卢照邻等皆奉他为师尊，执师礼甚恭。

孙思邈与扁鹊、华佗不同，他并未为后世留下什么疑难病医案，留下的是80余部医药学专著以及独特的医学理念与崇高医德。孙氏医学著作是在学习研究前代医学理论与实践，总结本人临床经验的基础上，又搜集大量民间验方、秘方撰写而成的，《千金要方》与《千金翼方》为代表作，是我国最早的医学百科全书，被誉为记载和论述中医药方剂的方书之祖。孙思邈的医术流传朝鲜、日本，日本曾经多次出版他的《千金要方》。

二、孙思邈的医学理念

孙思邈把子思（孔子之孙）和孟子提出的"天人合一"思想应用于医学，形成独特的医学理念。他认为人体内部的运动规律与自然界的运动规律（天道）相对应，人之患病和天之灾变相对应，研究这两种规律时应互相参照，互相借鉴，至于精通。他在为弟子解惑时阐明这一观点。卢照邻身患重病，久治不愈，遂向恩师请教："名医治愈疾病，用的是什么方法？"孙思邈没有直接回答，而是阐述他的医学理念："精通自然变化规律的人，必定要参照人体内部的运动规律；而精通人体运动规律的人，也必然要以自然规律为依据。自然界有四季的变化，寒暑更替，运转不息，气和顺而为雨，发怒而成风，凝结而为霜雪，散发而成彩虹，这就是天地间自然的变化规律。人有四肢五脏，一日一夜，一觉一寐，呼气吸气，吐故纳新，精气流通而形成营、卫之气。（中医认为，营气是人食五谷形成的精粹之气，行于脉中，滋养脏腑；而所形成的剽悍之气称为卫气，行于脉外，温养皮肤、腠理、肌肉。）彰显而表现为气色，张发而为声音，这是人体之规律。可见天人相同。一旦失调、失序，人就会生病，气上冲而生热，不通则生寒，郁积而生肿瘤、赘物，下陷而成痈疽，奔腾而致哮喘乏力，枯竭而憔悴枯容。各种症候发于面而见于形。以此推论，天地自然亦如此。寒暑失调则暴热暴寒，高山峻岭即天地之瘤赘，山崩地陷即天地之痈疽，狂风暴雨实则天地之喘乏，江河干涸乃天地之憔枯也。"他见弟子们听得入神，顿了顿，喝了口水，又继续讲："良医治病，导之以药石，救之以针剂；圣人治世，和之以至德，辅之以人事。故形体有可愈之疾，天地有可消之灾。"（《旧唐书·孙思邈传》）他得出的结论是：治病如同治天下，治病需要良医，治天下需要圣人；良医就是医中之圣人。

三、孙思邈的崇高医德

孙思邈既然把治病视为治天下，把良医等同于善治天下的圣人，因此他终生以"圣人之至德"自律，他的崇高医德与其医学理念一脉相承，是其医学理念的必然延伸。一代名医是在崇高医德的滋养下成长起来的，而唯利是图的商贾哲学则是造就庸医的精神温床；以盈利为目的或者只是为了养家糊口，不可能成为真正的名医，只有像扁鹊、华佗、孙思邈那样具有崇高医德的医者，才可能成为名医，成为医圣、医神。孙思邈对古代医学的突出贡献之一是，他为中国传统医学留下一笔丰厚的精神遗产——崇高的医德。

孙思邈在他的《大医精诚》中阐明医者必须怀恻隐之心，以普救众生为宗旨："凡大医治病，必当安神定志，无欲无求，先发大慈恻隐之心，（立）誓愿普救含灵（人类）之苦。"接着提出具体的准则："若有疾厄来求救者，不得问以贵贱贫富，长幼妍媸，怨亲善友，华夷愚智，普同一等，皆如至亲之想。亦不得瞻前顾后，自虑吉凶，护惜（自家）身命。见彼苦恼，若己有之，深心凄怆，勿避险恶，昼夜寒暑，饥渴疲劳，一心赴救，天作功夫，形迹于心。如此可为苍生大医。反者则为含灵巨贼。"他为后世塑造了一个有崇高医德的良医形象：对待患者应该不分贫富贵贱，不分美丑亲疏，应该摒弃恩怨，一视同仁，皆视为至亲善友；为人治病时不应顾惜自家身命，不应避凶趋吉，应以病人之苦为苦，任劳任怨，一心赴救。这才称得起是普救苍生之大医。

孙思邈进一步强调，作为一名医生要以治病救人为本，拒绝各种物质引诱，到病人家里出诊，应当心无旁骛，专心诊治："纵（有）绮罗满目，勿左右顾盼；丝竹凑耳，无得似有所娱（乐）；珍馐迭荐，食如无味；酝醿兼陈，看有若无。"不应当"道说是非，议论人物，炫耀声名，訾毁（诋毁；訾，音子）诸医，自矜己德。偶然治愈一病，则昂头戴面，而有自许之貌，谓天下无双"。他指出，这些毛病对于一个医生来说是致命的，如同身患膏肓之疾，应当坚决禁绝。

孙思邈在他的《千金要方》中再一次强调医德的核心是治病救人，他说："人命至重，有贵千金。"人命重如千金，因此"一方之剂，德逾于此"。一剂药方治好了患者的病，其德行胜于千金。正因为他如此看重人命和医生的作用，所以把他的主要著作皆冠以"千金"之名：《千金要方》和《千金翼方》。

四、孙思邈的传世之作

《千金方》

《千金方》包括《千金要方》和《千金翼方》两部。《千金要方》共三十卷，所涉内容极广，包括医学理论、诊法、症候与内科、外科、妇科、儿科等科临床经验的总结，以及解毒、急救、养生、食疗、针灸、按摩、导引等。他把《妇人方》与《少小婴孺方》共五卷置于篇首，说明他对妇幼保健的重视。《千金翼方》是《千金要方》的补充，是孙思邈晚年之作，内容至广，涉及本草、妇科、儿科、伤寒、养性、补益、中风、杂病、疮痈、针灸等，又收集了八百余种药物，其中二百余种详细介绍从采药到炮制成药的全过程。

《摄养枕中方》

《摄养枕中方》主要讲的是养生、健体方面的问题。孙思邈开篇明义就申明，他研究核查方书的工作由来已久，搜求"秘道"（秘方）后精选而成。搜集之广几乎囊括当时能够找到的所有秘方，甚少遗漏；而精选的原则近乎苛求，"非至妙至神，不入兹录（不予录取）"；把那些效果奇佳又绝对可靠的"诚信诚效"者置于篇首。如此严格谨慎的目的在于取其精华去其糟粕，而后传给后代。他还特别提出在传授此书时要特别谨慎，不是什么人都可以传授的，如果"传非其人，（将）殃及三世"；若非同道，慎勿虚传。

孙思邈把《自慎》一章置于篇首。自慎即对自己的衣食住行始终保持谨慎、慎重的态度，这才是养生之道。自慎也可叫作自善；从养生角度上可理解为独善其身。强调饮食对人的寿命有决定性影响，指出各种意外的病变和意想不到的暴亡，多由饮食所引起。还特别提出告诫说"饮食之患（胜）过于声色"，因为人们可以禁绝声色，但无法禁绝饮食，尤其是美馔佳肴太有诱惑力了，一旦触犯禁忌，就会形成"沉毒"，缓者日积月累而成病，急者灾患顷刻可至。提出夏季至秋分期间不要吃肥腻的肉类，这些食品与酒浆瓜果相妨，一时或者还不自觉，到了入秋之后就会发作。

提出养生"十二少"：少思、少念、少欲、少事、少语、少笑、少愁、少乐、少喜、少怒、少好、少恶。并加以说明：多思则神殆，多念则志散，多欲则损智，多事则形劳，多语则气争，多笑则伤藏，多愁则心慑，多乐则意溢，多喜则忘错混乱，多怒则石脉（硕脉，大脉）不定，多好则专迷不理，多恶则憔悴无欢。指出这十二多是"丧生之本"，因此必须坚决戒除。

又提出养生口诀：体欲常劳，食欲常少；劳勿过极，少勿过虚。恒去肥浓，节咸酸，减思虑，捐（捐弃）喜怒，除驰逐，慎房事。鱼脍生肉，诸腥冷之物，此多损人，宜速断之弥大善也。心常念善，不欲谋欺诈恶事，此大辱神损寿也。

最后把养生之道概括为：勿久行、久坐、久听、久视，不强食，不强饮，亦不可忧思愁哀。饥乃食，渴乃饮。食止，行数百步，大益人。夜勿食，若食即行约五里，无病损。日夕有所营为，不住为佳，不可至疲极。故曰：流水不腐，户枢不蠹。以其劳动不息也。

五、孙思邈的养生法

发常梳　手掌互搓36下，发热后，由前额上扫，经后脑至颈部，早晚各10次。可防头痛、耳鸣、白发、脱发。目的在于按摩头部穴位。

目常运　合眼后用力睁开，眼球旋转，由左而上，至右、下；再合眼，作相反方向转动，由右向上，至左、下。重复3次。此为眼睛保健操，可治近视。

齿常叩　口微微合上，上下牙齿相叩，无需太用力，但需有声响。叩36下。可通上下颚经络，保持头脑清醒，加强胃肠吸收，防蛀牙和牙齿退化。

漱玉津　口微微合上，将舌头伸出牙齿外，由上面开始，向左慢慢转动，一共12圈，然后将口水吞下去；舌头再由上面开始，做相反转动12圈，吞口水。

口微微合上，舌头不伸出牙齿外，而在口腔内围绕上下颚转动，左转12圈，吞口水；然后再反方向做一次，吞口水。吞口水时想象将口水带到下丹田。

从现代科学角度分析，口水（唾液）中含有大量霉素，能调和激素分泌，故有强健肠胃之功能。

耳常鼓　手掌掩双耳，用力向里压，突然放手，应该有"噗"的一声，重复10次；双手将耳朵反折后掩耳，食指用力弹后脑风池穴10下。每日临睡时做，可以增强记忆力和听觉。

面常洗　搓手36下，暖手后上下扫面，双手同时向外圈。经常做可令脸色红润有光泽，同时不会有皱纹。

头常摇　双手叉腰，闭目，垂下头，缓缓向右扭动，直至复原位为一次。共做6次。反向重复6次。要慢慢做，否则会头晕。经常做可令头脑灵活。

腰常摆　身体和双手有韵律地摆动，当身体扭向左时，右手在前，左手在后，在前右手轻轻拍打小腹，在后左手轻轻拍打"命门"穴。反方向重复。最少做50次，100次更好。可强化肠胃，固肾气，防消化不良和胃痛、腰痛。

腹常揉　搓手36下，手暖后两手交叉，围绕肚脐顺时针方向揉，范围由小到大，做36次。可助消化、吸收，消除腹部鼓胀。

摄谷道（即提肛）　吸气时，将肛门肌肉收紧，闭气，维持数秒，直至不能忍受，然后呼气放松。无论何时都可做，最好早晚各做20~30次。相传这是"十全老人"乾隆爷最得意的养生法。

膝常扭　双脚并排，膝部紧贴，微微下蹲，双手按膝，向左右扭动，各20下。可强化膝关节，所谓"人老腿先老，肾亏膝先软"，延年益寿当由双腿做起。

常散步　挺直胸膛，轻松散步。最好心无杂念，尽情欣赏沿途景色。民谚："饭后走一走，活到九十九。"

脚常搓　右手搓左脚，左手搓右脚。由脚跟向上至脚趾，再向下搓回脚跟，是为一次。共做36次。两手大拇指轮流擦脚心涌泉穴，共100下。脚底集中了全身器官的反射区，经常搓脚可强化各器官，治失眠，降血压，消除头痛。

六、孙思邈年寿考

《旧唐书·方伎·孙思邈传》记载：孙思邈"永淳元年卒"，即公元682年去世，无疑。然而他究竟生于何年，却存在争议，众说纷纭。有不少人根据同传的另一句话："思邈自云开皇辛酉岁生"，就断言他生于隋文帝开皇元年（581年）。但"开皇"20年间并无"辛酉"年，于是就把辛丑年当成辛酉年。这是一种误判，且不说"辛丑"与"辛酉"之不可随意替代，而同传有关孙思邈的其他记载也与此相悖：

其一，"周宣帝时，思邈以王室多故，乃隐居太白山。"周宣帝死于公元580年，按以上说法，此时孙思邈尚未出生。

其二，"隋文帝辅政，征为国子博士，称疾不起。"隋文帝辅政也在580年。

其三，"洛州令独孤信见而叹曰：'此圣童也。'"独孤信曾任西魏大司马，西魏亡于557年，可见独孤信见孙思邈当于557年之前，更早。

关于孙思邈的年岁还有许多种说法。

其一，《中国医学史略》认为：杨坚徵孙思邈为国子博士遭拒时，孙思邈年在弱冠，20岁左右，故应在120岁以上。

其二，黄竹斋《医仙妙应孙真人传》认为：独孤信称孙思邈为"圣童"是在独孤信受命入关抚贺拔岳余众的南朝梁中大通六年（公元前534），此时孙思邈为弱冠之年，故上推19年，应生于公元前515年，孙思邈应为168岁。

其三，《天义堂文集·千金方考》认为：独孤信称"圣童"是在梁大同四年（公元前538），上推20年，应生于公元前518年，为164岁。

其实根据史料的两处记载就不难准确判定孙思邈的出生年与年寿。《旧唐书·孙思邈列传》："七岁就读，日诵千余言。弱冠，善谈庄、老及百家之说，兼好释典。洛州令独孤信见而叹曰：此圣童也。但恨其器大，适小难为用也。"显然独孤信叹为"圣童"是在孙思邈七岁时，绝非弱冠之年；20岁的青年岂能称为圣童。而根据《周书·独孤信列传》记载："（西魏）大统十四年（548年），进位柱国大将军……守洛阳。"就是说大统十四年独孤信任洛阳令时，见到七岁的孙思邈，叹为"圣童"。故孙思邈应该生于541年，这一年正是辛酉年。隋文帝也正好生于这一年，据此，"开皇辛酉岁生"中的"开皇"实际上是指"开皇皇帝"隋文帝，即是说他和隋文帝同生于公元541年辛酉年。据此，他活了141岁。唐太宗召见他时，他已经86岁。

由于孙思邈生于西魏年间，亲身经历了北齐代东魏（550年）、北周代西魏（557年）、南朝陈代梁（557年）、北周灭北齐（577年）、隋灭北周（581年）、唐灭隋（618年）等重大历史变迁，因此他与人谈论历史时，"话周、齐事，历历如所见"。后来魏徵"受诏修齐、梁、陈、周、隋五代史，恐有遗漏，屡访之，思邈口以传授，有如目睹"。

良医李东垣

一、立志学医

李东垣（1180~1251）名杲，字明之，号东垣老人，生于金末元初那个乱世之秋。他的家乡真定（今河北正定）先是北宋与辽国的边境接合部，后入金国版图（1125年），1234年又成为蒙古领地。他出生于金世宗大定二十年（1180年），原本是赵宋天子脚下的子民，却先后成为女真、蒙古统治下的贱民。其先祖在北宋为官，虽说是官宦之家有万贯家财，"世以赀（资）雄乡里"，但在那个战乱不息的年代，却不得不饱受颠沛流离之苦。他有条件像耶律楚材、刘秉忠等人那样效忠蒙古以取功名，但他却甘愿放弃仕途而选择从医，最终成为著名医学家。

人生道路多种多样，如何走上人生之路也各不相同，许多人因体弱多病而走上习武、从医之路，李东垣则是因母亲身患重病不治身亡，才走上治病救人的道路。18岁那年母亲得了重病，耗尽千金之资也未能留住她的性命；更使他无奈的是，母亲到底身患何病不得而知。他因此立志行医，不是为了母亲，也不是为了能过上优裕的生活，他家豪富，不需要靠行医挣钱，李东垣取行医之道是为了使更多的人免受疾病的困扰。彻底摒弃利己主义，立志悬壶济世，对一个只有18岁的青年这确是难能可贵的。

二、重金拜师

既然立志行医，就必须寻访名师，他认为这是成才的捷径。他终于找到心中的偶像——当时誉满金国的名医张洁古。张洁古名元素，河北易州（今易县）人，八岁考童生（考秀才的儒生，不论年龄），27岁考进士，不幸落第；因不小心犯了皇帝老子的名讳而被除名，仕途对他永远关上了大门。他决定成为一名救死扶伤的良医，这个和孙思邈一样的"圣童"走的也是和孙思邈相同的自学成才之路，最后也和孙思邈一样成为一代名医，而且创立了"易水学派"。他的《医学启源》流传至今，《脏腑标本虚实寒热用药式》被李时珍收入《本草纲目》。

李东垣携重金至易水寻访张元素，"捐千金从之学"（《新元史·方技·李杲传》）。张元素的医学理念来自孙思邈"天人合一"的观点，他认为人体的健康状态和大自然的季节变化规律息息相关，二者相适应则健康，不适应则生病。他认为自然界有"六气"，即风、寒、热（暑）、湿、燥、火，它们随季节变化。人体状态失常或六气反常失序，都使人体与环境二者不相适应，这是生病的原因。

三、见习医生

李东垣在名师门下专心学习、刻苦钻研；张元素也把他视为理想的传人而倾囊相授，"不数年，尽传其业"。李东垣尽得恩师的真传，四年后毕业。

李东垣的父亲是一位治学严谨又很负责任的长者，他认为儿子所学只是一些理论知识，而治病亟需临床经验，如果贸然行医很可能成为庸医，治不好病，甚至可能把人治死，因此需要有一个继续学习的试验期。只是父亲没有把他安排在本专业中见习，而是把他送到山西济源税务局一位老朋友那里当上一名税监。他徒弟罗天益在《东垣试效方》中写道："泰和二年（1202年），先师以进纳监济源税。"进纳就是交纳入门费。看来在古代光靠面子也不行，一样得花钱走门路。李东垣成为一名见习医生，利用监税工作之余钻研医术，试着给人看病。

四、迎战瘟疫

李东垣见习期间遭遇一场可怕的瘟疫；疫病为他提供了一个广阔的实习场所，也是对他的医术与职业道德的严峻考验。病人先是像一般感冒那样发烧，浑身发冷、乏力，接下来情况就不同了：头面胖肿，眼睛都睁不开，咽喉肿痛，嗓子哑，口干舌燥，喘气都困难。这种病传染很快，且致人死命，李东垣知道这种疫病叫作"大头瘟"。他没有想到刚刚离开老师就遇到这种疑难病症，思想上承受着巨大的压力；然而这关系到千万人的安危，他不敢怠慢，细心分析病情，思考治病良方。他想，既然病在头部，显然是病邪上行；经络理论告诉他，血液在心气驱动下沿经络运行，手少阴心经起于心，达于目，显然病邪由此上行，使头部发生病变。而咽喉病变与喑哑、气喘等通常起源于肺，可见病邪还进入肺，通过手太阴肺经上侵。因此他针对病症用两味主药为病人驱毒：用黄连泻心经邪毒，用黄芩泻肺经邪毒。此外还用连翘、柴胡等佐药以消肿、消毒、定喘，并调节其他经络。他成功了！他的药方收到奇效，被他救活的人不可胜数。这副药就叫"普济消毒饮"。为了使更多人得到救治，他把处方刻在木板上，钉到市井和通衢，谁都可以照方抓药。他的见习考试合格了，从此开始行医的职业生涯。

五、饥荒的启示

在那个动荡不安、战乱不息的年月，灾祸接二连三，送走了瘟疫，又来了大饥荒，旱灾袭击金国！严重地区庄稼绝收，不断有人饿死。李东垣善良的心被震撼了！他把家里的钱粮连同不菲的工薪都拿出来，搭了个粥棚，向饥饿的人施粥。然而他那几个钱又能救活多少人？况且稀粥只能解一时的饥饿，却挽救不了更多患者的性命；他们因饥饿引发热病被夺去生命。李东垣知道还得靠药物施救，因此开始研究热病的起因以及救治的方法。

得病的人先是四肢无力，感觉疲乏不堪，连话都没有力气说，接着浑身发热，特别怕冷。当时很多医生把它当作外感来治，但不见效。他认为这不是一般的外感病，而是饥饿、精神劳倦等使业已相当虚弱的脾胃进一步受损所致，即是因"内伤"引起的热病。若干年之后，当他经历围城的艰难岁月，再一次遇到饥饿引发疫病导致大规模死亡的时候，他才彻底弄明白这种热病的病因及其治疗方法，他把研究成果和临床经验写成《脾胃论》和《内外伤辨惑论》，它们都是中医学的传世之作。

六、天子脚下的游医

成吉思汗六年（1211年）大举伐金，在野狐岭（在河北张家口西南）以十万精兵击败四十万金兵，全歼其精锐，破居庸关，第一次兵临金中都

（今北京）城下。当成吉思汗大军第三次兵临中都之前，金宣宗逃往汴京（今河南开封）。蒙古有屠城的传统祖制，只要城中发一箭一石，城破即屠城，妇孺不免。金国子民为了保命，纷纷逃离；李东垣随着逃亡的人流逃往汴京，来到天子脚下。

汴京是五代时期后梁、后晋、后汉、后周与北宋等五个朝代的国都，特别是经历了宋初盛世，其繁荣远远超过历代国都。当时有约170万户，按每户四口计算，人口在700万左右，"比汉、唐京邑繁庶，十倍其人"。在现代化的今天，有700万人口的城市也算得上是大型城市。北宋著名画家张择端在宋徽宗（1101~1125年在位）的翰林图画院供职期间所绘《清明上河图》，描绘出了当时汴京城清明时节的繁华景象。然而，如今的汴京城再也看不到它往日的繁华，而大批难民的涌入又为汴京城平添了几分凄怆和悲凉。李东垣正式开始干他的本行，成为天子脚下的一名游医，奔波劳碌为患者看病。

医案1　治吐血患者

一名吐血病患者上门求医，脸色苍白，气虚，脉象细而涩。李东垣断为大寒症，是脾胃虚弱引起的吐血，因此用了补血、养血的药，叫作"人参饮子"，主药除了人参外，还有黄芪、五味子、当归等。病治好了，但入冬又犯，继续吐血。检查发现肚脐周围有结块，李东垣认为病人有火邪在内，睡火炕散不出来，故而吐血。他参考汉末张仲景的《伤寒论》，给病人服用"麻黄桂枝汤"，除上述几味药外，以麻黄除外寒，桂枝补表虚。病好了，没再犯。

医案2　治大寒症

一名十五六岁的孩子得了伤寒病（外感病之统称，非特指传染病的伤寒），眼睛通红，口渴，脉搏跳得很快，一呼一吸之间达到七八次（正常人三四次），为他治病的医生按常理断为热症，为他服了"承气汤"。李东垣和孩子的叔父冯叔献是故交，正好前去拜访，了解病情并为他切脉，大惊，说："差点把孩子害死。"他对老友说，通常脉搏过快是热病，过慢是寒病，没错，但《会要大论》说，有时可能出现完全相反的情况。这孩子得的不是热病，而是大寒症，热症只是一种假象。实际上是因为阴气太盛，阳气被挤到体表，所以容易误认为是热症。于是李东垣用干姜、附子等大热之药来治大寒；由于前已服用泻药，遂将药量加大。服药后发汗，很快就好了。后来罗天益把这些行之有效的药方整理成《东垣试效方》。

七、围城里的白衣天使

元太宗四年（1232年）开始向金国发动全面进攻，三月攻克洛阳后进围汴京。到了五月，数百万人因饥饿暴发疫病，大批死人，死者竟达百余万。《金史·哀宗本纪》记载："汴京大疫，凡五十日，诸门出死者九十余万人，贫不能葬者不在是数。"两年后金国灭亡。

李东垣废寝忘食饿着肚子为百姓治病，同时下苦功研究病因与治病的良方。他发现，这种大规模的疫病死亡，和当年旱灾引起的疫病一样，都是恶寒发热，是由于饥饿使脾胃受损所造成的。其病理是受损的脾胃中阳气不足，"无阳以护其营卫（之气）"，故特别怕风寒，出现忽冷忽热的症状，同时四肢无力，慵懒，气短等。

营卫之气即营气和卫气。中医认为，它们分别是水谷所化生的"精粹之气"与"剽悍之气"，前者运行于经络之中，有推动血液运行、营养脏腑与组织的功能，后者弥散力很强，弥散于经络之外，有温养皮肤、腠理、肌肉的功能。如果长期缺乏足够的水谷来形成营卫之气，以营养脏腑及各种功能组织，就会患上这种疫病。用通俗的话说，长期没有摄入足够的水谷以补充人体所需的营养和能量，就无法维持人体正常的生命活动。李东垣对症下药，用甘温之药以补中气，升阳气；用甘寒之药以泻火。这些药叫作升阳益胃汤、补中益气汤等；制成药丸或磨成粉末。疗效很好，"其所济活者不可遍举"。

八、李东垣的晚年

李东垣生活在战乱年间，终生与疫病结缘。金国灭亡之后他又奔波了十年，于1243年回到家乡，此时他已是63岁高龄，他在治病救人之余从事两项工作：写书、授徒。他把几十年来的行医记录整理成书，除了《内外伤辨惑论》和《脾胃论》外，还有《兰宝秘藏》《活法机要》《医学发明》等。

通过友人推荐，李东垣收罗天益为徒，罗天益后来在《卫生宝鉴》序言中记述他拜师经过。初次见面时老师问道："汝来学，觅钱医乎？学传道医乎？"老师问他是为了挣钱而学，还是为传播医道而学？他答道：

平民的追求
二十余位平民精英

"亦传道耳。"他并不隐瞒自己的真实想法，用一个"亦"字来表达自己的真实动机，说他又想挣钱，又想传道；因为他有老婆孩子，必须养家糊口。李东垣看中他的诚实与憨厚，觉得孺子可教，十分满意，不但不收学费，而且给他"白金二十两"作为生活费。七八百年前就给学生发奖学金确实是个奇事，罗天益想都不敢想，遂推辞。但老师坚持，说："吾大者不惜，何吝乎细？汝勿复辞！"他说像传授医术这样的大事他都不吝惜，怎么会吝惜几个钱，叫他不要推辞。罗天益跟随老师学习了八年，直至李东垣辞世（1251年），尽得师尊之真传，也成为一代名医。

九、典型医案

李东垣在家乡行医，罗天益随时记录，留下许多医案。这些医案经临床验证行之有效，罗天益把它编辑成《东垣试效方》。

医案1

王善甫是一名京兆府（府治在今陕西西安市）酒官，得了一种怪病，尿排泄不出来，憋得眼珠子都突出来，肚子胀得像个鼓，大腿坚硬得皮肤差点被胀裂，饮食难以吞咽，喝水都困难。医生给他服各种利尿药都不见效。李东垣也觉得病情非常严重，但他知道《黄帝内经》里有关于这种病的记载，他对几名医生说："《内经》有之，膀胱者津液之腑，必气化乃出焉。"说必须使津液气化才能排出。他认为腹胀、眼突是气化功能失常所致，服用利尿药反而会使尿液越聚越多，更危险。他说唐朝有个叫作启玄子（即王冰）的名医说过：阳药必须要有阴药辅佐，阴药也必须有阳药辅佐。而前所投的药皆为阳药，有阳无阴，津液无法气化。因此他"投以阴剂"，尿很快就排出来，自然眼不突肚不鼓了，病愈。

医案2

李东垣之故友元好问，颈部生疮，疼痛，脖子发硬、发麻。医生告诉他过十几天出脓就好了，到时候再说。李东垣用艾灸为他治病，一共烧了100多个艾炷。同时又给他服药，服药后蒙头大睡。第二天睡醒后，疮就消了七八分，六七天后结痂，14天平复如初。

医案3

官吏萧君端得了伤寒病，发热。医生给他服用"白虎汤"，病没治好反而加重，面黑如墨，脉象沉而细，尿不禁。李东垣认为是误服了白虎汤所致。白虎汤是大寒药，有益于脏腑却不能通经络，病依然隐于经络之间，故伤寒的本病未除。但如改为大热药，又容易引起其他病变，且不能去除白虎汤之隐患，所以必须用介于寒、热之间的温药，以升阳气，通经络。萧某的病被治好了。

医案4

魏邦彦之妻得眼疾，眼球自下而上突然生出一层绿色蒙子（翳），肿痛难忍。现在知道这是角膜发生病变。李东垣认为，翳自下向上生，说明病变来自两条阳明经，因为足阳明胃经起于鼻旁，上至内眼角，而手阳明大肠经从手指内侧端沿手臂外侧上行，在鼻处与足阳明经相接。绿色说明是肺与肾共同为患的结果。因此他所用的药，既能泻去肺、肾之邪毒，又能入阳明经上达眼部。眼病被治好了。

医案5

军官郭巨济得了偏枯病（偏瘫，半身不遂），李东垣用长针刺其骸中穴，长针深至骨而患者不觉痛，出血一二升，血黑如墨。李东垣由此判定，这是气血亏损，风痰入络使营卫二气俱虚所致，因此给患者服用益气活血、疏通经络之药。三个月之后病愈。

医案6

李和叔连续几个孩子都是长到一两岁就夭折，他们都得了一种怪病，一岁之后身上长出"红系瘤"，不治身亡。他非常苦恼，希望李东垣能帮助他得到一个健康的儿子。李东垣从未遇到过这样的病例，翻阅有关资料又想了一宿，终于想明白了。连续几个孩子都得了这种病，说明病根在父母，最大可能是由于父亲的肾出了毛病（中医所指的肾包括整个生殖系统），里面有"伏火"，这种病邪传给了儿子，遂于肌肤间生出肿瘤。为了"泻肾中火邪，补真阳之不足"，李东垣给病人服用滋肾丸，并叮嘱他忌酒与辛辣食物。又给其妻服用六味地黄丸以补肾阴，等怀孕五个月后再服黄芩和白术制成的药散。李东垣治好了李和叔的病，他夫人生了个大胖小子，而且健康成长。李和叔对李东垣感恩戴德，对他的医术佩服得五体投地，同时对医生这一职业也无限敬仰，立志要像李东垣那样治病救人，遂拜李东垣为师，从此加入行医行列。

药王李时珍

一、以诗明志

李时珍（1518~1593）字东璧，晚年自号濒湖山人，湖北蕲州（今黄冈蕲春县蕲州镇）人。生于中医世家。祖父以治病卖药为业，是一名游方郎中，手摇串铃走街串巷，当时称为"铃医"。父亲李言闻是当地名医。长兄李果珍随父行医。

行医虽然比一般贫民生活好一点，但既不是官，又没有令人仰慕的钱财，自然地位低下，还得遭官府、豪绅的欺辱，所以父亲不想让李时珍走他的老路，安排他读诗书、走仕途，将来求个功名，光宗耀祖。但李时珍有自己的志向。虽然他自幼聪颖好学，十四岁就考中秀才，但他继承了祖辈的基因，从小就酷好医学，对八股文不感兴趣，甚至很反感。只是当时年岁尚小，还不成熟，父命难违，不得已而为之。随着年龄增长，李时珍迅速成熟起来，他思想深处有一种从医的强烈愿望，于是写了一首诗向父亲表明自己的决心与志向，同时恳求父亲成全他的愿望。诗云："身如逆流船，心比铁石坚。望父全儿志，至死不怕难。"父亲被他的至诚与决心所感动，同意他的请求。李时珍终于实现了自己的愿望，他把全副精力投入到医疗事业中去，勤奋学习；又有父亲的言传身教，因此医术精进。李时珍就像一支已经拉开的强弩，积聚了巨大的能量，蓄势待发，初露锋芒。

二、初露锋芒

从医不久，年轻的李时珍就接受了一次挑战和考验。父亲和兄长在玄妙观给人看病，李时珍跟着见习，同时负责抄写医案和药方，空闲时攻读有关医书和父亲的医疗笔记。由于他的勤奋和钻研精神，他的进步非常快，只是父兄都还不甚了解而已。

有一天，父亲带着兄长出诊，留他看家。恰好这时来了两个患者：一个患眼疾，火眼肿痛；一个闹腹疾，暴泻不止。父亲得晚间才能回来，李时珍觉得不应该坐视患者的痛苦，而以任何借口推托；同时他觉得这是检验自己学习成绩的难得机会，他相信自己能给父亲交上一份合格的答卷。经过认真诊断之后，他为患者开出有生以来的第一张药方。父亲回来后听了李时珍的汇报：患者病情、诊断、开方、下药；他讲得有理有据，条理分明。父亲一边听他讲一边看处方，觉得他的思路清晰，医理明确，诊断无误，下药恰当。患者也没有再回来，说明药到病除。李时珍初露锋芒，首战告捷。他的考试合格了！

三、立志重修本草

"本草"是中药的统称和代称。中药种类有千余种，包括花草果木类等植物、鸟兽鱼虫类等动物，以及玉石与铅锡硫汞等矿物。其中草类植物最多，就是说中药以草类为本，故名本草。

最早的本草著作是东汉时期托名神农的人创作的《神农本草经》，它是我国中医药物学著作，虽然原书已经失传，但其内容经历代医家的本草书籍的转引，得以部分保存。现存多为明清辑本，它们多按药物之毒性分为上、中、下三品：无毒性者为上品，毒性小者为中品，毒性大者为下品。中医方剂以上品为君药，中品为臣药，下品为佐使。除《神农本草经》外，还有《新修本草》《本草品汇精要》《日华本草》等。《新修本草》系唐代官修药物书籍，又名《唐本草》，该书是在南北朝梁陶弘景的《本草经集注》基础上经校勘补充而成的，按药物的自然来源分类，并附全国各地药物标本图。

李时珍在行医过程中发现，历代本草书籍存在许多弊病，尤其严重的是药物混乱，常因误用药物致人死命，危害极大，遂下定决心重修本草。致死人命或造成严重后果的医案很多，在此列举一二：

（1）李时珍20岁那年（1537年），蕲州地区闹水灾，灾情过后瘟疫流行，死了很多人。有一患者服用郎中的药后病情加重，其子拽着郎中来找李时珍评理。李时珍检查药渣时亲口尝了尝，发现药下错了，惊诧地说："此为虎掌"。郎中被吓了一跳，矢口否认，说他绝对没有开这味药。李时珍博览群书，立即明白问题到底出在哪里。他对患者家属说，不是郎中的错，是药铺把药下错了；但药铺也没有责任，因为他是按医书记载下药的。原来《日华本草》把漏蓝子等同于虎掌，郎中开的药是漏蓝子，而药铺付的是虎掌。前者无毒，后者毒性很大。医生和药铺都没有责任，是医书惹的祸。

（2）一郎中以防葵为君药治疗精神病人，导致患者死亡；又一郎中用黄精治疗身体虚弱的患者，也导致死亡。原来药铺按药书所载，分别以狼毒和钩吻代替，这两种药毒性都很大。医书的错误导致患者死亡又添二例。

本草书籍的舛误所造成的严重后果，使李时珍受到强烈震撼，医生的职业良心使他久久不能平静，夜不成寐，这促使他痛下决心：必须重修本草！不去除舛误，要保证百姓的人身安全只能是一句空话。然而不是什么事都只凭决心就能办好的，要重修本草，必须完成的工作量太大，任务太艰巨了。史料记载，最早使用药物治病的是扁鹊，距离李时珍大约两千年，而第一部本草——《神农本草经》也是一千四五百年前的作品，之后又有许多部《本草》问世，这些医书所记载的药物不下千余种。要把这么多医药典籍仔细通读一遍就得很长时间，何况还必须对千余种药物一一进行审查核实，纠偏正误，其工作量可想而知。

父亲也以自己的所见所闻对他提出告诫，他以明孝宗年间太医院编撰《本草品汇精要》的情况为例，告诉儿子要充分估计到重修本草将会遇到的种种困难。弘治十六年（1503年）明孝宗命太医院编写国家药典，命司设监太监刘文泰负责主持这项工作，成立一个由49名专家组成的专业写作班子，还配备了14名书写文字的缮写工匠和8名绘制药物标本的宫廷画师。如此庞大的专业班子还用了将近两年的时间才完成此项工作，所投入的人力、财力、物力之巨，并不是普通平民百姓所能承受得起的。其实无需父亲的提醒，李时珍也知道要完成这项工作所需付出的精力与财力，但他相信自己有完成这项艰巨任务的能力与毅力。为了造福后世，他立志重修本草，准备贡献出毕生的精力。

四、《本草纲目》问世

决心下定，李时珍立即着手准备工作，他收集并遍阅了历代有关的医书药典共八百余种。同时利用行医积累临床经验，利用采药收集药物标本，并向药农、铃医、农民、渔民等各行各业的人虚心讨教，收集各种有关资料。在此期间，有两个难得的机遇帮助他实现了夙愿——入楚王府和太医院供职。

在楚王府书库如鱼得水

30岁那年，李时珍被武昌的楚王召入王府，任命为"奉祠正"，兼管良医所事务。楚王府书库里珍藏很多书籍，李时珍如鱼得水一头扎进书堆里；三年时间，获益匪浅。在王府期间，他治好了王子的病，从此声名大噪，成为公认的名医。正赶上朝廷选拔良医，遂被选入太医院当上一名"院判"。

在太医院遍阅国家药典

虽然李时珍在太医院只待了一年，但收获颇丰。太医院是国家最高医疗机构，它的书库珍藏着历代医疗典籍，特别是40多年前在明孝宗督导下诞生的国家药典——《本草品汇精要》，另外它的药房和御药库还集中了全国各地的名贵中药，李时珍有幸得以遍阅库藏的医药经典，见识到罕见的珍稀药物标本，他既可以比较、鉴定各种药材，又可以收集到大量宝贵资料。但太医院里庸医云集，倾轧成风，乌烟瘴气，李时珍遂辞病回家，致力于书写他的旷世之作。

鸿篇巨著问世

李时珍没日没夜地辛勤工作，经过27年的努力，终于在他61岁那年——万历六年（1578年）完成了他的鸿篇巨著——《本草纲目》。全书190万字，共52卷，分16部、60类。收集药物1518种，新增374种，共计1892种，其中植物类1195种。辑录古代医药家和民间流传的方剂11096则，并附药物形态图1100余幅。以"释名"为各种药物确定名称，以"辨疑"和"正误"考证各种药物的真伪和纠正已有医书药典的错误。总结了历代药物学的研究成果，增添了许多李时珍本人的研究成果，全面、系统地阐述了药物学知识，内容极其丰富，是我国古代最系统、最完整、最科学的药物学经典巨著，对我国药物学的发展起了重要作用。另外，《本草纲目》不但是药物学还是植物学、矿物学等领域极宝贵的遗产。

《本草纲目》的特色

（1）按药物属性分类　打破千余年来《神农本草经》按上、中、下三品的分类法，按药物本身属性分类，即分为水、火、土、金、石、草、谷、菜、果木、器服、虫、鳞、介、禽、兽、人等16部，包括60类。每药标正名为纲，纲下分目。

（2）系统介绍各种药物知识 包括校正、释名、集解、正误、修治、气味、主治、发明、附录、附方等，详细叙述其历史、形态、功能、方剂等。

（3）药物与临床相结合 有两卷专门叙述"百病主治药"，记录了113种病症的主治药，其中一卷专讲主治外感与内伤杂病所用药物，包括伤寒热病、咳嗽、喘逆等。

（4）囊括中医各科 所列方剂包括内、外、妇、儿、五官等科，11096则方剂中除2900则为旧方外，其余皆为新方。以常见病、多发病为主，如肺气喘急、哮喘痰嗽、肺热痰咳、胸膈塞满等。药物形式则丸、散、膏、丹俱全。

（5）内容包罗万象 内容涉及植物学、动物学、矿物学、化学等知识，对这些学科都有深远影响。

成书之后李时珍为了让它流传下去，以造福后世，临终前他写下奏章，命儿子建元献给皇帝，略曰："历代药书，有同物不同名，同名不同药，有难以辨识的，有分类不对的，有毒与无毒而形态相似的，增加采药的困难，都影响治疗效果。历代发明的新药而前书未予记载，于是增补、订正之。正名为纲，附识为目。"

《本草纲目》自万历二十四年（1596年）刊印出版后，流传至朝鲜、日本、欧美等国，被翻译成日、法、德、英、俄、拉丁、朝鲜等国文字。达尔文把它赞誉为"中国古代百科全书"，李约瑟在他的《中国科学技术史》中称赞道："16世纪中国有两大天然药物学著作，一是世纪初（1505年）的《本草品汇精要》，一是世纪末（1596年）的《本草纲目》。两者都非常伟大。"1951年在莫斯科召开的《世界和平理事会》把李时珍列为古代世界巨人，《本草纲目》被誉为"东方医药巨典"。

五、一代名医

医生治病必须对症下药，故名医必精通药物，而精通药物的药学家也必是名医。药物学家李时珍也是一代名医，他对中医经络学说也有突出贡献。

对中医经络学说的贡献

首先表现在他把已有的24种脉象增加为27种。魏晋间医学家王叔和根据扁鹊、华佗、张仲景等名医关于脉诊的论说，编撰成《脉经》一书，把脉象归纳为24种。李时珍为脉象增加了三种：长、短、牢。并在明嘉靖四十三年（1564年）所著《濒湖脉学》中描述了这27种脉象的形态，还将各种脉象所主病症编成诗歌，以便于医者记忆。同时还提出诊断时必须四诊并用，方能对病症作出正确判断。李时珍特别重视"奇经八脉"，强调说："医不知此，罔探病机；仙不知此，难安鼎炉。"又说："医而知八脉，则十二经、十五络之大旨得矣。"

神断生死

李时珍医术精湛，也已到达登峰造极的境地，有两个经典医案证明他可与扁鹊、华佗齐名。

死人断活　一天他在路上见到出殡的人抬着棺材，可是棺材里却往外流淌着鲜红的血。他问家丁："死去的是什么人？"回答道："是女主人去世了，还怀着身孕呢。真可怜！"李时珍说："人还有救，快把棺材停下！"打开棺材后，李时珍为她做了一通按摩，又往心窝处扎了一针，孕妇悠悠醒来。不久该妇女产下一子。李时珍"死人断活，开棺救母子"的事迹不胫而走，传遍州县。

活人断死　李时珍既能死人断活，也能活人断死。药店老板之子正在大吃大喝，鸡鸭鱼肉摆满一桌，酒已经喝掉一大罐。听说人们都跑去瞻仰神医李时珍，他不以为然，不过也要去凑凑热闹。他急匆匆从楼上跑下来，连蹦带跳跑出店门，来到通衢，见人们把李时珍团团围住，七嘴八舌问长问短，遂拨开人群挤到跟前。听说李时珍把死人断活，他想看看对他这个大活人，难道还能断死不成？于是嬉皮笑脸不无挑衅地问道："先生，你看我有什么病？"李时珍并不在意他的不恭，仔细观察他的面容、气色，又为他切脉之后，摇了摇头叹了口气说："小兄弟，可惜啊，年纪轻轻却得了不治之症。你只有三个时辰的时间了，赶快回家吧，免得家人到处找你。"这位少掌柜根本就没有发现自己有什么异常，听得这话，以为是在咒他早死，大怒，大骂而去。他是独子，一贯养尊处优，成天吃喝玩乐，哪里知道他吃得太饱，撑坏了，跑跑跳跳，肠子断了，内脏也受了损，已经无药可治。果然不到三个时辰就死了。

此外，李时珍还收集到大量民间偏方，用来给患者治病行之有效。一位老太太习惯性便秘长达30年之久，他用适量的牵牛子配药，治好了。一名妇女鼻出血，一昼夜不止，他用大蒜切片贴足心，鼻血很快被止住了。

一位业余爱好者的医疗初探

正在写《古代医术》的时候，一位亲属前来探访。他是中医的业余爱好者，退休前就开始学习中医著作，钻研经络学说。后来给儿女们看点小病，如急性痔疮、腰痛、脂肪肝等，颇见成效。这次前来，正赶上我患足疾、静脉曲张等病症，遂以其中医知识为我疗疾。

近几个月来我为足疾所苦，步行和运动过后脚趾和脚掌连接处疼痛，右脚二、三趾交会处肿痛，走路像个瘸子。检查后发现胃经不通，于是配制药酒，按穴位施药以疏通足阳明胃经。一个星期后就有明显好转，虽然走路时尚有点余痛，但步行一个小时已经没有问题。一个月后恢复正常。

下肢静脉曲张已经好多年了，左腿尤甚，出现五个尺寸大约为1.5厘米的蚯蚓缠绕状聚集斑块，显然是血流不畅所致。中医认为，血液在"心气"驱动下沿经络运行，而肝脏有贮藏血液和调节血量的功能，唐代医家王冰说："人动则血运于诸经（络），人静则血归于肝脏。"因此如果疏通心经和肝经，当有疗效。遂用药酒施于手少阴心经和足厥阴肝经上的诸穴位，三天后就发现初见成效，蚯蚓状细条开始弥散，颜色变浅。二周后条状消失，变为断续的小块斑痕，颜色更浅。三个月后，其中三个大斑块的颜色已经非常浅。从发展势头看，总有一天这些聚斑块定将完全消失。

二十几年来始终为慢性咽炎所苦，咽喉内总有异物感，咯痰，夏季则为季节性鼻炎所袭扰。看过中医，说我的咽炎是鼻炎引起的。中医、西医都看过，什么药都吃过，却总是治不好，成为顽疾。咽喉是呼吸通道，与肺相通，故着力于疏通手太阴肺经，半个月后有所好转。我的咽炎是困扰多年的痼疾，能在这么短时间内略见成效，已经很满意了。而每年盛夏都躲不过的鼻炎也接受了一次考验，略有成效，发病时间由每年7月底8月初推迟至8月中，整整推迟了至少半个月，相信总有一天会痊愈的。

我的这位亲属告诉我，他运用中医经络学说的基本原理，顺经用药；经络通畅则停药，症状逐渐自然消失。经络学是中国医学经典，是国粹，定会在有志者的探索下放光。

加上这一小节，目的在于通过本人的切身经历说明经络学说的可行、可信，旨在弘扬我国传统医学，如此而已。

第四篇　古代四大发明

绝世奇术博海外
蕃邦得遇齐喝彩
千年帝制自衰朽
炮舰从此滚滚来

华夏民族是极善于发明创造的民族，国外有些研究中国古代科学技术发展史的学者有过统计，重大发明有26项，其中造纸术、火药、指南针、活字印刷术的发明，不但对中国政治、经济、文化的发展有巨大的推动作用，对欧洲各国也有重大影响。造纸术和活字印刷术被用来传播新兴的自然科学知识，促进科学技术的传播与发展；火药被用来制造威力巨大的枪炮，刺激军事工业的发展；指南针被用于远洋航行，促进航海事业的发展。

英国汉学家麦都说："中国人的发明天才很早就表现在多方面。中国人的三大发明（航海罗盘、印刷术、火药）对欧洲文明的发展，提供了异乎寻常的推动力。"

马克思写道："火药、指南针、印刷术——这是预告资产阶级社会到来的三大发明。火药把骑士阶层炸得粉碎；指南针打开了世界市场并建立了殖民地；而印刷术则变成了新教的工具，总的来说，变成了科学复兴的手段，变成对精神发展创造必要前提的最强大的杠杆。"

发明需要灵感，而灵感来自人的智慧，当人的智慧聚焦到某一点，而产生爆炸式迸发的时候，新的事物诞生了！划时代发明的灵感则是天才的聚焦，是浓缩了的天才的爆炸式闪光！中国古代四大发明以及其他一切发明都是这样被发明出来的，它们是古代人民智慧的结晶。

指南针

指南针是一根可以自由转动的磁针，因它静止时恒指向南方而得名。最初的指南针并非针形，而是汤勺形；也不叫指南针，叫司南。指南针的发明缘于天然磁石的发现以及古人对其指向特性的认知。

一、天然磁石

大约在公元前5世纪的春秋末期，我国普遍使用铁器制作兵器、农具等。铁器的使用说明人们已经掌握了把铁矿石冶炼成铁、钢，并把它铸造或锻成铁器的技术。有一种铁矿石具有磁性，这种磁石能吸引铁器，称磁铁矿，化学成分为四氧化三铁Fe_3O_4，铁黑色。

关于磁石的最早记载是《管子》："山上有磁石者，其下有金铜。"（《管子》系战国时齐国学者托名管仲之作；管仲，春秋初期辅佐齐桓公成为春秋第一霸主。）秦丞相吕不韦的《吕氏春秋》记载了磁石有吸铁的属性："慈招铁，或引之也。"其中的"慈"即是磁，因磁石吸引铁器有如慈母之吸引子女，故有此称谓。汉代以前，磁石都写成慈石。相传秦始皇修建的阿房宫中有一道用磁石制成的门，以防止带兵器的刺客，确保安全。南北朝梁医学家陶弘景的《名医别录》指出磁力有强有弱：磁石能吸铁针，使之首尾相连，挂于其上。弱者能吸三四根针，强者能吸十余根针，或一二斤重的刀剑。人们还发现，磁石的这一属性只限于吸铁（现在知道还有钴、镍），金、银、铜等金属以及玉石、皮革、布帛等非金属都不能被吸引。著名诗人曹植的诗句："磁石引铁，于金不连。"

二、磁针的指向性

在使用、研究磁石磁性的过程中，人们发现它另外一个更为重要的属性——指向性；因为这一发现，才使得指南针的发明成为可能。当针状或棒状磁石可以自由转动，并当转动停止时，恒指向南北方向——一端指南，一端指北。长期以来，人们并不知道这种属性的物理本质。古代中国的自然科学长期停留在阴阳五行学说上，所以也用这一学说来解释这种磁现象，遂出现一些今天看来十分可笑的说法。有的说，南方阳气盛，属火，故"指南针之所指，即阳气之所在"。北宋科学家沈括则坦诚地表示自己的困惑，他在《梦溪笔谈》中写道："磁石之指南……莫可原其理。"他也搞不清磁石指南的原理。两千年后，当现代物理学建立起磁学理论的时候，方才解决了这一问题。尽管如此，这并不影响磁针指向性的应用——指南针发明了。

三、指南针装置

司南的结构

何人何时发明指南针无从考证，但根据史料记载应该是在战国时期。最初的指南针称为司南，它包括两部分：汤勺形的天然磁石和平整光滑的地盘（图4.1）。勺形磁石的勺底是打磨得十分光滑的圆底，而且磁勺重心与勺底中心重合；地盘内圆外方，由青铜制成，四周刻干支、四维，以及由此而形成的二十四个方位。干支即天干和地支的合称。天干：甲、乙、丙……壬、癸等十位；地支：子、丑、寅……戌、亥等十二位。天干与地支循环相配成甲子、乙丑……，六十组为一个循环周期，称为"六十甲子"。古代用以表示年、月、日、时的次序。四维，指东南、西南、东北、西北四个方位。勺形磁石可以在地盘上自由转动，停止时勺柄恒指南方，故称为"司南"。东汉王充的《论衡》记载了它的上述结构及制作方法；战国《韩非子》记载用它"正方位"（端朝夕）；《鬼谷子》记载，用它上山采玉时可确保不迷失方向。

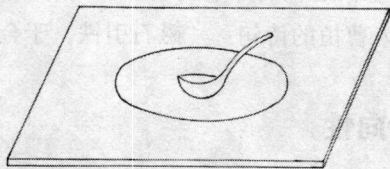

图4.1 司南示意图

　　司南在其应用过程中暴露出一些致命缺点：勺形磁石在制作、打磨过程中常因受打击和受热而失磁，故磁性小；磁石与地盘不容易磨得很光滑，使用时摩擦阻力大，旋转不灵，这些都要影响到它的灵敏度；装置笨重，不便于携带；磁石制成勺形也很不容易。因此后来发明了结构更简便、灵敏度更高、容易制作的指南针装置。

指南针装置

　　北宋沈括在《梦溪笔谈》中介绍如下几种装置：

　　（1）磁针水浮装置　在磁针上穿几根灯芯草，让它浮在水面。这种装置的准确度受水平静度的影响，稍有晃动，就会影响测量结果。

　　（2）磁针碗唇旋定装置　把磁针放在碗口边缘，任其旋转。缺点是磁针容易掉。

　　（3）磁针指甲旋定装置　把磁针放在指甲上。也容易掉。

　　（4）磁针丝缕悬挂装置　在磁针中部涂蜡，然后粘一根蚕丝，悬于无风处。

　　南宋陈元靓的《事林广记》介绍下面两种装置：

　　（1）指南鱼装置　将磁针置于手指大小的木鱼腹中，用蜡封好，并于鱼口插针，以便指示准确方向。鱼浮水面，插针的鱼头指南。

　　（2）指南龟装置　将磁针置于木龟腹中，龟腹下钻一光滑小孔，然后顶在固定于木板的竹尖上，可以自由转动。龟头指南。

四、人造磁铁

　　天然物质的应用总是催生人造物质的发明。在指南针应用过程中人们逐渐认识到，铁既然能够被磁石吸引，那么被吸引的铁就有可能带上磁性而成为磁铁，即铁被磁化了。古代人终于找到了使铁磁化的方法，制造出最原始的人造磁铁。

　　磁化就是通过一些特殊的方法使没有磁性的铁具有磁性，从而获得人造磁铁。北宋年间人们发明了两种磁化方法：

　　（1）摩擦磁化法　《梦溪笔谈》："方家（方士、术士）以磁石磨针锋，则（针锋）能指南。"又说："以磁石磨针锋，则（铁针）锐处常指南，亦有指北者。"但作者对此现象不理解，说："南北相反，理应有异，未深考耳。"其实，即使深考，在当时的科学技术条件下，他也不可能了解其原因。

（2）蘸火磁化法　曾公亮的《武经总要》记载："用薄铁叶剪成长二寸、阔五分的鱼形，置于炭火中烧之，候通赤，以铁钳夹鱼首出火，以尾正对子位（北方），蘸水盆中，没尾数分则止，以密器收之。用时，置水碗于无风处平放，鱼在水面，令浮，其首常向午（南方）也。"烧红之后蘸水，类似当今钢铁热处理中的淬火（cuihuo），而淬火常常被读作蘸火（zhanhuo）。

五、磁针指南原理

要搞清楚磁针为什么总是指南，就必须了解磁性的本质与由来以及地球磁体与地磁极等一系列问题。

磁性与磁极

磁体的磁性有正有负，并服从同性相斥、异性相吸的规律。磁体中磁性强弱的分布不均匀，其最强处称为磁极，针状、条状磁体的磁极都在两端，其磁性相反，一正一负。任何一个磁体都是如此；把一个磁体切割成两个或更多个，每一个小磁体也都如此。因此当两个磁体（天然的和人造的）互相靠近时，就会产生相互作用：同名极（正与正或负与负）相斥，异名极（正与负）相吸。

地磁体与地球磁极

地球本身就是一个强大的磁体，也有两个极，这两个极和地球的地理南北极非常接近，但不重合。因此地球上任何地方的磁针，都必然要与地磁两极发生相互作用，并服从同性相斥、异性相吸的规律。当磁针能够自由转动时，在地球磁场作用下，必然要转动并最后指向大致的地理南北极。这就是磁针恒指南的根本原因。通常把磁针指北的一端称为北极，以英语north（北）的字头N表示；磁针指南的一端称为南极，以英语south（南）的字头S表示。

磁畴

磁铁具有磁性以及铁磁物质能够被磁化的根本原因是其内部具有磁畴结构，都是由无数个微小的磁畴所组成。磁畴实际上是体积很小的微观磁区，可看成是微观的小磁铁，它们也都有南北两极。如果这些小磁铁南北极的方向一致或基本一致，则物体就具有磁性，如各种磁铁（天然的和人工的）；如果排列混乱，则不显磁性，如未经磁化的铁与铁磁物质。

磁化

铁被磁化实际上就是排列混乱的磁畴趋向一致的过程。把铁放在一个外磁场内，那些与外磁场方向相同的磁畴不断扩大，而方向不同的磁畴不断缩小，直至完全消失。当所有磁畴的方向趋向一致时，达到磁性的极限，叫作磁饱和，此时磁性最强。如果仍保留部分方向不同的磁畴，即磁化不彻底时磁性不强。

地球磁场的强度还不足以使不显磁性的铁产生磁化，因此古人采用摩擦和加热的方法来增加铁分子的活动能力，以促进磁畴在地磁场的作用下趋向一致，从而达到磁化的目的；铁片加热后蘸入水中，是为了把被磁化的结构固定下来。

摩擦法和热蘸法的磁化效果不是很大，用以制作指南针还可以，不能制作现代工业所需的磁铁。因此现在多采用强电流所产生的强磁场来磁化，而制成永久磁铁或电磁铁；材料也多采用磁性能更好的硅钢，很少用极纯的软铁。

磁畴磁性的由来

磁畴磁性起源于组成磁畴的原子内部电子的运动。原子由原子核与核外电子组成。电子有两种运动：一是自旋，一是围绕原子核作轨道运动，可以形象地理解为地球的自转与绕太阳的公转运动。

把电线绕成线圈，在其两端加上电压，电线中就有电子流动而产生电流，那么这个通电线圈就相当于一个磁体，其南北极在线圈中心线上。原子中的电子自旋与轨道运动与此相当，所以每个原子就相当于一个微观的小磁体。每个磁畴由无数原子所组成，而且这些原子小磁体的方向一致，这就是铁磁物质中的磁畴具有磁性的根本原因。

六、指南针的应用

指南针的应用很广，上山采药、出海打鱼、探险等可以保证不迷失方向，但它对人类文明的最大贡献则是在航海方面的应用，从而对世界政治、经济、文化、军事各方面产生难以估量的影响。北宋朱彧最早记录了指南针在航海方面的应用，1119年他在《萍洲可谈》中写道："舟师识地理，夜则观星，昼则观日，阴晦观指南针。"后来航海家主要靠指南针进行环球航行。

三保太监下西洋

我国历史上最早利用指南针进行远洋航行的是明初的航海家郑和，他率领一个庞大船队出访西洋，历史上称为"三保太监下西洋"。郑和本姓马，名文和，小字三保，回族，云南昆明州（今属昆明市）人。明初入宫当太监，称三保太监。明太祖死后立皇太孙朱允炆（明惠帝），三保太监拥戴四皇子燕王朱棣（明成祖）起兵有功，赐姓郑，任内官监太监。永乐三年（1405年），郑和受明成祖派遣，与副使王景弘率领由水手、官、兵27800余人与62艘"宝船"组成的庞大船队，从江苏苏州刘家港出发，远航"西洋"。途经占城（今越南南部）、爪哇、苏门答腊、锡兰（今斯里兰卡）等国，到达印度西岸后返回，历时两年。他28年间七次下西洋，访问30余个国家和地区，最远到达非洲东海岸和红海海口。

郑和下西洋为亚非各国带去中国人民的友好诚意和瓷器、丝绸、青铜器等土特产以及金银等物品，并换回当地的土特产。现在他的足迹所及的西洋各国仍保留有600年前郑和访问时的一些遗迹。随从人员也写下许多这些地区的所见所闻，如巩珍的《西洋番国志》、马欢的《瀛涯胜览》等。郑和的历史性壮举促进了我国和亚非国家的经济往来与文化交流。

郑和的船队在船只数量、航海人数上比哥伦布的规模大得多，船的大小也大得多，最大的船长达44丈，阔18丈，可容千人。郑和下西洋开创了世界航海史上环球航行的新纪元，半个多世纪之后哥伦布才开始他的环球航行。

哥伦布发现新大陆

13世纪初叶，蒙古建立世界帝国之后，指南针通过中西亚传入欧洲，欧洲人才有可能进行环球航行，并由此产生一系列连锁反应，首先是意大利航海家哥伦布发现新大陆。1492年哥伦布在西班牙王的支持下，带着由"圣玛利亚"等三艘船和87名水手组成的船队，从巴罗斯港出发横渡大西洋，到达中美洲的巴哈马群岛、古巴、海地等国。之后又三次横渡大西洋，到达古巴南部的牙买加等岛以及中南美洲的加勒比海沿岸地带。因误认为所到之处是印度，故称当地居民为印第安人。后来另一个意大利探险家亚美利哥循哥伦布的足迹到达南美洲，证实哥伦布的这一发现。美洲大陆是欧洲人不知道的地方，遂被称为"新大陆"。

哥伦布发现新大陆导致16世纪欧洲殖民者对美洲的入侵，使美洲大陆沦为殖民地，印第安人被奴役，种族濒临灭绝。哥伦布的伟大壮举把世界带进一个新的时代——殖民主义时代。

造纸术

蔡伦造纸举世闻名，其影响不只限于中国，遍及全世界。

蔡伦（？~121）字敬仲，桂阳郡（郡治在今湖南耒阳市）人，东汉年间曾任中常侍、尚方令等职。此前人们用竹简写字，但都很不方便。战国时期有个叫惠施的哲学家学识渊博，以善辩著名，相传他书籍之多，竹简足足可以装满五辆车，《庄子·天下》："惠施多方（方术），其书五车。"故称学识渊博为"学富五车"。后来发明了丝绸绢帛，有权、有钱的人遂用它写字、作画，但价格昂贵，平民百姓用不起。蔡伦立志要制造出一种价廉物美、方便使用的书写材料，以造福人类。他潜心钻研，终于用廉价的树皮、破布、麻头、旧渔网等废料制造出世界上第一张纸。《后汉书·蔡伦传》记载了这一过程："自古书契，多编以竹简；其用缣帛者，谓之为纸。缣贵而简重，并不便于人。伦乃造意，用树肤、麻头及敝布、渔网以为纸。"（缣，双丝细绢；帛，丝织品的总称）汉和帝元兴元年（105年）蔡伦上奏朝廷后，向全国推广造纸术。114年蔡伦因功被封为龙亭侯，他所发明的纸也被称为"蔡侯纸"。蔡伦造纸术有两个基本点：

其一，以各种植物纤维为原料。

其二，生产工艺为切断、沤煮、漂洗、舂捣、帘抄、干燥后成为纤维薄片。

蔡伦造纸术为书写材料带来一次革命，把中国和世界带进了植物纤维纸的新时代。1900年后的今天，造纸术有了长足的发展，各式各样的纸充斥市场，进入各个领域、各个阶层、各个家庭，然而现代造纸术无论所用原料还是所取工艺，都是以蔡伦造纸术为基础的。

蔡侯纸的使用，使竹简、缣帛等书写材料退出了历史舞台，欧洲的羊皮纸时代也宣告结束，据说抄写一部《圣经》就用了300多张羊皮。

蔡伦的造纸术对传播文化和世界文明的贡献是巨大的，因此很快传往世界各国。首先借隋唐的鼎盛传往近邻朝鲜和日本，随后因成吉思汗的世界帝国横跨欧亚而传往中亚、西亚，到达欧洲，12世纪后欧洲才陆续建立造纸厂：西班牙（1150年），法国（1189年），意大利（1276年），德国（1391年），英国（1494年），荷兰（1586年），北美洲（1690年）。造纸术对欧美国家资本主义制度的巩固与发展起到积极的作用。

活字印刷术

印刷术是按文字或图画制版，而后用印刷的方法获得印刷品的一种技术。"活字印刷术"由"刻板印刷术"发展而来，并沿用至近代。造纸术和印刷术结合在一起，促进了知识的传播与交流，成为近代文明的先导。

一、刻板印刷术

"刻板印刷术"也叫"雕版印刷术"，它是在秦汉以前流行的印章捺印和5世纪盛行的碑石拓印的启发下发明的。造纸术发明之后，刻板印刷术应运而生，它是将文字用刀在木板上雕刻成突出的反字，然后刷上水墨，印刷在纸上。近代的"木板水印画"就是这种刻版印刷。

刻板印刷术始于东汉，盛行于隋唐。唐懿宗咸通九年（868年）用这种方法印刷的《金刚经》由七张纸黏接在一起，总长达4.877米，宽24.4厘米。《金刚经》全名《金刚般若波罗蜜经》，原藏于甘肃敦煌千佛洞，1899年才被发现，1907年被英国人斯坦因所盗，现存于伦敦不列颠博物馆。唐代开始，刻板印刷术传往朝鲜、日本、越南、菲律宾、伊朗等国，继而传往欧洲、非洲，其影响遍及全世界。但是用这种方法印刷一部书需要雕刻很多木板，工作量很大，时间很长，而且一旦出错，整版作废。因此后来为活字印刷术所取代。

二、泥活字印刷术

印章捺印启发人的思维，而产生"刻版印刷"的灵感；"整体"刻板启发人的思维，而产生"单体组合"刻板的灵感。北宋刻字工人毕昇从自己的工作实践中产生这种灵感，遂于1041~1048年发明活字印刷术。他用质地很细而有黏性的胶泥做成与印章相似的正方长柱体，然后像刻印章那样在端面刻反字，一字一印，再把这些单体放到土窑里烧硬，之后按文章的要求捡字、排版（按顺序排列在一个铁框里，并用蜡固定）制成印版。略为加热使蜡软化之后压平，然后开始印刷。沈括在《梦溪笔谈》中以《活版》一章详细叙述这一过程。

活字印刷的最突出优点是，活字单体可以重复使用，只要预先制成许多常用的活字单体，任何文章和书籍都可以通过这种方法来完成。泥活字版印刷克服了刻板印刷所固有的弊病，因此一经发明，就很快被推广到全国，传遍全世界。

三、活字印刷术的发展

活字印刷术的改进与发展主要在于活字所用的材质以及所用工具与机械。元代机械学家王桢在泥活字的基础上发明了木活字。人们又继续探索更为耐用的金属活字，曾经试验过锡、铅、铜，但由于这些金属活字不容易附着水墨，没有成功。1450年前后，德国谷登堡用铸造的方法浇注铅合金活字，并排版印刷了《四十二行圣经》等书籍。直至20世纪末还在使用这种金属活字印刷术，只是在金属的成分上有所改进。活字金属必须具备优良的铸造性能（熔点低、液态流动性好、凝固收缩率小），并使印出的字迹清晰。近代所用的活字金属是以铅为主的合金，一般含锑11%~23%，含锡2%~9%，其余为铅。

随着工业的发展与科技的进步，手工印刷改进为机械印刷，出现各种各样的印刷机。20世纪60年代兴起的电子计算机技术，把当今社会带进了信息时代，印刷术也正在发生根本性的变化。目前排版的数字化处理和激光扫描，以及其他配套技术在印刷、出版行业中的应用，使现代印刷术大有取代古老的活字印刷术的趋势。尽管如此，毕昇的发明在促进中国与世界知识传播方面作出了巨大的贡献。

火药

一、最早的火药

火药发明于何时、何人无从考证。唐医学家孙思邈的《丹经》记载了火药的配方：硝石二两＋硫磺二两＋炭化皂角三个。硝石即硝酸钾KNO_3，也叫钾硝石。皂角即皂荚，豆科落叶乔木，这里指的是它的果实——条状荚果，形似黄豆、绿豆的豆荚。这种含硝酸钾的火药叫黑色火药。现在黑火药的一般成分为：75%硝酸钾＋10%硫磺＋15%木炭（这三种原料以粉末状均匀混合）。

黑色火药作为一种发射药和爆炸药很快就被应用于制造兵器，称火药兵器，简称火器，并逐渐取代、淘汰冷兵器。

二、火器的种类

古代中国发明的火器有火枪、火铳、火箭等。

火枪

最早的火枪叫"突火枪"，它是以黑火药发射子颗（弹丸）的竹管火枪，发明于南宋开庆元年（1259年），是世界上最早的管形射击火器，是现代枪械的始祖。竹管火枪很快就进化为铜管、铁管的火铳。

火铳

元代（或者更早）开始制成铸铜、铸铁的管形火铳，用以发射石弹、铅弹、铁弹。当时的火铳有三种：单兵用的手火铳，攻城、城防、水战用的大碗口火铳，骑兵用的三眼火铳。我国保存的最早火铳是元代至顺三年（1332年）制造的铜火铳，口径105毫米，全长353毫米，重6.94公斤，现存中国历史博物馆。火铳是火炮的前身；给火铳加上支架就成为火炮；火铳是炮身，支架就是炮架。

火箭

最早发明并使用火箭是在10世纪的宋代初期，它也是从竹管火箭开始的。把火药装入有"定向棒"的竹筒，点燃后火药迅速燃烧，所产生的气体向后喷射产生反作用力，而将竹筒射向远方，在敌群中爆炸。这就是中国人发射出的世界上第一枚火箭。

在火箭发明之前，人们就已经懂得如何将爆炸物射向远方的敌群，他们把火药包捆绑在箭杆上，点着后把箭射出。有时还在火药中加上一些毒药、沥青、桐油等，以增加杀伤力。竹筒火箭就是在这种箭射炸药包的启发下发明的。作为远距离杀伤武器的现代火箭，主要由推进系统和弹头两部分组成；此外还有火箭体。装上制导系统的火箭称为导弹。如果把弹头换成人造卫星，那么火箭就成为卫星的运载工具——运载火箭。

三、火药的改进

火药可根据其作用分为三类：发射药、爆炸药和引燃药，古代的黑色火药兼有这三种作用。随着社会的发展，对火药的爆炸力和发射力的要求越来越高，矿山爆破与枪炮子弹都要求破坏力更大的爆炸药；洲际导弹要求射往几千、上万公里之外的目标，人造卫星必须达到第一宇宙速度（每秒7.9公里）才能进入围绕地球运行的轨道，火星探测器要摆脱地球引力场的束缚飞向行星际空间，就必须达到第二宇宙速度（每秒11.2公里），这些都要求它们的运载火箭必须要有更强有力的发射药来推动。

古老的黑色火药早已不能满足社会发展的需要，因此又发明了威力更大更猛的火药，如硝化棉火药、硝酸甘油火药以及由二者合成的硝化棉-硝酸甘油火药和高分子复合火药等；后两者作为火箭推进剂应用于火箭和导弹。

第五篇　古代天文历法

天空星宿拥紫宫
地面分野晋居中
计时丰月巧加闰
节气惠民便於农

探索未知是人类的天性，探索可望不可及的苍穹是人类永恒的追求。历代平民精英在探索宇宙奥秘方面所表现出来的非凡才能与智慧，使他们创造出许多天文学奇迹。日落日出，月圆月缺，群星闪烁，斗转星移，这些天象的变化始终吸引着人类对它们进行探索研究，从而逐渐形成"天文学"。天文学就是研究天象的科学，更确切地说是研究日月星辰等天体运动规律的科学。

　　人类探索研究天文并非纯粹出于探索未知的天性，更重要的是因为它们与人类的生活、生产息息相关。古谚云："鸡鸣则起，洒扫庭除"、"日出而作，日落而息"、"风调雨顺，五谷丰登"。人们又常把一年四季对农耕的影响归纳为："春种，夏长，秋收，东藏"等等。

　　天文学对人类生活的影响以及对农业生产的指导作用往往通过制订历法来实现，天文学的每一个研究成果，都将对改善人民生活和指导农业生产发挥积极的作用，因此总是得到历代统治者，特别是那些贤君们的关注。早在4000多年前的"五帝"时期，尧就明确指出，研究天文的中心问题就是"数法日月星辰"，其目的就是为了"敬授民时"。这里的"时"不只是指时间和时刻，更主要的是指"农时"和"时辰"；一年四季称为"四时"，一昼夜划分为十二时辰。元世祖灭南宋统一中国前夕，即命成立"太史局"以制订新历法，并根据帝尧对历法的精辟见解，亲自命名为"授时历"。

　　中国古代天文学和农学、医学、数学是世界科学史上起步最早、发展最快、成就最大的四门自然科学。欧洲文艺复兴（14~16世纪）之前我国天文学始终处于世界领先地位，其辉煌成果足以令今天的国人为之自豪。

古代天文学

一、天文学及其起源

天文学是研究天体的位置、形态与运动规律等的学科，通俗地理解，就是研究日月星辰的位置与运动规律的学问，它是人类在探索星空奥秘的过程中逐渐形成的。出门见天，夜晚满天星斗，头顶上的日月星辰是那么遥远，可望而不可及；日出日落、月圆月缺、斗转星移、变幻莫测，这更增加了它的神秘感；促使人们去探索星空的奥秘。然而人类探索星空不仅仅是为了满足好奇心，日月星辰特别是太阳的运行对人类生活有着不可估量的作用，除了影响人的日常生活起居之外，还通过四时寒暑的变化影响农业生产，这就促使人们倾力去探索，目的在于编订一部能够反映日月星辰运动与四时变化规律的历书，以便于人的生活，并用以指导农业生产。因此人类对天象的探索以及天文学的起源应该与古人类的活动同步，但有文字记载的最早天文资料始见于4000多年前的"五帝"时期。《史记·历书》："黄帝考定星历，建立五行，起消息，正闰余，于是有天地神祇物类之官，是谓五官。"尧"立羲和之官。明时正度，则阴阳调，风雨节，茂气至，民无夭疫"。

古代天文学首先必须解决的是，与人类活动最密切相关的太阳、地球、月球的运动规律，以及由此而产生的年、月、日、时等概念的确立。

二、年月日概念的建立与测定

测定年月日的长度是研究天文、编订历书必须解决的首要问题。地球绕太阳运转一周（公转周期）为一年，月球绕地球运转一周（公转周期）为一月，地球自转一周（自转周期）为一日，这是常识，但古代人的年月日概念是从生活实践中逐渐建立的。日出到日落为一日，日落到日出为一夜，相邻两次日出或日落的时间间隔为一昼夜。相邻两次出现满月或新月的时间间隔为一个月，相邻两次冬至或夏至的时间间隔为一年。古代发明漏壶和圭表计时法，用以测定年月日的长度。

漏壶测定法

漏壶发明于2000多年前的周代，当时设置专门机构和官员专职管理。漏壶就是一个装水的圆桶，底端有可以调节的出水口，其下方放一个接水桶，内有刻一百度的刻度尺，一昼夜满一百刻。夏至日"昼长六十刻，夜短四十刻"；冬至日"昼短四十刻，夜长六十刻"；春分、秋分时昼夜等长，各五十刻。如果测出两个相邻的夏至（或冬至、春分、秋分）日，其时间间隔就是一年。漏壶计时一直使用到明清两代，直到以发条驱动齿轮等机械装置的钟表出现，方才完成它的历史使命。在中国，它一共效力了2000多年。

圭表测定法

圭表又称土圭，发明于春秋或之前的西周。它由圭和表两部分组成，"圭"是一个水平放置的刻度尺，"表"是垂直的标杆。圭表用以测量日影长度，连续两次日影最长（冬至）或最短（夏至）之间的时间间隔就是一年。

三、十二个月与十二时辰

古人根据一年中出现12次月相的盈亏，遂把一年划分为12个月。根据日出、日落的景象，把一昼夜划分为12时辰，并以12地支为其命名，半夜11点到凌晨一点为子时，一点到三点为丑时，以此类推。商代把一昼夜只划分为六个时间段：黎明、清晨、中午、午后、黄昏、夜晚，春秋时才有完整的12时辰，它的形成历时千年之久。

四、二十八宿与三垣

"二十八宿"亦称"二十八星""二十八舍"，就是28个星座。古代人把肉眼所见东南西北四个方位的28个星座（星官）均分为四组，每组七宿：东方七宿：角、亢、氐、房、心、尾、箕；北方七宿：斗、牛、女、虚、危、室、壁；西方七宿：奎、娄、胃、昴、毕、觜、参；南方七宿：

井、鬼、柳、星、张、翼、轸。又以其所形成的动物形象分别称为东龙、西虎、南鸟、北龟蛇（玄武），总称之为"四象"。后来又为其配色，称为东方苍龙、西方白虎、南方朱鸟、北方玄武。二十八宿的记载首见于前5世纪的战国初期，其实远在4000多年前，尧帝就已经命羲和、羲仲等官员前往四方测定心宿、昴宿、星宿、虚宿的位置，以便确定仲夏、仲冬、仲春、仲秋四个节气。

三垣即太微垣、紫微垣和天市垣之合称。太微垣即太微星座，在北斗之南，南方朱鸟轸宿、翼宿之北，有10颗星，是三垣中的上垣。紫微垣又称"紫微宫""紫宫"，在北斗之北，有15颗星，是三垣中之中垣。天市垣又称"天市"，在东方苍龙之房宿、心宿东北，有22颗星，是三垣中的下垣。

五、天区与分野

古代人按照东南西北各七宿和三垣把星空划分为五个"天区"，以此作为研究日月星辰的运行以及其他天象的参照坐标。《史记·天官书》："紫宫、房心、权衡、咸池、虚危，列宿部星，此天之五宫座位也。"（房心，东宫苍龙之房宿与心宿。权衡，轩辕为权，太微为衡；太微在南宫朱鸟轸、翼宿之北，轩辕属南方朱鸟之星宿，故《天官书》又称："南宫朱鸟，权衡。"咸池，属西宫白虎之毕宿。虚危，即北宫玄武之虚宿与危宿。）就是说，排布天空星宿可见，北斗以北的紫宫和以房心、权衡、咸池、虚危为代表的东南西北四个区域，就是"五宫"的座位，它们代表着五个天区。

古人认为地与天对应，天上有天区，地上也有与之对应的地域"分野"。《史记·天官书》："二十八舍主（地上）十二州。……秦之疆（域）也……占于狼、弧。吴、楚之疆……占于鸟衡。燕、齐之疆……占于虚、危。宋、郑之疆……占于房、心。晋之疆，占于参、罚。"（狼，狼星在西方白虎参宿之东；弧，弧星又称天弓星，因其八星成弧形，一星如矢，故名，属南方朱鸟之井宿；鸟衡，衡属南方朱鸟；参，参宿属西方白虎；罚，罚星属东方苍龙之房宿。）就是说秦之疆域在西，与西方参宿以及南方井宿相对应；吴、楚在南，与南方衡星相对应；燕、齐居北，与北方虚宿、危宿相对应；宋、郑在东，与东方房宿、心宿相对应；晋居中，与西方参宿和东方房宿之罚星相对应。这种天地相对应的观点已经渗透到文人墨客的作品中去，唐初文坛四杰之一王勃的成名作《滕王阁序》，开篇第一句："南昌故郡，洪都新府。星分翼轸，地接衡庐。"（故郡，指秦汉时在此置豫章郡，郡治今江西南昌；洪都，隋文帝在南昌置洪州；衡庐，即湖南境内之衡山和江西北部之庐山。）南昌古代属楚国，与南方朱鸟之翼宿、轸宿相对应，或者说南昌地处南方朱鸟的分野。

六、彗星

　　古代人把彗星视为灾星，所以特别注重对它们的观测，很早就有了关于它的记录。彗星是围绕太阳运行的一种天体，由彗头（包括彗核和彗发）与彗尾组成，彗尾是一些极稀薄的气体和尘埃，长可达数千万乃至上亿公里，形同一把巨型扫帚，故称为"扫帚星"。大概就因为它的这种形象使人觉得它很不吉利，认为是"妖星""灾星"，而且是兵祸的先兆。周武王伐纣（公元前1046年或公元前1056年）时有关于彗星出现最早的记录。《淮南子·兵略训》："武王伐纣，东面而迎岁……彗星出而授殷人以柄。"意思是说，上天把扫帚柄给了殷纣王，所以他倒霉了，70万军队敌不过周武王的4.8万劲卒，最后鹿台自焚而死。

　　《史记·天官书》："秦始皇之时，十五年彗星四见，久者八十日，长或竟天。其后秦遂以兵灭六王，并中国，外攘四夷，死人如乱麻。因以张楚（陈涉起义，号'张楚'）并起，三十年之间兵相骀藉（践踏）……不可胜数。"意思是说秦始皇时四次出现彗星是兵灾的征兆，于是30年干戈不息。此处的"彗星四见"详见《史记·秦始皇本纪》：始皇帝七年（公元前240年），"彗星先出东方，见北方，五月见西方……彗星复见西方十六日"。九年，"彗星见，或竟天。……四月，彗星见西方，又见北方，从斗以南八十日"。《史记·天官书》还记载："吴楚七国叛逆，彗星数丈。"指孝景帝三年（公元前154年）的"七王之乱"。《史记·孝景帝本纪》："三年正月乙巳。长星出西方。天火燔洛阳东宫大殿城室。吴王濞、楚王戊、赵王遂、胶西王卬、济南王辟光、菑川王贤、胶东王雄渠反，发兵西向。"因此彗星的出现甚至使一些帝王感到忧虑和恐惧。西汉元帝初元五年（前44年），"有星孛于参"（孛，星芒四射的现象，故以为彗星的别称；参，西方白虎之参宿。），汉元帝感到恐惧，赶紧下诏承认失政，"朕之不逮，序位不明，元元（百姓）失望……朕甚惧之"。

根据《后汉书》记载，东汉196年间至少有17次彗星观测的记录，汉代427年间彗星至少出现25次。1972年发掘的长沙马王堆汉墓出土的西汉"彗星图"，是世界上发现最早的一张彗星图。

彗星中围绕太阳作周期性运动的称为哈雷彗星，它是由英国天文学家哈雷（1656~1742年）首次推算并经证实的，故名。哈雷推算出它的运动轨道，并预测它的运转周期大约为76年。武王伐纣时［一说鲁文公十四年（前613年）］和始皇帝七年出现的彗星，天文学家认为都是哈雷彗星，从那时起至1986年为止，哈雷彗星共出现30次。

七、五星的运行

太阳系主要包括太阳和围绕太阳运转的八颗大行星：水星、金星、地球、火星、木星、土星、天王星、海王星。"五星"指金、木、水、火、土五颗星。古人不但研究彗星的出现与人间灾变的关系，而且探索五星的运行与人间事物的关系，力图寻找其相关规律。

金星

金星是距离太阳最近的第二颗大行星，它有两种别称：早晨出现在东方，故称"启明星""明星"；黄昏出现在西方，故称"太白"。在古代星占家眼里，它有时是祥瑞的象征，有时则是灾变的征兆。唐武德九年（626年）六月己未，玄武门事变前夕，"太白复经天。傅弈密奏：'太白见秦分（分野），秦王当有天下。'"说这是秦王李世民将继承王位的征兆。《资治通鉴·唐纪七》唐贞观二十二年（648年）七月，"太白屡昼见。太史占（卜）云：'女主昌。'"当时又有传闻："唐三世之后，女主武王代有天下。"女人要夺取大唐的天下，唐太宗害怕了，他密问太史令李淳风这种说法是否可信。李淳风肯定地回答道："臣仰稽天象，俯察历数，其人已在陛下宫中，为亲属，自今不过三十年，当王天下。"（《资治通鉴·唐纪十五》）自古帝王笃信天命与占星术，唐太宗从此在忧虑与恐惧中度日如年，第二年5月殡天。

木星

木星是八大行星中距离太阳的第五颗大行星，由于它围绕太阳公转的周期约为12年，故称"岁星"。

水星

水星离太阳最近，又称"辰星"。

火星

火星是离太阳的第四颗大行星，它的公转轨道面与其赤道面成23°59′角，与地球的情况十分接近（地球为23°26′），所以也和地球一样有四季的变化。只是由于它的公转周期大约是地球的两倍（687日），约两年；自转周期与地球基本相同（24时37分），所以它的四季每季长约为地球的两倍（6个月）。火星红色，荧荧如火，故名。但因为其亮度以及运行方向总在变，时而向东，时而向西，令人迷惑，故又称"荧惑"。

有关火星的最早记载见于春秋末。宋景公三十七年（前480年）"荧惑守心。心，宋之分野也，景公忧之"（《史记·宋微子世家》）。宋之疆域正是心宿的分野，如今在头顶上出现荧惑，景公不知是吉是凶，是福是祸，焦虑不安，遂问计于主管星相的官吏子韦。始皇帝三十六年（公元前211年）又出现"荧惑守心"的天象，但秦始皇没有像宋景公那样担忧，因为当时有另一个事件分散了他的注意力，使他无暇他顾。当时"有坠星下东郡（郡治在今河南濮阳），至地为石（陨石）"。有人在上面刻上咒语："始皇帝死而天下分。"（《史记·秦始皇本纪》）这明显是造反，秦始皇下令穷究，杀了石旁的所有居民。

土星

土星是五星中离太阳最远的一颗，是距离太阳的第六颗大行星。土星的公转周期为29.46年，但古代认为大约是28年，与二十八宿相合，即每年坐镇一宿，故称"镇星"；又好像每年填充一宿，故又称"填星"。汉顺帝汉安二年（143年）六月乙丑，"荧惑犯镇星"。

五星连珠

当五星运行相聚成列，接近一条直线的时候，称为"五星连珠"。这种天象很难遇到，古人认为是天降祥瑞。成吉思汗临终前对追随者们表达遗愿："朕自去冬五星聚已尝许不杀掠，遽忘下诏，今可布告中外，令彼行人亦知朕意。"（《元史·太祖本纪》）

八、流星与流星雨

流星与陨石雨

流星是太空中细小的尘粒和大块的固体物质，当它们闯入地球大气层时，与大气摩擦燃烧而产生光亮，速度高达每秒12~80公里，像箭一般掠过天际，故名。西汉昭帝元平元年（前74年）"二月甲申晨，有流星，大如月，众星皆随西行"（《汉书·宣帝本纪》）。未完全烧毁的流星陨落地面，其残骸称为陨星。根据化学成分的不同，陨星可分三类：石陨星、铁陨星和石铁陨星。石陨星与普通石头相仿，故又称陨石，主要是镁和铁的硅酸盐。铁陨星的主要成分是铁，占90%~95%，其余为镍、钴、铜等，故又称陨铁。石铁陨星以硅酸盐为主，还有少量铁、镍等。

石陨星常在高空爆炸成碎片或碎块，像下雨，故称为"陨石雨"。1976年吉林省遭遇陨石雨，有100多碎片，覆盖面积达500平方公里，总重量2吨多，最大一块重量达1770千克。

流星雨

流星群进入地球大气层时所形成的光芒，如同由一点向四面迸发出的焰火那样，又像是下雨，故称"流星雨"；该迸发点称"辐射点"。流星雨以其辐射点所在星座命名，如狮子座流星雨、仙女座流星雨等。我国最早有关流星雨的记载是春秋时期，《史记·宋微子世家》记载："宋襄公七年（前644年），宋地星陨如雨。"西汉成帝永始二年（前15年）又有一次流星雨的记载："二月癸未夜，星陨如雨。"一说是鲁庄公七年（前687年）的天琴座流星雨。《竹书纪年》中还有更早的记载："辛癸十年，五星错行，夜中星陨如雨。"有人认为它发生于公元前1809年的夏代。

九、北斗星与北极星

北斗星

北斗星是在北天排列成斗形或勺形的七颗亮星（图5.1），依次为：天枢（北斗1）、天璇（北斗2）、天玑（北斗3）、天权（北斗4）、玉衡（北斗5）、开阳（北斗6）、摇光（北斗7）。北斗1到北斗4叫"斗魁"，又名"璇玑"；北斗5到北斗7叫"斗柄"。这七颗星即大熊座的α、β、 γ、δ、ε、ζ 和 η 星。北斗星就像星空中的坐标原点，是认识星座、指示方向的参照物。在北斗2和北斗1连线延长五倍处可以找到北极星，故又称"指极星"。

北极星

北极星古称"北辰""勾陈一"，现在已知它是小熊座的 α 星。古人认为北极星（图5.1）不动，而且永远居于北极的正上方，众星皆围绕它转动。实际上并非如此，北极星并不正好在地球北极的正上方，北极也不是固定不动，现以"天球"模型（图5.2）说明。天球是一个假想球体，它的半径无限长，这样的球体可以把宇宙都包罗在内。再假想天球的轴是地球轴的延长，它与天球的两个交点就是北天极和南天极，分别在地球北极和南极的上方；与天轴垂直的平面与天球相交的大圆叫作天赤道，它是地球赤道的同心圆。北极星并不在北天极，二者相距约1°。北天极在不停地运动，因此它与北极星的距离也在不断变化；现在的小熊座 α 星离北天极最近，就是北极星。当北天极移到另一星座，它就是新的北极星。

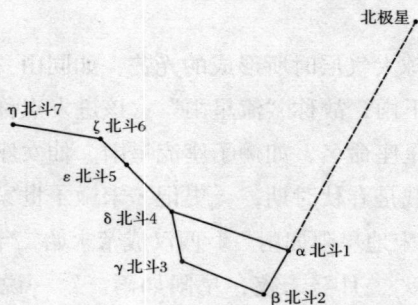

图5.1 北斗星与北极星

现代天文学已经揭晓，天极以极缓慢的速度围绕一个叫作"黄极"的运行，运行一周需要25800年。经计算，到公元10000年新的北极星将是天鹅座 α 星（古称"天津四"），公元14000年新的北极星将是天琴座 α 星（古称"织女一"），而公元前2750年的北极星则是天龙座 α 星（古称"右枢"）。

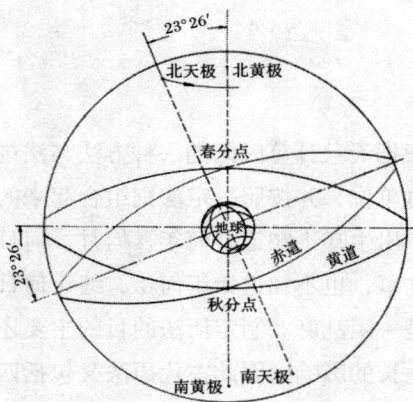

图5.2 天球

地球绕太阳公转的轨道平面（与赤道面成23°26′角）与天球相交的大圆就叫作"黄道"，就是说黄道与天赤道、地赤道都成23°26′角。与黄道平面垂直的轴在天球表面上有两个交点，即北黄极和南黄极，可见北天极与北黄极的角距离也应为23°26′。天极绕黄极运行的根本原因是"地轴进动"，见后文。

在天球上，黄道与天赤道有交点A、B，它们是黄道上的点，代表地球在那个特定时刻的位置；它们又是天赤道上的点，说明此刻太阳正在赤道的正上方，就是说此刻分别是地球的春分日（阳历3月21日前后）与秋分日（阳历9月23日前后）。A、B分别叫作春分点和秋分点。

古代历法

古代人研究天文主要是为了修改旧历法、制订新历法。蒙古军队于至元十三年（1276年）攻陷临安（今浙江杭州），灭了南宋统一中国。在此前夕，元世祖忽必烈即命成立太史局以制订新历法；新历法编成后，亲自命名为《授时历》，足见历法对于一个新兴朝代和国家的重要性。

一、历法

历法实际上是根据天象计算时间的一种方法与法规，具体地说就是确定年月日等基本计时单位，并按照一定法则组合起来的计算时间的系统。如果没有历法，孩子出生却不知道是何年、何月、何日，长大了也不知道他几岁了；办成一件事，也不知道始于何年，终于何日。总之如果没有历法，人们的生活将是一团乱麻。制定历法的目的主要还在于，明确四时气候的变化对农作物生长的影响，因此古代历法又包括四季、二十四节气等方面的内容。历法有三大类：阳历、阴历和阴阳历。

阳历

测得地球绕太阳一周的时间是365.2422天，因此规定一年为365天。根据一年中发生12次月相的盈亏，又把一年分为12个月，大月（1、3、5、7、8、10、12月）31天，小月（4、6、9、11月）30天，还剩下的28天放在2月。为了消除0.2422的积累误差，约每四年加一天，第四年即为366天，这一年就是闰年；这一天加在最小的2月，就变成29天。这就是"太阳历"，简称阳历。现在世界通行的公历就是阳历的一种，而且从传说耶稣诞生那一年算起，为公元元年。中华人民共和国成立后正式规定采用公历纪元，与传统使用的农历并用。

阴历

测得月球绕地球一周的时间为29.5306天，因此规定大月30天，小月29天，大小月各6。但这样一年只有354天；这种历法以月球公转为基准，古时月球称为太阴，故名"太阴历"，简称阴历。这与地球公转周期不符，遂有"阴阳历"。

阴阳历

阴历一年只有354.3672天，与阳历的太阳年相差10.875天，因此用加闰的方法使二者统一，大约每二、三年加一个闰月，使每年天数与太阳年天数相符，这种历法叫作"阴阳历"；我国使用的农历就是阴阳历的一种。

既然历法是一种计算时间的方法，所以有关天文历法的探究就从"时间"开始。

二、时间的概念

古代人每天见到太阳从东方升起，经过头顶之后，逐渐落向西方。人们还会感受到太阳光的照射，同时见到自己的影子长度也随着变化，先由长变短，经过头顶之后，又由短变长。太阳光被太阳带走之后，黑夜降临；月亮带着月光又来了，接着又走了；如此周而复始，循环不息。太阳（或月亮）这会儿在东，过一会儿在西，这样的现象无休止地不断重复，自然就形成"时刻"和"时间间隔"的概念，这就是"时间"概念的两个方面。时刻指运动物体（太阳和月亮）在某一瞬间的位置，时间间隔指它们位置变化所经历的时间，而且它们都带着自己的光辉或去或留，故又称"时光"。时光是时间的另一种叫法。

古人把初见太阳的时候叫黎明和清晨，把太阳在头顶时叫正午或中午，把中午前后分别叫作上午和下午，把太阳西落时叫作黄昏。把黎明到黄昏的时间间隔叫作一日，把见到月亮和月亮消失的时间间隔叫作一夜。三千多年前的商代就已经有了这些记载。

春秋战国期间又把一昼夜分为12个时辰，并以12地支（子、丑、寅、卯……）命名。清顾炎武的《日知录》记载："自汉以下，历法渐密，于是一日分为十二时（辰），盖不知始于何人，而至今遵用不废……《左氏传》卜楚丘曰：'夜半者即今所谓子也，鸡鸣者丑也，平旦（清晨）者寅也，日出者卯也，食（吃早饭）时者辰也……'一日分为十二，始见于此。"

三、二十四节气

二十四节气是根据一年中气候变化及其对农作物的影响划分的，但它的确立与十二时辰不同，经历了相当长时间才完成。二十四节气起自何时，其说法不一。有的说，大约在春秋时期始有仲春、仲夏、仲秋、仲冬等四个节气；有的说，在春秋之前的西周就已经确立了八个节气：立春、立夏、立秋、立冬和春分、秋分、夏至、冬至。但《史记·五帝本纪》记载，帝尧在位期间即分遣人员到四方测定中春、中夏、中秋、中冬等四个节气。这些节气都反映农作物的春种、夏长、秋收、东藏的过程。到了秦、汉，二十四节气方才俱全，并于公元前104年（汉武帝太初元年）被天文学家落下闳、邓平等收入他们所创制的《太初历》中。《太初历》一直沿用到东汉章帝元和二年（公元85年）。

二十四节气按顺序分列于12个月中，每月两个节气，每个节气15天；在月首者称为"节气"，在月中者称为"中气"：

季节	春季			夏季			秋季			冬季		
月份	正月	二月	三月	四月	五月	六月	七月	八月	九月	十月	十一月	十二月
节气	立春	惊蛰	清明	立夏	芒种	小暑	立秋	白露	寒露	立冬	大雪	小寒
中气	雨水	春分	谷雨	小满	夏至	大暑	处暑	秋分	霜降	小雪	冬至	大寒

立春：春季开始

雨水：降水开始

惊蛰：春雷乍动，惊醒了蛰伏的冬眠动物

春分：二月和春季中分，此时昼夜等长

清明：天气晴朗，草木繁茂

谷雨：雨量充足，百谷茁壮成长

立夏：夏季开始

小满：麦类等夏熟作物的颗粒开始饱满

芒种：麦类等有芒作物成熟

夏至：炎热的夏天来临

小暑：暑热开始

大暑：一年中最热的天气

立秋：秋季开始

处暑：暑天终止（处：止，隐退）

白露：清晨露水凝结变白，天气转凉

秋分：八月和秋季中分，昼夜等长

寒露：露水已寒，天气更凉

霜降：天气转冷，开始有霜

立冬：冬季开始

小雪：开始下雪

大雪：降雪量加大，天气更冷，地面有积雪

冬至：寒冷的冬季来临

小寒：天气寒冷

大寒：一年中最冷的季节

四、年的长度

年月日长度及其测定是制订历法的基础，因此也是天文学探究的重点。我们知道，地球是太阳的行星，它有自转和公转；月球是地球的卫星，也有自转与公转。我们也知道，地球绕太阳一周（地球的公转周期）为一年，地球自转一周为一日，月球绕地球一周为一月，这些都是常识。但是年、月、日到底有多长，这需要测定，特别是历法上与天文学上的长度还有所不同，需要精确的测定或推算。

恒星年

地球绕太阳公转一周的时间（365.25636日）称恒星年。但这一数据历法上不适用，因为古人更关心的是它与二十四节气的关系。

回归年

制订历法更需要测定回归年，它是连续两个冬至日（或夏至日）之间的间隔，因为这是节气的"回归"，故名。回归年的今测值为365.24219878日。古代主要用圭表（也叫土圭）测定回归年长度。

按理说，回归年应该和恒星年相等，但实际上却比恒星年短了20分23秒，这是因为出现"岁差"所造成的。

五、岁差

"岁差"是地轴进动引起春分点向西缓慢移动（每年移动50.2秒），从而使回归年短于恒星年的现象。由此可以计算出大约71.7年，春分点才向西移动1°，要经过大约25800年才运行一周。春分点向西移动，而地球由西往东运转，故提前到达第二个春分点，因此回归年缩短了。现在已经知道地轴进动是由太阳、月球和行星对地球的引力引起的。天轴是地轴的延长，因此天轴与北天极也必然随地轴进动而进动，每年移动50.2秒角，这就是北天极绕北黄极运行的根本原因。

世界上首先发现岁差并把它引入历法的是我国南北朝时期南朝著名科学家祖冲之。他测算出的回归年长365.24281481日，岁差值是45年11个月春分点偏离1°。在1500多年前所得出这一数据已经相当精确了，应该说是个奇迹。祖冲之在南朝宋孝武帝大明六年（公元462年）编制的《大明历》中，考虑了岁差的影响。

六、四季变化的原因

地球上之所以有四季寒暑与昼夜长短的变化以及二十四节气之分，是由于地球公转轨道平面与其赤道面相交或黄道与天赤道相交成23°26′角所造成的。图5.3与图5.4表示这一交角所引起太阳与地球空间位置的变化以及由此所产生的一系列变化。

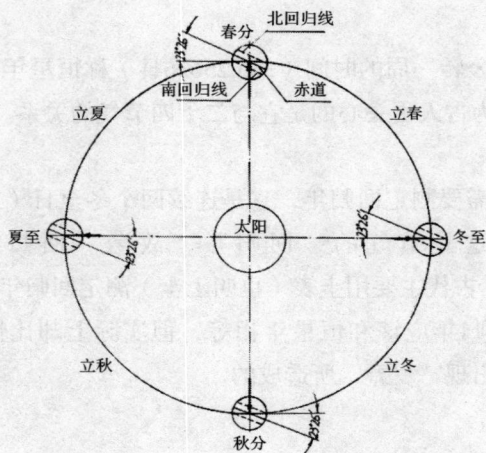

图5.3 太阳直射点的位置及其对节气与昼夜长短的影响

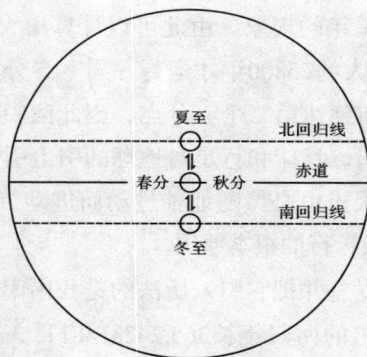

图5.4 地球正投影面上太阳直射点的变化示意图

　　由图5.3可见，当地球运转到正上方位置时，阳光直射地球赤道，这就是春分点，此时昼夜等长。当运转到左方位置时，阳光直射北回归线，或者说太阳在北回归线上方，这就是夏至点，此时北半球白昼最长。当运转到正下方位置时，阳光再次直射赤道，此为秋分点，昼夜又一次等长。当运转到正右方位置时，阳光直射南回归线，此为冬至点，此时北半球白昼最短。由于地球这种特殊的空间位置，故一年中太阳直射范围始终未超出南北纬各23°26′。由南向北到达北纬23°26′时，随即折回向南；由北向南经过赤道到达南纬23°26′时，也随即折回向北；南北回归线因此得名。图5.4更清楚地表示太阳直射点的这种变化。太阳直射赤道（春分点）之后北移，到达北回归线（夏至点）之后立即回头向南，又回到赤道（秋分点）后继续南移，到达南回归线（冬至点）后立即回头向北，最后又回到赤道（秋分点），完成一个回归年的周期运动。它就像一个巨型的钟摆，支点在无穷远处，摆长无限长，太阳相当于摆锤。这个"摆"以纬度0° ~23° 26′ 或一个季度长为摆幅，以春分点为中心作匀速摆动，摆动周期为四个季度的总和，即一个回归年。

七、月的长度

恒星月

月球绕地球转动一周所需的时间平均为27.32日，称为恒星月。但是如果以恒星月为基础制订历法，则每个月的同一天如初一或十五将出现不同的"月相"，所以要用"朔望月"。

月相就是我们所见到的月球明亮一面的形象。农历十五见到的是一个圆圆的满月，此日叫"望"；初一则看不到月亮，即新月，此日叫"朔"；月初和月末看到的是弯弯的蛾眉月；满月前后看到的分别为凸月和残月（图5.5）。

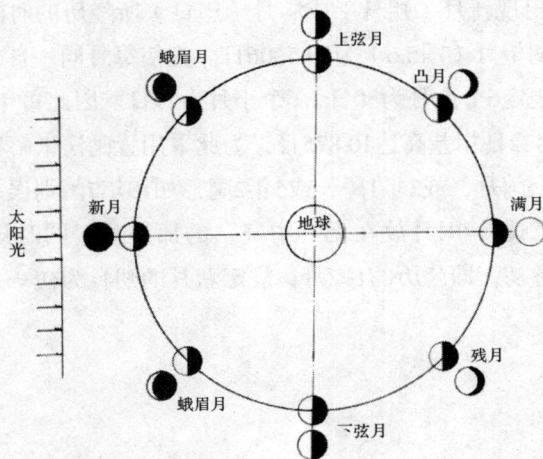

图5.5 月相

月球不发光，是靠反射太阳光得来的光亮，月相的变化是由于月球与地球、太阳三者之间的相对位置不同所致。当月球处于地球与太阳之间时，它对太阳的反射光到不了地球，人们只能见到它黑暗的半球，此时的月相称为"新月"。月球绕地球转动离开黑暗的"新月"位置后，人们看到的就不是整个黑暗的半球，部分反射光可以到达地球，所以我们能看到部分光亮的"蛾眉月"。月球的继续转动，"蛾眉"不断增厚，当到达图的正上方位置时，人们可以看到半个明亮的月，叫"上弦月"。明亮部分继续增大超过半圆，即出现"凸月"。当月球转到地球的背面，它和太阳分别处于地球的两边，我们可以看到月球整个明亮的半球，出现"满月"。之后满月逐渐缺损，成为与凸月相似的"残月"。月球转动到达图正下方位置时，月相与上弦月相同，叫"下弦月"。之后月相又呈现"蛾眉月"。当月球又回到地球和太阳之间时，月相又是看不见的"新月"了。

本来月球绕地球公转一周又回到起点位置的时候，地球人应该看到相同的月相（如满月），但是由于它已经被地球带着绕太阳转动，因此不再处于太阳与地球连线的另一端，故而不会出现满月的月相，如图5.6所示。因此如果把恒星月定为一个月，就不可能看到每个月中月相的这种周期性重复。历法上需要的是测出"朔望月"的长度。

朔望月

相继两次出现新月（朔日）或满月（望日）所经历的时间就是一个朔望月，已测得朔望月（图5.6）为29.5306日。为使每月同一日的月相基本相同，所以农历规定6个大月为30日，6个小月为29日。因此每年有354日，这与回归年365.2422日相差高达10.875日，为此采用置闰法来解决，大约两年多就必须加一个闰月，或3年1闰，或5年2闰，如19年7闰则误差最小。置闰的那一年有13个月；闰月放在无"中气"的那个月。同时规定岁首（春节）在冬末、春初，即公历的1~2月；规定新月的朔日为初一，满月的望日为十五。

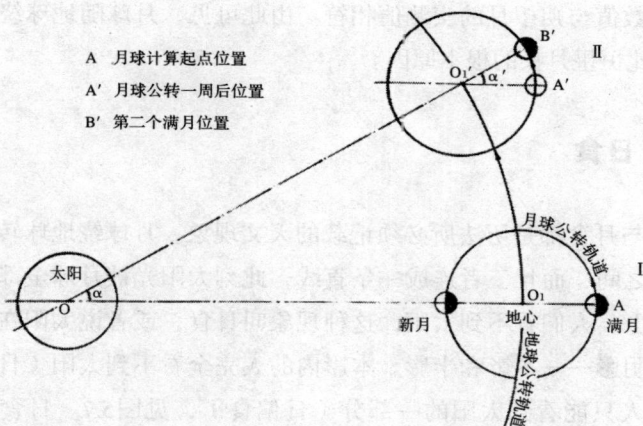

A 月球计算起点位置
A' 月球公转一周后位置
B' 第二个满月位置

图5.6 朔望月长于恒星月图解

为何朔望月与恒星月不相符？

月球也有自转和绕地球公转两种运动。本来月球绕地球公转一周就应该回到原来的起点位置，并出现相同的月相。然而这种情况只能出现在地球不动的条件下。实际上地球总是围绕太阳公转，因此月球除了绕地球转动之外，也要被地球带着一起绕太阳转动。

假如月球的公转从满月开始，以A表示（见图5.6），此时太阳、地球与月球的相对位置为状态Ⅰ。公转一周经过一个恒星月时间之后到达状态Ⅱ，月球的位置为A'。但此时月球并没有到达太阳与地球的连线上，所以不能出现新月，必须再经过一段时间之后才能到达这一位置B'，这就是朔望月要比恒星月长的原因。因此只要求得A'B'，就可计算出朔望月。朔望月与恒星月应有如下关系：

$$朔望月 = 恒星月 + A'B' \cdots\cdots（1）$$

O_1、O_1' 分别表示地心在状态Ⅰ和状态Ⅱ的位置。当月球经历27.32日时间绕地球转动一周由A到达A'时，地球在其公转轨道上由O_1到达O_1'位置，它所走过的弧长为：

$$O_1O_1' = 27.32/365 \approx 0.075年 \cdots\cdots（2）$$

由于∠α = ∠α'可知两个弧状三角形相似，由相似三角形各对应边的比值相等，简单认为A'B'与O_1O_1'相当,即可确定A'B'值为

$$A'B' = 0.075月 \cdots\cdots（3）$$

（3）代入（1）可得：朔望月 = 29.535日

这一数值与朔望月的实测值相符。由此可见，月球随地球绕太阳运动是朔望月比恒星月长的根本原因。

八、日食

日食与月食都是历法所必须记载的天文现象。月球绕地球转动到达太阳与地球之间，而且三者连成一条直线，此刻太阳光被月球全部挡住不能射到地球上，人们看不到太阳，这种现象叫日食，或者说太阳在地球上投下月球的阴影——本影和半影。本影内的人完全看不到太阳（日全食），半影内的人只能看到太阳的一部分（日偏食），见图5.7。日食只能发生于朔日或之前一日，叫作"晦"；但朔日和晦日不一定都会发生日食。如果月球离地球较远（月球公转轨道并非规整的圆形，故二者距离有时近，有时远），月影不能到达地球表面，此时在月影延长线所包围的区域内，人们只能看到太阳发光的外环，而太阳中部发黑，这种现象称为日环食。也可以理解为，由于月球离地球较远，不能完全遮住太阳，只能遮住它的中部。

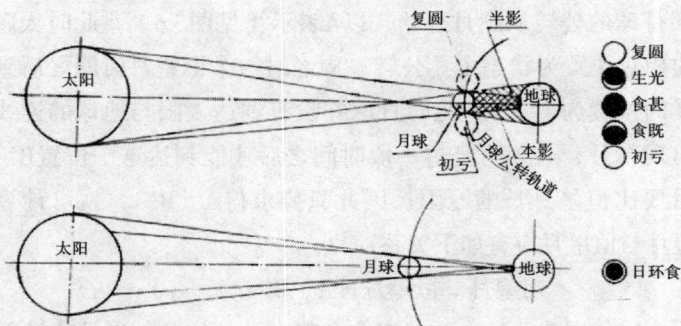

图5.7 日食示意图

日全食过程分五个阶段：初亏、食既、食甚、生光、复圆。因此会出现五种相应的食相。

初亏　月球由西向东运行，当月球东边缘与日面西边缘外切的瞬间，天文学称为"初亏"。其实此时只是太阳亏缺即将开始的时刻，实际上还未发生亏缺；它是一个"临界点"，此时月球与太阳处于一种临界状态。

食既　过了"初亏"这个临界点，太阳才开始亏缺，进入食既阶段。此时人们所看到的是一个被月球遮蔽掉一部分光亮而局部发黑的不完整的太阳。随着月球东行，太阳被它遮蔽的部分不断增大，日食在不断增大，直至整个发光的日面全部被月球遮蔽为止。至此，从初亏开始的食既阶段结束。

食甚　发光的日面被月球全部遮蔽，地球上的人完全看不到太阳，此时月轮中心与日面中心的距离最短，这种现象称为食甚。

生光　食甚之后进入"生光"阶段。随着月球东行，它已不能全部遮蔽太阳，太阳开始露出部分光芒，开始"生光"。随后光亮区不断增大，被遮蔽的黑暗部分则不断缩小，直至全部消失出现一个完整的太阳为止。

复圆　生光阶段结束，进入"复圆"阶段。这一阶段从月球西边缘与日面东边缘外切时开始，此时月球已经不能遮蔽太阳，太阳恢复其原来的面貌，"复圆"了，依然光芒四射。至此整个日全食过程结束。

九、月食

当月球运转到与太阳相反的另一边，使地球处于太阳和月球中间，而且三者连成一条直线时，阳光被地球挡住，不能射到月球上去，或者说月球进入地球的阴影里去。月食只能发生在望日，即农历十五或其后一两天，但不是所有的望日都会发生月食。

月食有月全食和月偏食两种，当地影遮蔽整个月球时，就发生月全食；月球只有一部分在地影里时，叫作月偏食，如图5.8所示。当发生月食时，面对月球的那半个地球上的人都可以看到。

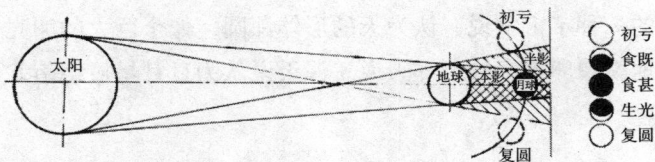

5.8　月食示意图

月全食也和日全食一样有五个阶段和五种食相：初亏、食既、食甚、生光、复圆。

古代天文学的辉煌成就

一、帝尧命测定四个节气

帝尧命羲和专职观测天象，探索日月星辰，以便制订历法"敬授民时"。又分派官员到四方测定四个节气：命羲仲到郁水（在今两广）观测"星鸟，以殷（正定）中春"；命羲叔到南交观测"星火，以正中夏"；命和仲到西土观测"星虚，以正中秋"；命和叔到北方观测"星昴，以正中冬"。（中春、中夏、中秋、中冬即春分、夏至、秋分、冬至；星鸟，南方朱鸟之"星宿"；星火，即太阳的九大行星之一——火星，也称荧惑。星虚，北方玄武之"虚宿"；星昴，西方白虎之"昴宿"）。还确定"岁三百六十六日，以闰月正四时"。说明当时不但测出一年为366日，并以置闰的方法来调整四季以消除积累误差，不使四时失序。（《史记·五帝本纪》）

二、落下闳的浑天仪与浑天说

落下闳除与邓平等人创制《太初历》之外，还改进并制造出新的"浑天仪"，简称"浑仪"，用以观察测定天体的位置及运动规律，并测定二十八宿的位置。浑天仪历代虽然有所改进，但其原型不变，一直用了2000年。他也是"浑天说"的创始人之一。浑天说是我国古代认识并解释天地关系的一种宇宙学说，认为天的形体浑圆，像个巨大的卵壳，被它包在中间的地就像卵黄，故名浑天说。浑天说认为日月星辰绕南北两个极不停地转动。

三、张衡的水力浑天仪

东汉张衡（78~139）精通天文历算，曾两度任太史令，掌管国家天文。公元117年，创制出世界上第一台用水力驱动的浑天仪，称为"浑象"，类似现代的天球仪。浑象是用漏壶滴出的水驱动齿轮，带动浑象绕轴旋转，而浑象的转动与地球的周日运动相等，从而把天象准确地显现出来。古代用漏壶计时，张衡巧妙地利用漏壶计时原理使浑象的转动与地球的周期运动契合。

张衡利用浑象等仪器观测并记录了2500颗星，并绘制成我国第一幅比较完整的星图。他首次提出"月光来自太阳的照射"的科学论断："月光生于日之所照。"

除了天文学方面的成就之外，张衡在我国科技发展史上还有重要贡献，即发明候风地动仪。《后汉书·张衡列传》记载："阳嘉元年（132年），复造候风地动仪。以精铜铸成，员（圆）径八尺，合盖隆起，形似酒尊（樽），饰以篆文、山、龟、鸟兽之形。中有都柱，傍行八道，施关发机。外有八龙，首衔铜丸，下有蟾蜍，张口承之。其牙机巧制，皆隐在尊中，覆盖周密无际。如有地动，尊则振龙机发，吐丸，而蟾蜍衔之。……虽一龙发机，而七首不动，寻其方句，乃知震之所在。"这就是候风地动仪的构造与使用情况。它的八个方位都由机关控制，如一方发生地震，则该方位的机关发动，龙头口中的铜丸掉下，被其下方的蟾蜍张口接住，循其方向即可找到发生地震的区域所在。有一次，一个龙头发机吐丸，但人们没有感受到有什么震动，因此引来在京学者的疑惑与嘲笑。但数日之后传来陇西发生地震的消息，那些有疑惑的人释疑了，嘲笑他的人也不再说风凉话了，"于是皆服其妙"。

四、祖冲之的贡献

南北朝时期南朝的科学家祖冲之（429~500）从数学、天文和历法三个方面对我国科学的发展作出重要贡献，在我国科学发展史上，像祖冲之这样的天才并不多见。他推算出的圆周率 π 非常精确，在3.1415926和3.1415927之间（现为3.14159265358……）；提出 π 的约率22/7，密率355/113，密率值要比欧洲早1000多年。

祖冲之在天文方面的非凡成就是多方面的：提出用土圭测量正午时日影长度的方法来确定冬至的时刻；推算出木星绕太阳公转的周期为11.858年（今为11.862年）；推算出在公元436~459的23年间，应发生的4次月食的时刻，都为实际情况所证实。

五、高僧一行创制"黄道游仪"与《大衍历》

唐代高僧一行（683~727）与梁令瓒合作创制了"黄道游仪"，用它测出150多颗恒星的位置，并归算出相当于子午线纬度的长度。开元十七年（729年）创制的《大衍历》中包括七十二候，太阳和月球每天的位置与运动，每天见到的星象和昼夜时刻，日食、月食和五大行星的位置等。

所谓七十二候，就是把每年的二十四个节气进一步细分，将每个节气分为三候，每年共七十二候，每候五天。每个候与一种生物或非生物随气候变化而出现的季节性现象（称为物候）相对应，如白露的头一候为"鸿雁来"（动物物候），惊蛰头一候为"桃始华"（植物物候），立冬头一候为"水始冰"（非生物物候），立秋头一候为"凉风至"（非生物物候）。

六、沈括制造简化的浑仪

北宋科学家沈括（1031~1095）是博学多通的科学家，对天文、数学、物理、化学、地理、历法、医药、农学、工程技术，乃至文史、音乐、美术等都有研究，晚年他把这些广博的知识汇集到《梦溪笔谈》中去。他在天文方面造诣颇深，曾主管司天监，掌管天文观测、节气推算与历法编制等工作；改进并制造出简化的浑仪。他为了测定北极星的准确位置，每夜要观测三次，连续观测三个月，根据观测结果画出二百多张图，最后得出结论：北极星并不在北天极，二者距离"三度有余"。

七、郭守敬的《授时历》与十余种天文仪器

元代郭守敬（1231~1316）字若思，顺德邢台（河北）人，以编制《授时历》垂名后世。为了编制新历法，他设计、制造了一整套天文仪器，有简仪、仰仪、高表、候极仪、景仪、窥几等13件，并在全国设立27个天象观测站，重新测定二十八星宿及许多恒星的位置。

古代历法史上的几次重大突破

一、落下闳的《太初历》

落下闳受聘于汉武帝，与邓平一起于太初元年（前104年）完成《太初历》的编订工作。《太初历》是我国第一部完整的历法，是我国历法史上的第一次突破。《太初历》一直使用到东汉章帝元和二年（公元85年），一共施行了190年。其特点如下：

1. 确定回归年的长度为365.25061日（小数点以后数字以分数385/1539表示），今为365.24219878日。

2. 确定朔望月的长度为29.53086日（小数点以后数字以分数43/81表示），今为平均29.53日。

3. 第一次在历法中编入二十四节气，并以冬至所在的十一月作为起点；以正月为岁首。

4. 以没有"中气"的月份为闰月。

落下闳在2100年前所测得的回归年与朔望月的数值与当今的数值相差无几，其精确度令人惊叹！

二、祖冲之的《大明历》

祖冲之于南朝宋孝武帝大明六年（462年）编订了《大明历》，这是我国历法史上的第二次大改革、大突破。其主要特点是：

1. 第一次把"岁差"引入历法；所测得的岁差值：春分点45年11个月向西移动1°（今值71.7年差1°）。

2. 回归年长度为365.24281481日，更接近今值。到杨忠辅1199年编制《统天历》之前，这一数据是最准确的。

3. 以391年置144个闰月取代19年7闰法。

4. 测定交点月长度为27.21223日（今为27.21222日），用以预报日食、月食。

三、杨忠辅的《统天历》

南宋杨忠辅于庆元五年（1199年）创制《统天历》，这是中国历法史上的第三次重大突破。精度高是《统天历》的最主要特点：

1. 回归年长度为365.2425日，与现在通行的公历（格里历）所取的值365.2422日相差仅大约26秒，二者精度相当，但比公历（1582年制定）早了将近400年。

2. 朔望月长度为29.530594日，精度已非常高。

四、郭守敬的《授时历》

元代郭守敬（1231~1316）于元世祖至元十三年（1276年）受命与王恂、许衡等人编制新历法，经四年左右时间完成。元世祖为历法命名，取帝尧"数法日月星辰，敬授民时"之语，命名为《授时历》。

为了编订新历法，郭守敬研究、分析汉代以来的40多部历法，取其长处，并进行一系列实际测验工作。郭守敬与王恂的工作各有特色。郭守敬十分注重观测验证，而测验必须以仪表为先，认为"历（法）之本在于测验，而测验之器莫先仪表"。王恂则强调制订历法应当把重点放在阐明历法之理上，即"明历之理"。郭守敬在大都（今北京）用了三年半的时间，通过大约200次晷影测量，确定出准确的冬至时刻，又结合史料，最后得出一个回归年的长度为365.2425日，与杨忠辅《统天历》的数值相同，与今世界通用的公历精度相当。

《授时历》有如下特点：

1. 所用数据全部由实测获得，因此《授时历》可视为我国历法史上第四次大改革，大突破。

2. 回归年长度为365.2425日。

3. 朔望月长度为29.530593日。

4. 一年为二十四节气，没有"中气"的月为闰月。

明代的《大统历》基本上就是《授时历》，因此可认为包括《大统历》在内的《授时历》一共使用了364年，是我国历法史上使用时间最长的一部历法。

第六篇 古代兵器

神州大地起纷争

刀枪剑戟应运生

尔争我伐弄人回

犹闻战场金鼓鸣

兵器（武器）是战争的产物。

战争缘于人类的贪婪，缘于占有物质财富、领土、民众以及追求权力的强烈欲望。这种欲望的膨胀将使战争由本土向境外扩展，古今中外概莫能外。

战争是通过使用兵器实现的。没有战争就不需要兵器，就不会有兵器。为适应战争的需要，人们创造出各式各样的兵器。随着生产力与科学技术水平的提高，以及战争形式的改变，兵器也在不断演变与发展。

考古发掘证明，战争（或械斗）与兵器始于远古时代。1966年，江苏邳县大墩子遗址出土一具男性骨骸，右手握骨制匕首，左肱骨下有石斧，左股骨上残留折断的石箭镞，深入2.7厘米。经碳放射性同位素测定，系公元前4500年的遗存，比黄帝时期早了大约2000年。1963年，山西朔县（今朔州市）峙峪村遗址出土一枚年代更早的石箭镞，长2.8厘米，是2.9万年前的遗物。1973年，山西沁水下川遗址出土13枚石箭镞，长3~4厘米，为1.6万年前的遗存。然而有文字记载的战争与兵器则始于大约前2700年~前2600年之间的黄帝，黄帝打败炎帝、擒杀蚩尤的战争是中国历史上最早的两场战争。当时黄帝"习用干（盾）戈"，教部众使用干戈，积极练兵习武。"与炎帝战于阪泉（今河北涿鹿东南）之野"，又"与蚩尤战于涿鹿之野"，使用的兵器是"干"和"戈"。从那时起，四千多年来战事不断，直至现代。因此可以说，中国五千年历史实际上是一部战争史，也是兵器的发明、发展史。

矛、戈、戟

一、矛及其应用

矛是在木棍前端装上或绑上锐器而成的长兵器（图6.1），它是由生活、生产工具演变而来。远古人类以采食野果、捕鱼、狩猎为生，最初使用石头、兽骨等钝器、锐器，进而把尖锐的石器、骨器绑在树枝、木棍上，就成为最简单的石矛和骨矛。为了争夺食物与生存空间，人与人或部族与部族之间会发生纠纷。在人际交往中也难免产生这样或那样的矛盾，当这些纠纷和矛盾激化到一定程度而发展为对抗冲突的时候，矛自然就成为械斗之首选工具。当大的武装冲突——战争爆发的时候，矛自然也就成为主要的作战兵器。根据矛的结构特点，它应该先于戈被应用于人类最早期的战争或械斗。

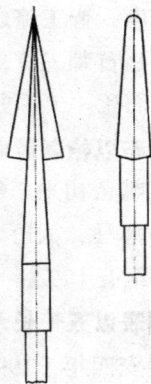

图6.1 矛的示意图

矛由两部分组成：矛头和矛柄。矛又分为夷矛和酋矛两种，夷矛柄长2.4丈，酋矛柄长2丈。矛的发展主要是使矛头逐渐变长变尖，以增强杀伤力；材质由石器、骨器逐渐演变为铜器、铁器。相传夏禹（公元前2070~前2061年在位）铸九鼎象征九州，以为传国之宝，九鼎为青铜制造。《古今刀剑录》记载，夏代初即已用青铜铸剑。这都说明当时的青铜铸造技术已经相当成熟，但考古并未发现夏代的青铜矛。商代（公元前1600~公元前1046年）是高度发达的青铜时代，也有商代铜矛出土。人类大约于公元前1400年开始使用铁器，我国在春秋末期（约前5世纪），大部分地区就已经使用铁器，但出土最早的铁矛是秦、汉时期的铁矛。最早用矛作战的是周武王伐纣，从此矛的使用非常普遍，长盛不衰，直至明、清两代。历代都出现过一些使矛名将。矛也叫枪、槊、矟、铍。

周武王的长矛兵

战争中最早使用矛是在商末，武王率师伐纣（公元前1046年）至商郊牧野，于军门誓众："称尔戈，比尔干，立尔矛。"（称：举；比：靠紧；干：盾。）他命令战士们：举起你的戈，握紧你的盾，竖起你的矛！这一事实还说明，商、周年间是矛、戈并用。（《史记·周本纪》）

吴王僚的铍卫队

春秋末，公子光（吴王阖闾）命专诸刺王僚，他假意请吴王僚赴宴，事先设伏。僚保持高度警惕，把他的铍卫队"陈于道，自王宫至光之家，门阶户席，皆王僚之亲也，人皆持铍"。专诸将匕首暗藏于烤鱼腹中，乘机"以匕首刺王僚，王僚立死"。专诸得手后被僚的铍卫队所杀，"铍交于胸"而死。（《史记·吴太伯世家》《史记·刺客列传》）

吕布以枪刺董卓

汉献帝初平三年（192年），王允与吕布合谋诛董卓，董卓被吕布部将刺中落马，大呼："吕布何在？……布应声持矛刺卓。"（《资治通鉴·汉纪五十二》）

刘表以五千长矛兵救黄祖

建安四年（199年），孙策与周瑜大败庐江太守刘勋，黄祖派舟师五千支援，大败。孙策攻黄祖，荆州刺史刘表派其侄刘虎与韩晞率"长矛五千救黄祖"，又为孙策所败。（《资治通鉴·汉纪五十五》）

关羽枪刺颜良

张飞是使矛的名将人所共知，就连惯使大刀的关羽也使过矛。建安五年曹操败刘备擒关羽，对他优礼有加，关羽欲报曹操知遇之恩，在曹操攻袁绍的战斗中，"策马刺（颜）良于万众之中，斩其首而还"。（《资治通鉴·汉纪五十五》）

韩遂的关西长矛兵

建安十六年（211年）曹操西征韩遂、马超，韩遂有众十万据守潼关，诸将认为："关西兵习长矛，非精选前锋，不可挡也。"然而曹操却胸有成竹，充满自信地说："战在我，非在贼也。贼虽习长矛，（我）将使（之）不得以刺。"（《资治通鉴·汉纪五十八》）

隋唐的使槊名将

隋唐时期使矛更加普遍，军队中有专门的长矛兵，许多著名战将也多使用矛、槊。武德三年（620年）李世民攻打王世充，在勘察地形时他的五百骑兵突然与王世充的万余步骑兵遭遇被围困。投降王世充的瓦岗军骁将"单雄信引槊直趋世民"，形势万分危急，"敬德跃马大呼，横刺雄信坠马"。

尉迟恭掩护李世民突出重围后又率援兵还战，大获全胜，"擒其将陈智略，获排稍兵六千"。说明王世充手下有6000人以上的长矛兵。

李世民弟齐王元吉一向"以善马稍自负"，要和尉迟恭比试比试，尉迟恭出于礼让与自信，自愿去掉槊刃与他较技，结果"敬德须臾三夺其稍"（《资治通鉴·唐纪四》）。

五代的银枪将和王铁枪

朱温灭唐建立后梁王朝（907年），晋王李克用以两千骑兵击梁军，号称银枪大将的王建及"以银枪千人助之"。后来晋王率银枪队冲锋陷阵大败梁军（《资治通鉴·后梁纪》）。后梁使枪大将王彦章神勇无敌，号称王铁枪，李克用告诫诸将："王铁枪勇决，乘激怒之气，必来唐突，宜谨备之。"最后王铁枪兵败被擒。（《资治通鉴·后唐纪》）

岳飞是使矛名将

宋代依然盛行使矛，乾德二年（964）宋太祖派遣刘光义等伐蜀，蜀江宁节度使高延俦拒战，不利，"身被十余枪"，部下星散。（《续资治通鉴·宋纪四》）。

南宋建炎元年（1127），抗金名将岳飞"单骑持丈八铁枪，刺杀黑风大王，敌众败走。"三年，敌众50万进犯，岳飞所部才800人，部众胆怯，岳飞"右挟弓，左运矛，横冲其阵，贼乱，大败之。"绍兴四年（1134），飞攻襄阳，命部将王贵："尔以长枪步卒击其骑兵……合战，马应枪而毙。"（《宋史·岳飞传》）

南宋的使枪名将李全杨妙真

李全先参加起义军在山东潍坊一带抗击金兵，后投宋，与蒙古作战时兵败又投降蒙古。李全善使铁枪，号称李铁枪，在与宋军作战时马陷泥沼，宋兵"奋长枪刺之"，被杀。其妻杨妙真也以长枪自负，说："二十年梨花枪，天下无敌手。"她向蒙古乞兵为夫报仇。（《宋史·叛臣·李全传》《续资治通鉴·宋纪一百六十一至一百六十五》）

游牧民族善使枪

金太祖完颜阿骨打从其父征卜灰，骑士太峪"乘骏马持枪出城，驰刺太祖"，活腊胡紧急驰救，击太峪，可是"枪折，刺中其马"。收国元年（1115年）金太祖征辽，金将"斜也援矛杀数十人"，辽师大败。（《金史·太祖本纪》）

成吉思汗崛起漠北，牧羊人哈班赶着羊群来献，遇盗被抓，其子忽鲁浑、速不台兄弟赶到，"以枪刺一人，杀之"，余党逃遁。（《新元史·速不台传》）

元太宗窝阔台四年（1232年）伐金，金兵被困，逢大雪，断粮，士兵"被甲胄僵立雪中，枪槊冻结如椎"。（《新元史·拖雷传》）

元末起义军以竹枪作战

至正十二年（1352）爆发全国性农民大起义，起义军"皆短衣草履，齿木为杷，削竹为枪，截绯帛为巾襦，弥野皆赤。"据说朱元璋以两杆枪作战。（《续资治通鉴·元纪二十八》）

在明代的攻防战斗中虽已多用火炮等火器，但依然认为枪是"百刃之首"。直至清代还用枪武装军队。

二、戈的结构与应用

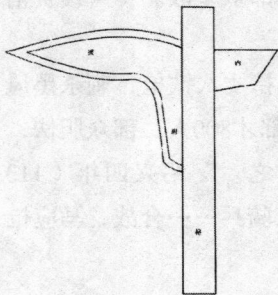

图6.2 戈的结构

戈是横刃长柄兵器，其横刃中心线与戈柄垂直，形同木工曲尺与计量工件的游标卡尺。古人把石刀或骨刀垂直绑在木棍前方，就成为一根最简单的戈，后来的戈头实际上是一把有前刃和后刃的双刃刀（图6.2）。戈的功能与矛不同，不能直刺，用以横拉、横击、凿击、勾拉等，最适用于车战时期的车兵与步兵，常与剑配合使用，"戈勾其颈，以剑承其心"。虽然黄帝时就使用戈，但夏代开始车战时才被广泛使用。战国以后，车战被骑兵挤出历史舞台，但戈作为一般兵器依然用于步骑兵，直至元代。

周武王率戈矛兵伐纣

商周时期戈已经成为主要兵器之一。周武王率兵车300辆伐纣，他命令战士们"称尔戈"。纣王以倾国之师70万迎战，但他的军队"前徒倒戈"，前方战士掉转戈头，反成为周武王的开路先锋。

晋重耳挥戈

春秋时期戈很盛行，就连王公贵族都用戈。晋公子重耳（晋文公）流亡19年期间，在齐国留恋安逸生活不肯离去，从臣赵衰、咎犯等人与其夫人合谋将他灌醉之后，强行拉上车运走，醒来之后方知被部属挟持，"重耳大怒，引戈欲杀咎犯"。（《史记·晋世家》）

孙权射虎张世挥戈

建安二十三年（218年），吴主孙权"乘马射虎于庱亭"，虎受伤，"常从张世击以戈，获之"。（《三国志·吴书·吴主传》）

后唐赵德钧兵败弃甲投戈

公元936年，辽太宗助立后唐叛将石敬瑭为后晋皇帝，又派兵助石敬瑭击后唐，后唐将领"（赵）德钧等军皆投戈弃甲，自相蹂躏"。（《辽史·太宗本纪》）

宋太宗征辽败弃戈甲

宋代依然以戈作战，建隆元年（960年），据太原的北汉兵临晋州（今山西临汾），守将荆罕儒麾兵御敌，"北汉人横戈舂之"，罕儒坠马，被擒杀（《续资治通鉴·宋纪一》）。雍熙三年（986年），宋师征辽，战于拒马河，为辽师所败，"死者数万人，沙河为之不流，弃戈甲若丘陵"。（《续资治通鉴·宋纪十三》）

元兵执戈矛伐宋

中统二年（1261年），元世祖忽必烈颁诏伐宋："卿等当整尔士卒，砺尔戈矛。"（《元史·世祖本纪》）

三、戟的结构与应用

戈没有直刺功能，因此作为一种主要战斗兵器逐渐被戟、矛所取代。将戈头和矛头组装在一起或铸成一体后固定在木柄上，就成为一支戟（图6.3），因此戟兼有矛的直刺和戈的横击、拉钩功能，也用于车战时代的车兵与步兵以及骑兵时代的步骑兵。商、周墓葬中皆有铜戟出土。戟在春秋战国、秦汉时期颇为盛行。

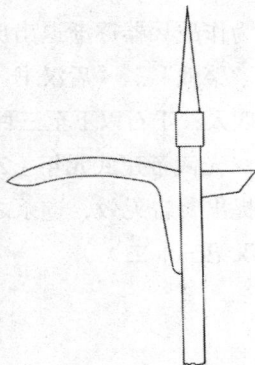

图6.3 戟示意图

韩相府卫兵执戟

战国初，聂政受命至相府刺杀韩相国侠累，相府卫兵"持兵戟而卫侍者甚众"。（《史记·刺客列传·聂政传》）

鸿门宴卫兵持戟

鸿门宴上，张良中途出帐对樊哙说："项庄舞剑，其意常在沛公。"樊哙急了，持兵器直闯军门，受到卫兵的阻拦，"交戟之卫士欲止不内"（《史记·项羽本纪》）。

项羽持戟出战

汉高祖三年（公元前204年），刘邦与项羽在今河南荥阳一带相持，项羽遣将出阵挑战，被汉将楼烦连续射杀三将，项羽大怒，"乃自被甲持戟挑战"。（《史记·项羽本纪》）

韩信为项羽执戟

汉高祖四年（公元前203年），项羽处于军事劣势，遂派遣武涉前往说降韩信，韩信拒绝道："臣事项王，官不过郎中，位不过执戟，言不听，画不用，故背楚而归汉。"（《史记·淮阴侯列传》）

董卓向吕布掷戟

东汉末，吕布杀丁原后投奔董卓，很受器重，认为义子，但董卓性刚而暴，稍不如意，就"拔手戟掷布"。后来王允鼓动吕布杀董卓，挑唆道："掷戟之时，岂有父子情耶。"于是伏击董卓，吕布部将"（李）肃以戟刺之"（《资治通鉴·汉纪五十二》）。

东汉仪仗队中的木戟

匈奴入侵，骑兵逐渐发展起来，矛和弓矢在战争中的作用更为显著，戟作为作战兵器逐渐退出历史舞台，但仍以木戟象征性保留在仪仗队中，称为"棨戟"。《后汉书·舆服志》规定："公以下至（年俸）二千石，骑吏四人；千石以下至三百石县长，皆带剑持棨戟为前列。"

汉光武帝建武元年（25年），将军萧广纵士兵暴虐百姓，侍御史杜诗屡次提出警告无效，遂杀之；光武帝"赐以棨戟"予以褒奖。（《资治通鉴·汉纪三十二》）

剑及其应用

刀与剑是古代应用最广的兵器，都在最常用的"五刃"之列。它们又都是从远古人类的生活、生产工具——石制、骨制锐器直接演变而来，因此它们也和矛、弓矢一样属于最早被应用于战争的常规兵器，而且寿命也最长。

相传剑是蚩尤所创，只是未有考证。剑被夏启的车战带进历史舞台，它常与戈、戟等长兵器并用。《古今刀剑录》："夏禹子启在位十年，以庚戌八年铸一铜剑，长三九寸，后藏于秦望山腹。"但出土最早的铜剑是商代末期的人头纹铜剑与西周铜剑。《晏子春秋》记载了剑和戈配合使用的情况。齐庄公六年（公元前548年），崔杼杀齐庄公后立庄公异母弟杵臼（齐景公），自为右相，庆封为左相。大臣不服，崔、庆二人胁迫他们与之结盟，威胁说："有敢不盟者，戟钩其颈，剑承其心。"即用戟钩住脖子之后，用剑推刺杀之。春秋战国时期剑盛极一时，出现许多著名的铸剑大师，如徐夫人、干将、莫邪等，也出现垂名千古的名剑，如吴王光剑（阖闾剑）、吴王夫差剑、越王勾践剑等；同时侠客持剑执行刺杀任务也成为这一时期一道特有的风景线。

周武王剑击纣王尸体

武王伐纣，纣王兵败鹿台自焚。武王来到纣王尸体旁，"以轻剑击之，以黄钺斩纣头"；来到妲己尸体旁，也"击以剑，斩以玄钺"。第二天的祭祀大典入场式，"散宜生、太颠、闳夭皆执剑以卫武王"。（《史记·周本纪》）足见殷、周佩剑之盛。

伍子胥赠剑

前523年伍子胥逃离楚国来到昭关（今安徽含山北），在一渔夫帮助下摆脱追兵，过江进入吴国境内。为酬谢救命之恩，他解下佩剑赠渔夫："此剑值百金，以与父。"渔夫坚决不受。

夫差以"属镂剑"赐死伍子胥

夫差对越王勾践的复国阴谋丧失警惕，伍子胥屡谏不听，而且反感，最后在佞臣伯嚭挑唆下杀了伍子胥："赐伍子胥属镂之剑，曰：'子以此

死。'"伍子胥愤而伏剑自刎，临死嘱咐舍人："抉我目悬吴东门之上，以观越寇之入灭吴也。"（《史记·伍子胥列传》）

夫差伏剑而死

九年之后，越王勾践灭吴，夫差以剑自刎而死，临死以衣蒙面，说："吾无面以见子胥也。"（《史记·吴太伯世家》）

勾践以剑赐死文种

越王勾践灭吴（公元前476年）之后，要诛杀辅佐他复国的两位功臣范蠡和文种。范蠡预先逃离越国。"越王乃赐（文）种剑，曰：'子教寡人伐吴七术，寡人用其三而败吴，其四在子，子为我从先王试之。'"（《史记·越王勾践世家》）

季子坟头系剑

延陵季子，即吴王僚与阖闾之小叔季札，因封于延陵（今江苏常州）而得名。公元前544年，季子出使鲁国时路过徐国（在今江苏洪泗），徐国国君特别喜爱季札身上那把佩剑，但不好意思说出口。季札心里明白，归途中经过徐国时想把佩剑送给徐君，但徐君已去世，季札虽无口头承诺，但已心许，"于是乃解其宝剑，系之徐君冢（坟墓）树而去"。（《史记·吴太伯世家》）他把心爱的佩剑挂在徐君坟头的树上，以慰死者在天之灵，也了却自己的一番心愿。

白起伏剑自裁

秦昭王五十年（公元前257年），名将武安君白起一再抗命，昭王"使使者赐之剑，（命）自裁"。（《史记·白起列传》）

楚国铁剑利

秦相范雎所荐举的两名将领王稽与郑安平都获罪而死，按秦法荐举人应与之同罪，但秦昭王因范雎功劳太大不忍加诛，只是临朝叹息。范雎因此承受着巨大压力，于是向秦王请罪："大王中朝而忧，臣请其罪。"昭王不得不说出心中的忧虑："吾闻楚之铁剑利而倡优拙。夫铁剑利则士勇，倡优拙则思虑远。……今武安君既死，而郑安平等叛，内无良将而外多敌国，吾是以忧。"（《史记·范雎列传》）

曹沫剑劫齐桓公

鲁国将领曹沫与齐国开战而三战三败，鲁国不得已割地请和。曹沫想争回面子，于是乘齐桓公与鲁庄公在柯（今山东东阿县西南）会盟之机，"曹沫执匕首（短剑）劫齐桓公"，胁迫他归还侵地。齐桓公答应之后，

"曹沫投其匕首，下坛，北面就群臣之位，颜色不变，辞令如故"。（《史记·刺客列传·曹沫传》）

专诸刺王僚

伍子胥助吴公子光夺位，以实现借吴国之力击楚复仇之夙愿，遂访得专诸献于公子光，让他去执行刺杀任务。公子光请吴王僚赴宴，专诸为僚献上内藏匕首的"鱼炙"（烤鱼），乘王僚不备，"专诸擘鱼，因以匕首刺王僚，王僚立死"。（《史记·刺客列传·专诸传》）

豫让剑击赵襄子衣

晋末六卿（范、中行、智伯，赵、韩、魏）强而公室弱，六卿互相攻伐。赵襄子纠合韩、魏灭了智伯，又三分其地，而且"漆其头以为饮器"。豫让甚得智伯的器重，决心为主报仇，于是暗藏匕首装扮成涂墙工躲入赵襄子府邸厕所中，欲刺杀赵襄子，不幸未遂被捕，赵襄子感念其忠义放了他。豫让不甘心，再次阴谋袭击，又被识破被擒。他不敢再求宽恕，只求剑击赵襄子的衣服以了却其为主复仇的心愿。赵襄子成全他，于是"豫让拔剑三跃而击之，曰：'吾可以下报智伯矣！'遂伏剑自杀"（《史记·刺客列传·豫让传》）。

聂政剑刺韩傀

战国初，魏人聂政因杀人避仇迁齐国，以屠狗为生。韩大夫严遂（严仲子）与相国侠累（韩傀）争权结怨，怕侠累杀他，想先下手为强，遂以黄金百溢（一溢二十两）求聂政为他刺杀侠累。聂政有老母在堂，不能从命，但感念其至诚。老母去世后，聂政为报侠累知遇之恩，亲往濮阳向严遂领命，然后仗剑只身闯入相府，刺杀侠累后又击杀数十人，而后自杀。（《史记·刺客列传·聂政传》）

荆轲刺秦王

卫国人荆轲"好读书击剑"。燕太子丹被派往秦国作人质，私自逃回燕国激怒了秦王政（秦始皇），遂增兵攻燕。秦国大军兵临国境，燕丹遂命荆轲刺秦王。荆轲以特使身份携秦降将樊於期的首级与督亢地图，带上铸剑大师徐夫人所制的淬毒匕首和勇士秦舞阳西行入秦。秦王怀贪婪之心全神贯注观图，督亢图逐渐展开，直至"图穷而匕首见"，荆轲猝然操起匕首，左手抓住秦王衣袖，匕首直刺秦王。秦王慌乱中佩剑拔不出来，挣断衣袖后绕柱而走。御医急中生智，在殿下以手中药囊掷荆轲缓冲了时间，秦王拔出剑斩断荆轲左腿。荆轲被废，以匕首掷秦王不中，最后被卫

士所杀。（《史记·刺客列传·荆轲传》）

刘邦斩蛇起义

刘邦以亭长为县带领刑徒前往骊山修秦始皇陵，中途刑徒逃亡殆尽，他干脆把他们全部放跑，只有十几个人追随。夜间有大蛇挡道，"季（刘邦字）拔剑斩蛇"。汉高祖十二年（公元前195年）刘邦病危，但他很自负，拒绝治疗，说："吾以布衣持三尺剑取天下，此非天命乎？命乃在天，虽扁鹊何益？"遂不治而亡。（《史记·高祖本纪》）

项羽学剑

项羽少年时跟随叔父项梁，项梁教他学书，学不下去；"学剑，又不成"。项梁大怒。项羽却振振有词地说："剑一人敌，不足学。"陈胜起义，项梁在吴中（今江苏苏州，会稽郡治）响应，设谋杀会稽郡守殷通而后起兵，他命项羽持剑在帐外等候，殷通召项羽入帐，"于是籍（项羽名）遂拔剑斩守头"。（《史记·项羽本纪》）

项庄舞剑

鸿门宴上杀机四伏。项羽被刘邦的几句卑辞软话套住而改变初衷，不忍对刘邦下手。范增命项庄入帐舞剑乘机击杀刘邦："请以剑舞，因击沛公于坐，杀之。"项庄入帐请示项羽："军中无以为乐，请以剑舞。"于是"项庄拔剑起舞，项伯亦拔剑起舞，常以身翼蔽沛公，庄不得击"。张良出帐召樊哙："甚急。今者项庄拔剑舞，其意常在沛公也。"樊哙闯入大帐，正言厉色责问项羽，危机暂时缓解，刘邦乘机离席奔回霸上。张良把刘邦留下的白璧和玉斗各一双分别献于项羽、范增。范增听说刘邦已经逃回霸上，大怒，于是"亚父受玉斗置之地，拔剑撞而破之"。（《史记·项羽本纪》）

韩信仗剑投军

韩信落魄之时，行走街市依然"好带刀剑"，引来一些无知少年与市井无赖的嘲讽与侮辱。他志向高远，忍辱负重，宁肯受胯下之辱而不与他们计较，等到项梁引兵渡淮，"（韩）信仗剑从之"。（《史记·淮阴侯列传》）

王莽持虞帝匕首

西汉末王莽篡汉（公元9年），建立新朝，不久因改革失败，社会陷入混乱，而爆发全国性农民起义。更始元年（公元23年），绿林军攻陷长安，斧破殿门，火烧宫室。王莽故作镇静，"持虞帝（舜）匕首，旋席随斗柄而坐，曰：'天生德于予，汉兵其奈予何！'"

汉宫剑影

东汉末，因争夺继承权而酿成宫廷血案。汉灵帝死后，何皇后兄长大将军何进等坚持立十四岁的刘辩为帝，阴谋诛杀宦官。宦官们诱何进入宫，"尚方监渠穆拔剑斩（何）进于嘉德殿前"。宦官张让一伙劫持少帝，尚书卢植与闵贡追至河上，闵贡"引手剑斩数人"。（《资治通鉴·汉纪五十一》）

刀及其应用

剑薄、短而易折，因此作为一种兵器逐渐被刀所取代。刀通常是一面刃，可增加刀背厚度来增强其强度与杀伤力，因此当匈奴入侵而使骑兵发展起来的时候，刀就逐渐取代剑在步骑兵中的地位，从此长盛不衰。从西汉开始，刀的应用已相当普遍。

飞将军李广引刀自刎

匈奴为西汉主要边患，元狩四年（公元前119年），汉武帝命大将军卫青与霍去病率数十万大军伐匈奴，李广随从。李广从汉文帝开始就担任陇西、北地、右北平等郡太守，镇守西陲，故匈奴不敢犯边，称之为"飞将军"。但此时李广已年过六旬，汉武帝出于对他的爱护，密诫卫青不令李广为先锋。李广不详内情，求功心切而自请，不许，心里憋着一口气。李广在一次战斗中因无向导而迷路，没能按照指令与匈奴作战，战斗结束后才赶上大部队。卫青追究并责问缘由，李广为其部属揽责，积怨终于爆发了，"遂引刀自刎"。李广既死，"一军皆哭。百姓闻之，无老壮皆为垂涕"。（《汉书·李将军列传》）

苏武引刀自刎未遂

天汉元年（公元前100年），汉武帝派中郎将苏武与副使张胜带礼品前往匈奴通好。投降匈奴的前汉将虞常为了保全其在汉家眷，遂与张胜阴谋劫持单于之母归汉。但不幸事发，苏武受到牵连，匈奴乘机劝降，遭到拒绝，苏武说，"屈节辱命，虽生，何面目以归汉"，于是"引佩刀自刺"。被救活后依然不肯就范，遂被流放北海（今西伯利亚之贝加尔湖）

牧羊，19年后才被释放归汉。（《资治通鉴·汉纪十三》）

袁绍挥刀

东汉末，汉灵帝死后，何进立刘辩为帝，召并州（州治晋阳，在今山西太原西南）牧董卓入京勤王。未曾想董卓自认为与董太后同族，阴谋立汉灵帝庶子董太后所养之刘协，遭到袁绍反对，董卓怒斥袁绍："我今为之，谁敢不从。"袁绍也不甘示弱，说："天下健者，岂唯董公！"说完，"引佩刀横揖而出"。（《三国志·魏书·袁绍传》注引《献帝春秋》）

刘备引刀向宋忠

荆州刺史刘表病死，曹操兵临荆州，刘表庶子刘琮降曹，令宋忠往樊城（今湖北襄樊市）宣告刘备。刘备怨宋忠未及早相告，大怒，"引刀向忠，曰：'今断卿头，不足以解忿'"。（《三国志·蜀书·先主传》注引孔衍《汉魏春秋》）

孙权拔刀斫案以明志

刘备兵败，当阳长坂坡投奔江夏刘琦（刘表长子），形势危急，诸葛亮往柴桑游说孙权，以实施《隆中对》中所确定的联孙抗曹战略。诸葛亮智激孙权就范，周瑜也极力主战，孙权击曹的决心遂定，于是"拔刀斫前奏案，曰：'诸将吏敢复以言当迎曹者，与此案同！'"（《资治通鉴·汉纪五十七》）

孙尚香的刀卫队

孙权不甘心荆州（州治汉寿，今湖南常德市东北）归刘，遂以其妹孙尚香为筹码令嫁刘备，邀请刘备至江东完婚。孙尚香秉性刚烈，有父兄之风，"侍婢百余人，皆执刀侍立，备每入，心常凛凛"。（《资治通鉴·汉纪五十八》）

刘文静拔刀击柱泄怨

刘文静与裴寂初自命为刎颈之交，又因辅李唐有功各有封赏，但后来二人官阶悬殊，遂相怨成仇。刘文静与其弟饮酒至醉而口出怨言，"拔刀击柱曰：'当斩寂！'"被告发后为李渊所杀。（《新唐书·刘文静列传》）

唐太宗抽刀自刺

唐贞观十七年（643年），唐太宗庶子李佑谋反被赐死；太子承乾在汉王元昌（太宗弟）等人撺掇下谋反，未遂，被废为庶人；太宗爱子魏王李泰又以不正当手段谋夺太子之位被贬黜。一年之间迭遭宫廷巨变，太宗承受不起如此巨大的打击，精神几乎崩溃，说："我三子一弟所为如是，我心诚无聊赖。"遂"抽佩刀欲自刺"，被劝阻。（《资治通鉴·唐纪十三》）

张说赠刀

太平公主（武则天之女）助唐玄宗李隆基发动政变，诛杀韦后与武三思一党之后，借唐玄宗之势专权，培植亲信，最后竟阴谋夺位。"左丞张说自东都遣人遗（馈赠）上佩刀"，意思是要唐玄宗当机立断。（《资治通鉴·唐纪二十六》）

唐玄宗的长刀队

天宝十四载（755年）安禄山反，唐玄宗遣将平叛，李仙芝征讨不力，命监军边令诚往军中杀之。"令诚索陌刀（长刀）手百余人自随，而后宣读敕书，斩之。"（《资治通鉴·唐纪三十三》）

赵德昭索刀自刎

太平兴国四年（979年），武功郡王赵德昭（宋太祖长子）为兵请命，提出太原之赏，宋太宗大怒，告诉他，等你当了皇帝自己去赏不晚。赵德昭承受不了如此巨大的压力，回府后，问左右："带刀乎？"回答说宫中不许带刀，于是入"茶酒阁，据户取割果刀自刎"。（《续资治通鉴·宋纪十》）

完颜亮刀斩金熙宗

金熙宗禁止亲王以下佩刀入宫。皇统九年（1149年）"（完颜）亮怀刀与其妹夫特厮随辩（驸马唐括辩）入至宫门"，刺杀熙宗。熙宗平时在卧榻上放把刀以防不测，但刀预先已经被换了地方，完颜亮遂刀斩金熙宗。（《金史·熙宗本纪》）

札木合联军挥刀盟誓

成吉思汗崛起漠北，开始了统一蒙古高原的战斗，接连粉碎近邻部落的多次进攻。十三翼之战中被击败的札木合又纠集了十一部联军再次进攻，首领们"共举足踢岸，挥刀斫林"，盟誓道："凡我同盟，有泄此谋者，如岸之摧，如林之伐。"（《元史·太祖本纪》）

蒙古断事官杀人试刀

元宪宗（蒙哥）的断事官牙鲁瓦赤滥杀无辜，一日杀二十八人。有一盗马人被抓，牙鲁瓦赤把他打一顿之后释放。这时正好有人献刀，遂派人将他追回，"手试刀斩之"。（《元史·世祖本纪》）

元世祖赐刀

至元二十四年（1287年）脱脱随元世祖忽必烈征乃颜，元世祖看他的刀折了，马也中箭了，遂"亲解佩刀及所乘马赐之"。（《元史·脱脱列传》）

战车与车战

一、第一场车战

相传奚仲是车的发明者，《吕氏春秋·君守》记载："奚仲作车"。奚仲是黄帝的后代，姓任，古薛国（今山东滕县南）人的始祖，在夏代任"车正"（掌管车的官）。夏禹之子夏启率先把车应用于作战，成为战车。夏代至战国，战争以车战为主。战车数量成为衡量一个国家强弱的主要标志，商汤伐桀和武王伐纣时战车都不超过三百乘，而春秋时，齐晋鞍之战晋方战车八百乘。

中国历史上第一场车战是夏启伐扈之战，夏启即位"有扈氏（今陕西户县）不服，启伐之，大战于甘"。出师前夏启进行战前动员，历数有扈氏罪行，并下达命令："车左不攻于左，车右不攻于右，车正驾车不力者戮于神庙，罪罚及于妻、子。各司其职，尽职尽责者赏于祖庙。"（《史记·夏本纪》）战车上有士兵三人：驾车的御者居中，叫车正，左方执弓射箭者叫车左，右方持戈矛者叫车右。

二、车战实况

车战时，双方统帅驾指挥车指挥作战。指挥车上也有三人：统帅居中击鼓指挥作战，驾车者居左，车右为统帅的副手。《左传·齐晋鞍之战》记叙了齐顷公与晋正卿郤克在鞍（今山东济南）指挥车战时的精彩场面：

公元前589年，齐、晋两军列阵于鞍。齐顷公亲自指挥，居中；邴夏驾车，居左；副手逢丑父为车右。晋军由正卿郤克指挥，居中；解张驾车，居左；副手郑丘缓为车右。

齐顷公进行战前动员，信心百倍地告诉诸将，歼灭敌军后回来吃早饭。战斗异常惨烈，郤克为箭所伤，血流到鞋子上，依然击鼓指挥进兵（"流血及屦，未绝鼓音"）。他一边击鼓一边喊道："我受伤了！"驾车的解张手和臂也被箭射穿，鲜血染红了左边车轮（"左轮朱殷"）。他忍痛折断箭之后继续驾车，还劝郤克要忍着："吾子忍之。"又鼓励郑丘缓，说军旗与战鼓是军队的耳目，部队的进退全靠它们来指挥，伤未至死，就当奋勇向前（"师之耳目，在吾旗鼓，进退从之。病未及死，吾子勉之。"）由于晋军指挥者们的顽强意志与齐心合力，特别是驾车的解张，负伤之后依然鼓励正副统帅指挥车阵继续向前，大大地鼓舞了士气，结果大败齐师。齐顷公的豪言壮语成为笑谈。

三、历代车战与战车

晋楚城濮之战

晋文公五年（公元前632年），以战车七百辆会同宋、齐、秦，与楚决战于城濮。晋师严阵以待，晋文公派栾枝往告楚将子玉，要他做好车战准备。最后楚师大败，楚成王因此失去称霸的机会，而晋文公借此登上春秋霸主之位。子玉受责，引咎自刎。（《左传·晋楚城濮之战》）

楚庄王伐宋

要"一鸣惊人，一飞冲天"的楚庄王，整肃内政，国力猛增，遂于楚庄王六年（公元前608年）大举伐宋，缴获战车五百乘，这是楚庄王登上霸主宝座的关键一战。第二年楚庄王又命郑伐宋，擒宋将华元，迫使"宋以兵车百乘、文马四百匹，赎华元"。宋与楚结仇，千乘之国两年间共损失战车六百辆。（《史记·楚世家》）

申包胥啼哭借兵

伍子胥为报杀父之仇奔吴，助吴王阖闾夺取王位之后兴兵伐楚，攻克楚都郢，掘楚平王墓，鞭尸300，楚昭王出逃。他的报复行动激怒了故友楚国贵族申包胥，申包胥派人谴责伍子胥，说他"无天道之极"。伍子胥回敬道：我就是要"倒行而逆施之"。双方立场不同，思想观点与行为方式也各不相同，于是针锋相对，各不相让。申包胥跑到秦国借兵，不许。于是"立于秦廷，昼夜哭。七日七夜，不绝其声"。他的至诚感动了秦哀公，于是哀公"乃遣车五百乘救楚击吴"，遂败吴师。（《史记·伍子胥

列传》）

苏秦游说列国

战国中后期，秦强而六国皆弱。苏秦出世先游说秦惠王，强调秦之强大可以并诸侯吞天下："田肥美，民殷富，战车万乘，奋击百万，沃野千里……"（《战国策·苏秦始将连横》）但秦惠王不感兴趣，苏秦穷极思智，耗尽资财也不予采纳，因此转而游说六国，欲结成"合纵"以抗强秦。他利用弱国求存的心理，强调各国在地理、国力等方面的优势，最大限度激发六国君臣的积极性：

说燕文侯："燕地方二千余里，带甲数十万，车六百乘，骑六千匹，粟支数年。"

说赵肃侯："赵地方二千余里，带甲数十万，车千乘，骑万匹，粟支数年。"

说魏襄王："越王勾践战敝卒三千人，擒夫差于干遂；武王卒三千人，革车三百乘，制纣王于牧野。大王之卒，武士二十万，苍头二十万，奋击二十万，厮徒十万，车六百乘，骑五千匹。此其过越王勾践、武王远矣。"

说楚威王："（楚）地方五千余里，带甲百万，车千乘，骑万匹，粟支十年。"

苏秦的努力奏效了，遂结成合纵，捆住强秦之手脚，秦兵不敢出函谷关长达十五年之久。（《史记·苏秦列传》）

张仪游说列国

张仪辅佐秦惠王，以瓦解合纵为己任，游说六国推行其连横策略。他的立论与苏秦完全相反，强调的是秦国强大，六国卑弱不堪一击，以此击溃六国国君的心理防线，然后指明依附于秦国才是唯一的出路。

说楚王："秦地半天下，虎贲之士百余万，车千乘，骑万匹，积粟如丘山"。

说韩王："秦带甲百余万，车千乘，骑万匹"……张仪以其雄辩之才瓦解了苏秦的合纵。（《史记·张仪列传》）

李牧抗击匈奴

战国末期，赵国名将李牧受命抗击匈奴，李牧"于是乃选车得千三百乘，选骑得万三千匹，百金（金指兵器、兵甲）之士五万人，彀者（弓箭手）十万人，悉勒（令）习战"。遂大败匈奴，匈奴不敢犯边。（《史记·廉颇蔺相如列传·李牧传》）

范雎说秦王

秦昭王三十六年（公元前271年），范雎入秦说昭王："大王之国，北有甘泉、谷口，南带泾、渭，右陇、蜀，左关、阪；战车千乘，奋击百万。"（《战国策·范雎至秦》）

弓弩

一、弓矢与箭镞

弓矢（弓箭）是应用时间最长的兵器之一，从夏代开始用于大规模车战直至近代，已经有约四千年的历史。

如果从它开始用于杀人算起，那么还应该提前2000多年，至于作为一种生存工具，则至少有一万年的历史。

弓由有弹性的弓身和柔性的弦组成，弓身由木材或竹材制成，弦一般用鹿筋、牛筋。最早的矢或箭是用细长的木条、竹条削尖而成的整体箭，并在箭尾系上树叶或羽毛以增加其飞行的稳定性。《易·系辞下》记载："弦木为弧（弓），剡（音眼，削）木为矢。"这就是最原始的弓矢。弯弓时弓身弯曲而积聚势能，射箭时弓身的势能转变为箭的动能而射向远方。

后来，人们把尖锐的骨器、石器绑到或插入箭杆以增加射程和杀伤力，于是箭头（箭镞）与箭杆开始分离。箭的改进与发展主要是改变箭镞的外形与材质以增加箭的射程和杀伤力。外形的改变是逐渐变尖（图6.4），并使后部出倒钩，像鱼类的牙齿。材质则像一般兵器那样沿着石—骨—铜—铁（钢）的路线演变。考古发现公元前29000年的石箭镞，约公元前6500年的骨箭镞，约公元前1900~公元前1600年的铜镞，秦始皇兵马俑坑中出土最早的铁镞，汉武帝时铁镞才大量使用。

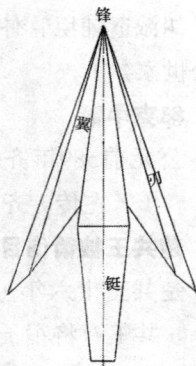

图6.4 箭镞示意图

二、弓矢的应用

弓矢是车战的主要兵器，他被夏启带进车战战场，并随它越过殷商、西周进入战乱纷纷的春秋战国，至明清始终是主要兵器之一。

殷纣王赐弓矢

商末，周西伯姬昌（周文王）被纣王囚禁于羑里，闳夭等人以美女和各种珍禽异兽进献，纣王大喜，遂释放姬昌，并"赐之弓矢斧钺，使西伯得征伐"。（《史记·周本纪》）在这里弓矢、斧钺已经是战事与征伐的象征。

周武王射箭三发

周武王伐纣，纣王鹿台自焚，周武王来到纣王尸体旁，"武王自射之，三发而后下车"，以大钺斩其首；接着来到纣王两个宠妾尸体旁，"武王又射三发"，斩其首。（《史记·周本纪》）两次"射箭三发"显然是在庆贺胜利，相当于现代的鸣枪、放礼炮。

匈奴赖骑射为生

匈奴与夏禹同源，同为夏后氏苗裔，他们以游牧为生，弯弓射箭是他们生存、征战的主要手段。"儿能骑羊，引弓射鸟鼠；少长则射狐兔，用为食；士力能弯弓，尽为甲骑。"（《史记·匈奴列传》）

管仲射小白中钩

齐献公去世，逃亡在外的公子小白（齐桓公）急忙回国争夺继承权，公子纠派遣辅臣管仲于中途拦截，"管仲射小白中带钩"。（《史记·齐太公世家》）

郤克中箭

公元前589年齐、晋在鞍的那场车战，"（郤）克伤于矢，血流及屦"。（《左传·齐晋鞍之战》）

楚共王被箭伤目

楚共王十六年（公元前575年）与晋战于鄢陵，晋败楚，"射共王中目"。共王召将军子反，子反正酩酊大醉，共王大怒，遂"射杀子反"。（《史记·楚世家》）

伍子胥弯弓拒捕

楚平王六年（公元前523年），大夫武奢被投入监狱，楚平王遣使抓

捕其子伍子胥，"伍胥贯弓执矢向使者"，拒捕。（《史记·伍子胥列传》）

吴起被射成刺猬

楚悼王二十一年（公元前381年），楚悼王刚死，为楚悼王进行改革的吴起立即被宗室贵戚追杀，他趴到楚悼王尸体上以求幸免，但追杀者"射刺吴起，并中悼王"。（《史记·吴起列传》）

秦兵习骑射以自强

苏秦以"合纵"捆住强秦的手脚，为瓦解合纵，秦相张仪游说合纵联盟的龙头赵武灵王，"大王之威行于山东，敝邑（指秦国）恐惧慑伏，（于是）缮甲厉兵，饰车骑，习驰射"。（《史记·张仪列传》）

李牧教习十万射手抗匈奴

为抗击匈奴，赵名将李牧"选彀者（射手）十万人，悉勒习战。"（《史记·廉颇蔺相如列传·李牧传》）

匈奴乘楚汉争霸崛起

秦始皇命蒙恬以三十万兵击退匈奴。冒顿单于乘楚汉争霸无暇它顾之机大力扩充军备，"冒顿乃作鸣镝（响箭），习勒其骑射。"兵力至"控弦（开弓）之士三十余万"，凭陵中国。（《史记·匈奴列传》）

汉代神射手楼烦

汉高祖三年（公元前204年），与项羽在广武相持，汉营神射手楼烦出战，"楚挑战三合，楼烦辄射杀之"。（《史记·项羽本纪》）

飞将军李广威震西陲

西汉时匈奴忌惮李广之神勇，称之为飞将军。李广率骑兵追击匈奴三名射雕能手，"（李）广身自射彼三人者，杀其二人，生得一人"，接着又"与十余骑奔射杀胡白马将"。（《史记·李将军列传》）

曹操中箭

初平元年（190年），曹操讨董卓，战不利，"太祖（曹操）为流矢所中，所乘马被创"。（《三国志·魏书·武帝本纪》）

孙坚中箭身亡

初平三年（192年），袁术命孙坚征荆州（州治汉寿，今湖南常德市东北），围襄阳。孙坚单骑出行，"为祖（黄祖）军士所射杀"。（《三国志·吴书·孙坚列传》）

庞统中箭身亡

建安十八年（213年），刘备攻刘璋，兵围雒县，"统（庞统）率众攻城，为流矢所中，卒，时年三十六"。（《三国志·蜀书·庞统列传》）

刘聪弯弓三百斤

十六国时期，汉国国君刘聪"猿臂善射，弯弓三百斤"，其族子刘曜膂力超群，"铁厚一寸，射而洞之"。（《魏书·匈奴刘聪列传》）

石虎能左右射

后赵石虎"能左右射"，至十八岁，"弓马迅捷，勇冠当时"。（《魏书·羯胡石勒列传》）

赫连勃勃检验弓矢之法

十六国时期，夏国建立者赫连勃勃命匠人制造弓矢和铠甲，检验方法："射甲不入，即斩弓人；如其入，便斩铠匠，凡杀工匠数千人。"（《魏书·铁弗列虎传·屈孑》）

李世民以弓法自负

武德四年（621年），李世民讨王世充，他对尉迟恭说："吾执弓矢，公执槊相随，虽百万众若我何！"与敌军游骑遭遇，"世民前后射杀数人"。武德七年（624年）唐高祖李渊"命三子驰射角胜"。

玄武门的弓矢之战

玄武门之变是一场弓矢之战："元吉张弓射世民，再三不彀（不中）。世民射建成，杀之。……左右射元吉坠马。敬德追射杀之。"

唐太宗教射卫队

李世民即位后亲自训练宿卫兵士，"引数百人教射于殿廷，上（太宗）亲临视，中多者赏以弓、刀、帛"。（《资治通鉴·唐纪八》）

唐太宗从弓矢悟政事得失

贞观元年（627），太宗对太子少师萧瑀说："朕少好弓矢，得良弓十数，自谓无以加。近以示弓工。乃曰：'皆非良材'。朕问其故。工曰：'木心不直，则脉理皆斜，弓虽劲，而发矢不直。'朕始悟向者辩之未精也。朕以弓矢定四方，识之犹未能尽，况天下之务，其能遍知乎。乃令京官五品以上更宿中书内省，延见，问以民间疾苦，政事得失。"（《资治通鉴·唐纪八》）

安禄山父子的骑兵

安史之乱后期，安禄山之子安庆绪杀父之后与史思明争权，遣将率五千骑兵向史思明"征兵"。史思明有所防备，派使者告诉他，说他的兵胆小怯懦没见过世面，叫他们先解除骑兵的弓矢而后相见。（《旧唐书下·安禄山传》）

张巡草人借箭

安史之乱叛军围困雍丘，"城中矢尽"，守将张巡命绑1000多草人乘夜缒城下，叛军以为守军趁夜出击，争先箭射草人，遂"得矢数十万"。（《资治通鉴·唐纪三十四》）

五代时期的弓矢之战

后梁太祖朱温与晋忻州刺史李存审决战于蓨县，晋兵"纵火大噪，弓矢乱发，左右驰突"。吴越王钱镠攻信州（州治今江西省上饶市），信州兵甚少，刺史周本上演了一出"空城计"。他召集众僚属登城楼饮酒，吴军攻城，"飞矢雨集，（周本）安坐不动。吴越疑有伏兵，中夜解围去"。吴越攻吴战于无锡，"吴越攻中军，飞矢雨集"。（《资治通鉴·后梁纪》）923年，晋王李存勖称帝，建立后唐王朝。发兵攻梁，在杨刘（今山东东阿北）进行一场水中弓矢之战。双方都拆屋造木筏，沿河两岸顺流而下，"每遇弯曲，辄于中流交斗，飞矢雨集，或全舟覆没"。（《资治通鉴·后唐纪》）

辽太祖弯弓三百斤

契丹辽国的建立者耶律阿保机能"弯弓三百斤"。（《辽史·太祖本纪》）

契丹人盛行射鬼箭

契丹常以射"鬼箭"处决犯人，后来发展为以鬼箭射杀战俘。耶律阿保机的养子涅里思参与叛乱，"以鬼箭射杀之"。天赞二年（923年）"讨叛奚胡损，获之，射以鬼箭"。天赞三年（924年），"射虎于乌剌邪里山"。（《辽史·太祖本纪》）乾亨二年（980年），辽伐宋，"获敌人，射鬼箭"。（《辽史·景宗本纪》）统和四年（986年）辽圣宗伐宋祭天地，"以所俘宋人射鬼箭"。（《辽史·圣宗本纪》）

女真以弓矢立国

乌古乃（金太祖完颜阿骨打之祖父）为反抗契丹辽国的统治，千方百计制造弓矢，但本地无铁，遂以重金购买邻国甲胄，取其铁"以修弓矢"。(《金史·世纪》)大定十年(1170年),金世宗设色弓宴,命与宋使者比试射箭,结果"宋使中五十,押宴者才中其七"。左右将军奚落这些败将白吃饱,"徒令饱食安卧而已。弓矢不习,将焉用之"。(《金史·世宗本纪》)

蒙古以弓矢取天下

1206年成吉思汗称帝立国之后,为建立一支强大的骑兵队伍,设置专门制造弓矢的作坊,聘请专业匠人,西夏常八斤是制弓名匠(《元史·太祖本纪》)。诸王遣使向燕京各路"征求货财、弓矢、鞍辔之物"。(《元史·定宗本纪》)元世祖备战伐宋,"命总管王青制神臂弓、柱子弓",颁诏:"卿等当整尔士卒,砺尔戈矛,矫尔弓矢","敕诸道造甲一万、弓五千","命云南行省建都屯军弓矢","给占城(今越南中南部)行省唆都弓矢甲仗"。赐皇子、诸王、公主等"弓千、矢二万发",播州安抚使上贡"刀五十、弓二十"。(《元史·世祖本纪》)李亶暗中筹措兵器,向中书省申请弓矢;"中书议与矢三万",元世祖未洞悉其阴谋,反而命多给:"诏给矢十万。"(《元史·叛臣列传·李亶》)

木华黎是成吉思汗麾下的一名虎将,他"猿臂善射",从铁木真征塔塔儿,"贼果从林中突出,矢如雨集。木华黎引满(弓)向贼,三发殪三人"。元太祖十一年(1216年)伐金,木华黎"选善射者数千人,令曰:'贼步兵无甲,疾射之!'"元太祖十六年(1221年)伐金延安,设伏诱敌,伏兵"箭如雨下,金人大败"。(《新元史·木华黎传》)

宪宗二年(1252年),忽必烈受命征大理,部属"阿术引善射者三百骑,四面蹙之"。与宋十万舟师作战,阿术"选强健善射者千人,载以四巨舰,分两翼夹射"。(《新元史·阿术传》)

宋十万舟师围正阳(今属河南省),决淮河水灌城,"塔出发公库弓矢,驱市人出战";设伏兵,"率众从暗中射之,矢下如雨,宋军退走"。(《新元史·塔出传》

陈友谅中箭贯睛而死

1363年朱元璋与陈友谅舟师决战鄱阳湖,明军以火器和弓弩为主,"(常)遇春从旁射中(张)定边",定边"身被百余矢",陈友谅"中流矢贯睛及颅而死"。(《续资治通鉴·元纪三十五》)

李自成中箭

清顺治元年(1644年)李自成灭了明王朝之后,吴三桂引清军入关,

共同追击李自成，"自成中流矢创甚"。（《明史·李自成传》）

三、弩的构造

人力有限，遂使弓矢的射程受限制，因此发明了力量更强的"弩"。《荀子·议兵》："（魏兵）操十二石之弩，负箙矢五十个。"（石，120斤；箙，装箭的袋）即每个战士手持1440斤力的强弩，后背箭袋里有50支箭。弩的射程可提高至百步，数百步。战国苏秦游说韩宣王："天下之强弓劲弩皆从韩出。谿子、少府时力、距来者，皆射六百步之外。"（《史记·苏秦列传》）强弩能远距离射杀战马，使战车瘫痪，因此强弩成为战车的克星。

匈奴的骑兵使车战逐渐退出战争的历史舞台，而弩的发明成为车战的终结者。弩是装有"机括"（弩机）的弓，弩机装在弓身中部伸出来的"弓臂"上（图6.5）。弩机（图6.6）的作用与结构如同手枪上的激发装置，是用来发箭的。最简单的弩机由"悬刀"和"牙"两个主要部分组成，它们直接装到弩臂上。"牙"上有高低两个凸起，低的高约1厘米，用来钩住弓弦；高的约4.5厘米，瞄准

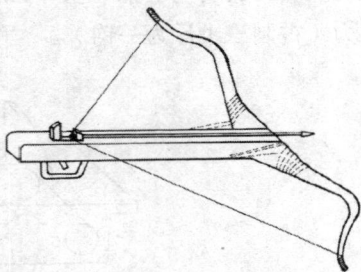

图6.5　弩的外形图

用，称"望山"，有的还带有刻度，相当于手枪、步枪上的准星。弩机进一步发展，其内部又出现"牛"，用以控制"牙"的伸缩。如果在弩机外面加上木质匣子，叫作"郭"，这样就可以把弩机整体固定到弩臂上，以减少对弩臂的削弱。战国时用木质郭，汉代才有青铜郭。河南、河北、湖南、四川等多处战国墓葬都出土这种结构的弩机，尺寸稍有差别而已。长沙弩臂长51.8厘米，竹箭长63厘米，箭镞长2.2厘米；洛阳出土的弩，臂长54厘米。秦始皇陵陶俑坑出土的弩机也是这种结构，只是尺寸较大，臂长71.6厘米，弓弦长117~140厘米。

弩机平时各零件处于正常状态。发射前用力开弓，把弦挂在"牙"的小凸起后面，处于待发状态。发射时扣动"悬刀"（扳机），小凸起在"牛"的带动下往下缩，弦脱钩，箭射出。最早的弩机各零件用骨、木等材

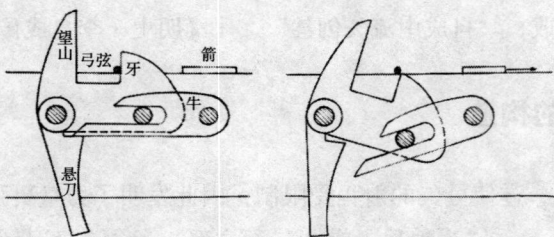

图6.6 战国弩机结构图

质制造，后来才用青铜。考古发现战国时的铜弩机。弩具有如下优越性：

1.强弩拉力大，射程远。拉弓时除了用臂之外，还可以用上脚、腿、腰乃至全身各部位的力量，甚至可以几个人一起拉，或动用机械与兽力拉弓，其力量极大。俗语"千钧之弩（图6.7），不为鼷鼠（最小的鼠）发机"，"万钧神弩，所至莫不摧陷"，都是形容弩的强劲，有千钧、万钧之力（古制三十斤为一钧）。

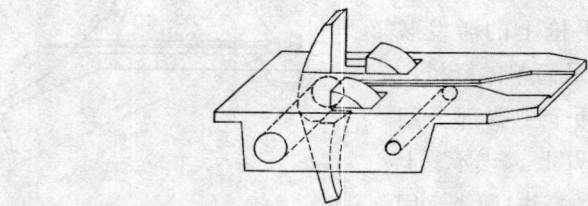

图6.7 带木桴的弩机

2.可以延时发射。弩可以长时间处于待发状态，因此最适合于伏击，当时部队中常设置专门的弩师。

3.可以瞄准，命中率高。

弩在车战、水战以及攻城、守城时可以最大限度发挥其作用。车战时，弩兵能够远程射杀驾辕马，令战车瘫痪；水战时，船上或岸上的弩兵可以远程射杀敌方将士；攻城、守城时弩可以远距离射杀敌兵。因此强弩成为战车的克星，而水战、城防时也多用弩兵。虽然如此，弓依然以其轻便、快捷之特性被广泛用于骑兵作战，在各个朝代中，二者往往并存。

四、弩的应用

孙膑万弩齐发射庞涓

弩机发明于战国，而最早应用于战争的记载是齐威王十六年（公元前341年）齐、魏马陵之战。在这一战役中，孙膑智胜庞涓，报仇雪恨。孙膑系春秋末期兵家孙武的后代，齐国人，曾与庞涓同学兵法。庞涓事魏惠王为将军，他自认才能不及孙膑，故由妒生恨，遂设计将他诓骗到魏国，残忍地施膑刑去掉他的膝盖骨，使成残废，故名孙膑。孙膑忍受着肉体与精神双重痛苦的折磨，为了报仇他忍辱偷生。有齐国使者来魏，孙膑与他暗通消息，遂被秘密接回齐国。经将军田忌推荐，孙膑被任命为军师。田忌与孙膑率师伐魏，孙膑设计于马陵（今河南范县）设伏，令万名弩手伏于夹道，并在大树干上写上"庞涓死于此树之下"。庞涓率师来到大树下，见书，"读其书未毕，齐军万弩俱发"，大败魏师，庞涓计穷自刎而死。（《史记·孙子吴起列传》）

苏秦以强弓劲弩说韩王

苏秦游说韩宣王："天下之强弓劲弩皆从韩出。"（《史记·苏秦列传》）

项羽伏弩射刘邦

刘邦和项羽在今河南荥阳广武山隔涧对话，刘邦历数项羽罪状，项羽大怒，于是"项王伏弩射中汉王"。（《史记·项羽本纪》）

汉代建立弩师

隗嚣乘王莽篡汉之机在今甘肃称西州大将军，死后其将高峻与汉兵作战，"高峻精兵万人，率多强弩"。（《后汉书·邓禹寇恂列传》）

东汉永建元年（126年），鲜卑犯边，顺帝向幽州缘边郡县增兵，并且"调五营弩师，郡举五人，令教习战射"。（《后汉书·顺帝纪》）

刘裕军中的万钧神弩

东晋末年，将军刘裕（宋武帝）率师镇压农民起义，"命神弩射之"。义军首领卢循兵败，刘裕引兵追击，"军中多万钧神弩，所至莫不摧陷"。（《宋书·武帝纪》）

南朝宋末四方反叛，宋明帝命萧道成（齐武帝）率师解淮北之围。萧道成以"数百张弩浮舰淮中，遥射城外虏，弩一发数百箭俱去"。桂阳王

休范反，兵至新林（今南京西南），"杨运长令三齐射手七百人，引强弩命中"。（《南齐书·高帝本纪》）

陈武帝的强弩兵

南朝梁末侯景之乱，梁将陈霸先（陈武帝）"率甲士三万人，强弩五千张，舟舰二千乘"讨侯景。"高祖（陈霸先）遣徐度领弩手二千横截其后，贼乃却。"北齐援兵七万围秦郡，"高祖乃自率万人解其围，纵兵四面击齐军，弓弩乱发，齐平秦王中流矢死"。（《陈书·高祖本纪》）陈霸先与王僧辩受命讨侯景，兵围石头城（在南京），"（陈霸先）遣强弩二千张攻贼西南两城"。（《梁书·王僧辩列传》）

唐玄宗以强弩兵平安史之乱

唐代组建专门的弩兵队伍。唐玄宗天宝十四载（755年）爆发安史之乱，叛军至常山城下，守将"（李）光弼命五百弩于城上齐发射之，贼稍却。乃出弩手千人分为四队，使其矢发发相继，贼不能当"。李光弼派五百辆车往石邑取粮草，以"弩手千人卫之，为方阵而行"。叛军纵火出烟，守城官军"聚弓弩而射之"。叛军围雍丘，守将雷万春在城楼上，"贼弩射之，面中六矢而不动"。（《资治通鉴·唐纪三十三、三十四》）

宋辽以弩手军作战

宋、辽皆有专门的弩手军。景德元年（1004年），辽师与宋军战于澶渊，辽大将"萧踏凛中伏弩死"。（《辽史·圣宗本纪》）清宁九年（1063年），辽国皇太叔重元造反，"诱胁弩手军犯行宫"。（《辽史·道宗本纪》）

元代以强弩攻城

1231年蒙古伐金，速不台以四万步骑兵围困汴京（今开封），"强弩百张，攻城四隅"。（《新元史·速不台传》）1274年，元世祖备战伐宋，"以军三万、水弩炮手五千隶淮西行院"。（《元史·世祖本纪》）

西亚以强弩抗击蒙古

元宪宗二年（1252年），命其弟旭烈兀西征，在攻灭木剌夷（在今伊朗、伊拉克、叙利亚、黎巴嫩一带）的战斗中遇到猛烈抵抗，"城民亦发机弩拒之"。（《元史·拖雷传》）说明当时西亚也使用弩。

朱元璋的舟师配备强弩

朱元璋与陈友谅在鄱阳湖九江口进行舟师大战，陈友谅的艨艟巨舰首尾相连，"朱元璋乃命舟师为十一队，火器、弓弩以次而列"。敕令诸将在接近敌舰时"先发火器，次弓弩。及其舟，则短兵击之"。（《续资治通鉴·元纪三十五》）遂大获全胜，在这一战中，陈友谅"中流矢，贯睛及颅而死"。

战争形式与兵器

战争形式随社会发展而变化，兵器为适应战争形式而有相应的改变。

由夏启开始的车战把弓矢与矛、戈、戟带进战争历史舞台，并成为车战时代的主要兵器。车战催生弩的发明，弩成为车战的终结者。弩的发明对舟战起了推波助澜的作用，它在舟战中尽显风采。舟战始见于春秋时期，《左传·襄公二十四年》记载："楚子为（建造）舟师以伐吴"。楚子指楚康王，公元前549年楚康王以舟师攻打吴王诸樊。春秋后期，楚、吴经常开战，因地处江南河网交错不宜车战而发展水军。三国时的赤壁之战，东晋末与南朝时期的舟师大战，宋末张世杰、陆秀夫连千艘战舰在南海与元军作垂死之搏，元末朱元璋与陈友谅在太平和鄱阳湖的舟师大战等等，弩都起到了其他兵器起不到的作用。

战国时期匈奴的崛起把骑兵带进了战场，使骑战成为秦、汉以后的主要战争形式。随后突厥、回纥、契丹、女真等游牧民族、渔猎民族相继崛起，遂使骑战从此长盛不衰。与此相适应，刀开始代替剑成为骑兵和步兵弓弩手必备的短兵器。

步兵以其不可替代的作用见于历朝历代的战场，不论是车战、舟战，还是骑战，都必须有步兵配合。即使在以飞机、坦克、大炮、火箭、航母为主宰的现代化战争，步兵依然是不可缺少的。步兵可以集所有兵器于一身，战车下的步兵（徒兵）手执矛、戈、棍棒、剑等，舟战、骑战时的步兵可以执弓、弩、刀、枪、剑、戟等，有时还要组建专门的弓弩兵、长矛兵、陌刀（长刀）兵等。武将则因其自身的身体素质特征而各有其擅长的称手兵器，如汉末张飞使矛、隋唐尉迟恭和单雄信使槊，《三国演义》中使长刀的关羽也使矛，北宋抗金名将岳飞使丈八铁枪，等等。

现将上述历代战争形式及其所用兵器归纳于下表。

朝代	矛	戈	戟	剑	刀	车	弓	弩
清								
明	矛			剑			弓	弩
元	矛	戈			刀		弓	弩
金	矛	戈		剑	刀		弓	弩
辽				剑			弓	弩
宋	矛	戈		剑	刀		弓	弩
五代	矛						弓	弩
唐	矛				刀		弓	弩
隋	矛						弓	弩
南北朝							弓	弩
晋								弩
魏								
三国	矛		戟	剑	刀			
汉	矛	戈	戟	剑	刀		弓	弩
秦			戟	剑				
战国			戟	剑		车	弓	弩
春秋	矛	戈		剑		车	弓	
周	矛	戈		剑		车	弓	
商	矛	戈		剑		车	弓	
夏	矛	戈				车	弓	
五帝		戈						

战争形式：步兵　舟战　骑兵　车战

朝代　　所用兵器

参考文献：

陆敬严.中国古代兵器.

第七篇 古代武术

刀兵武技本同源
皆与手斗结情缘
若无贪婪起祸端
伊须挥戈向仇怨

不论是民间徒手之搏和持械之斗，还是集团之间或国家之间的战争，为了取得胜利，都必须习练一些搏击之术，这应该就是最简单的武术，或者说是武术的最初、最原始形式。

　　有两部词典为"武术"一词下了权威性的定义。《辞海》："武术亦称'武艺''功夫'，旧称国术。中国传统体育项目。"《现代汉语词典》："武术是打拳和使用刀枪剑棍等兵器的技术，是我国传统的体育项目。"它们都说武术是"传统体育项目"。这种观点用于现代还可以，然而如果冠以"传统"二字，则不敢苟同。古代人习武绝不是把武术当作一种健身的体育活动。

　　从"武术"二字的字义上看，武术应该是一种搏击术或技击术。"武"，泛指与军事、兵器、拳脚有关的事物，如武器、武装、武力、武斗、动武等；"术"是技术、技艺，故"武术"可理解为徒手或手操兵器的搏击之术。古代人习武，通常是为了自卫防身，少数人为了强身健体，更多的人或者是把武术作为一种谋生手段，赖以安身立命；或者是为了于乱世中建功立业，求取功名利禄；或者是为了抗击外侮，效命沙场；或者只是因为天赋奇才，而痴迷醉恋于武术的追求……

　　荆轲剑术拙劣，刺秦王不中，"图穷匕见"并未改写历史，反而加速了燕国的灭亡。东汉末年，张飞以其桓侯八枪驰骋于三国战场；陈寿《三国志》谓"关羽、张飞皆称万人敌，为世虎臣"；隋唐期间，少林寺十三棍僧救唐王，助成李世民的王霸之业；北宋末年，岳飞弯弓运矛，纵横于抗金沙场；明嘉靖年间，倭奴入寇，数十名少林棍僧血战抗倭疆场，壮烈殉国；清初，民间组织习武反清，雍正皇帝下令严禁教、学拳棒，违者拿究。远在战国末期，著名哲学家韩非就已写下如此名言："儒以文乱法，侠以武犯禁。"这一切都说明，古代武术是将士借以杀敌立功、侠客赖以树威逞志的搏击之术，绝非只是为了健身的"体育项目"。

武术的起源

远古的人类在食物极端匮乏的生活条件下，人与人之间会发生纠纷而导致武力冲突，徒手或持兵器的格斗是不可避免的；部落之间为争夺生存空间和生活资料而发生矛盾，战争也是必然的；此时再不是徒手之搏，而是用兵器杀敌。公元前4500年的墓葬中，发现骨质箭镞深入人骨的事实足以说明，当时的斗争是何等残酷。因此掌握一些搏击之术，对内可以防身自卫，对外可以克敌制胜。《史记·五帝本纪》中黄帝"习用干戈"是关于人类使用兵器的最早的文字记载，而"习用"应该理解为练习一些实战用的招数，当然也必定要教习其部众，以此打败炎帝擒杀蚩尤。这些实战用的招数肯定不能和后来武术家和侠客的精湛武术相提并论，但至少它应当是武术的萌芽。由此可见，4000多年前的五帝时期，人类已经处于武术的启蒙阶段。

结论是，武术起源于人与人之间的格斗和部族之间的战争；格斗时用以自卫防身，战争中赖以杀敌立威。

武术的发展

战争催生了兵器，也催生了武术；同时，战争也促进兵器和武术的发展。明嘉靖年间，倭奴入寇，杀人放火、抢劫财货。倭人手持倭刀，进攻时跳跃闪烁，令人目眩。倭刀法诡诈凶狠，双手握刀，力重锋锐。中国的长短兵器一时难以应敌，三招两式就败下阵来，甚至被横腰斩为两段；数十名武功高强的少林棍僧也全部战死沙场。中国武术面临严重挑战。抗倭名将戚继光、俞大猷皆出身少林的武术高手，他们钻研探究倭刀法，并找到破解的方法，最后平息倭患。传统武术在抗倭战争中得到发展，并迎来了新的高潮，使明代中后期出现许多武术名家和武术名著，如戚继光的《纪效新书》，程宗猷的《长枪法选》与《单刀法选》，茅元仪的《武备志》，陈松泉的《拳经》，等等。《武备志》中有《戚继光演的倭寇刀法》和《日本阴流刀法》。

在一般的战争中，不论是车战，还是步骑战、舟战中，为了取得胜利，对士兵使用兵器技能的训练是必不可少的。它是决定部队战斗力的主要标志之一，也是决定战争胜负的重要因素之一。出于领兵作战以及对士兵进行搏击技能的训练，带兵将领必须具备相当高的武术修养，如战国时抗击匈奴的赵国名将李牧，汉末张飞，隋末尉迟恭，北宋末抗金名将岳飞，明代中期抗倭名将戚继光、俞大猷等。有时还要聘请专职的武术教官，民国元年（1912年）袁世凯聘请太极拳名宿宋书铭为武术教官。《水浒传》以艺术形式再现北宋末年农民起义与农民战争的恢宏场面，林冲就是凭借高超的武艺而成为东京汴梁的八十万禁军总教头。清代民族矛盾激化，出现许多教习拳棒的民间组织，武术教师王伦教习的武弟子，"武艺高强者，常在千军万马中来去自如"，迫使雍正皇帝下令严禁。

竞技也是促进武术发展的重要因素之一。民国初年，宋书铭以其祖传《宋氏太极功源流支派论》震动京师（今北京）拳界，他也因此成为煊赫一时的风头人物。当时太极拳名家许禹生创办的《北平体育研究社》聚集了一批拳界高手，颇不服气，遂与宋比武较量，欲分高下。许禹生的弟子王新午的《太极拳法阐宗》记叙了这一过程："清末遗老宋书铭，精研易理，善太极拳。自言为宋远桥十七世孙。宋时年七十。名家纪子修、吴鉴全、许禹生、刘恩绶、姜殿臣诸教师与宋推手，皆随其所指而跌，奔腾其腕下，莫能自持。其最妙者，宋氏一举手，辄顺其腕与肩掷出皆寻丈以外。于是纪、吴、许、刘诸师皆叩头称弟子，从学于宋。"他们得到宋书铭的真传，拳技大进。

中国武术就是在战争和竞技中得到发展，逐渐形成一整套完善、独具特色的传统武术系统。

剑术

一、春秋战国时期

相传黄帝时不但有戈，而且有剑："帝采首山铜，铸剑。"（《广黄帝本行纪》）剑和戈一起被夏启带进车战时代，然而有关剑术的记载却始于春秋战国。诸侯争霸，无所不用其极，武力与阴谋兼用，而谋士与刺客并生，成为一道独特的风景线。剑成为豪侠、刺客手中的称手兵器，剑术风靡一时，铸剑大师相拥而出，遂迎来剑术发展的第一个高峰。战国后期铁剑的出现推动了剑术的发展，铁（钢）优良的强度、韧性和可锻性使铁剑可以做得很长、很薄、很锋利，使剑有了更广阔的施展空间。

专诸剑刺吴王僚

专诸经伍子胥推荐为公子光执行刺杀任务，借进烤鱼之机以鱼肠剑刺杀吴王僚，一招毙命，说明他是剑术高超的豪侠之士。（《史记·刺客列传·专诸传》《史记·吴太伯世家》）

豫让剑击赵襄子衣

豫让为恩主报仇，刺杀赵襄子，但两次都被识破，被捕。赵襄子满足他的心愿，让他剑击自己的衣服，于是豫让"拔剑三跃而击之"，而后伏剑自刎。他不是用剑刺或砍，而是"三跃而击"，说明豫让并非不懂武术的亡命之徒，也是剑术高超的侠客，出手不凡。（《史记·刺客列传·豫让传》《史记·赵世家》）

聂政仗剑只身闯相府

聂政感念严遂的一片至诚与知遇之恩，决心舍命为他刺杀韩相国侠累。侠累是韩烈侯的小叔，位高权重，相府警卫森严。聂政艺高胆大，凭一把剑只身闯相府，击退警卫的拦截闯进大堂，当时"侠累方坐府上，持兵戟而侍者甚众"。聂政无所畏惧，持剑冲上去。"上阶刺杀侠累，左右大乱。聂政大呼，所击杀者数十人。"而后自毁面容，剖腹自杀。演出了又一曲豪侠一诺千金，仗义出手，"士为知己者用"而不惜付出生命代价的壮烈悲歌，同时也说明聂政的剑术远高于其他几名剑客。（《史记·刺

客列传·聂政传》《史记·韩世家》）

荆轲剑术不精

春秋战国期间的四大剑客中，剑术最差的当属荆轲，这是他刺秦王失败的根本原因。荆轲虽有"好读书击剑"之名，但他在榆次（属山西省）与盖聂论剑时，剑术不精已露端倪。盖聂只瞪了他一眼（怒而目之），就把他吓跑了，不敢再回头。盖聂对旁边的人说："以往我和人论剑觉得不称意时，就用眼睛瞪他。荆轲是该走，他不敢留。他被我的眼睛慑住了。"荆轲从此在榆次消失。

荆轲剑术不精还表现在，他对执行刺杀秦王的任务缺乏信心，颇有怯意，一再迁延上路。燕丹把荆轲尊为上卿，美馔佳肴、珍宝异物以及"车骑美女恣荆轲所欲"，也许是贪恋优裕的物质生活，"荆轲未有行意"。秦军兵临燕国南境，燕丹客气地敦促荆轲说："秦兵旦暮渡易水。则虽欲长侍足下，岂可得哉！"荆轲不好再拖延了，只好上路。燕丹亲自送别，但到了这时，"荆轲（还）有所待"，说要等人；其人住得远一时未到，他必须等。一直等到天快黑，还在等。燕丹怀疑他要变卦，又客气地提醒他道："日头已经落了。"并提出，要不让秦舞阳先走。荆轲当然了解太子的真意，大怒，大声呵斥太子道："提一匕首入不测之强秦，前途难卜；我之所以暂留，待我客到了告个别而已。既然太子嫌迟，请就此辞别。"来到易水，该告别了！荆轲知道这一去绝难再回，但已经无法回头；豪侠言出如山，岂能反悔，因此满腔悲壮，当时有好朋友高渐离击筑，荆轲和着韵唱出心中的哀婉与无奈："风萧萧兮易水寒，壮士一去兮不复还！"他已有不祥的预感。初唐文坛四杰之一骆宾王《易水送别》："此地别燕丹，壮士发冲冠。昔时人已没，今日水犹寒。"显然诗人并未完全了解荆轲此时此地的心境。

荆轲入宫见秦王时并不慌乱，依然神态自若，可是却一再失手。第一次，当"图穷匕见"的时候，荆轲左手竟然没抓住秦王的手、臂，只是拽住袖子，右手操匕首刺秦王，但未等近身，袖子就被挣断了。第二次，惊恐的秦王慌乱中剑拔不出来，只好围绕柱子奔逃，荆轲持匕首追逐秦王，但始终未能得手。第三次，御医以药囊掷荆轲，秦王乘机拔出佩剑击荆轲，而身怀武功的荆轲居然被不会武功的秦王斩断了左大腿，成为废人，瘫坐在地上。第四次，此时荆轲手里还有利匕，距离秦王也不会太远，但掷出匕首还是不中。秦王回身以剑刺荆轲，连刺八下。最后殿下持兵器的郎中们上殿，杀死荆轲。

荆轲四次失手显然技艺不精，虽好击剑，但剑术拙劣，徒有剑客的虚名。如果换成聂政，十个秦王也活不成。（《史记·刺客列传·荆轲传》《史记·秦始皇本纪》）

铸剑大师

这一时期出现一些著名的铸剑家如欧冶子、干将、莫邪、徐夫人等。欧冶子为越王允常（勾践之父）铸了五把剑，专诸刺吴王僚的鱼肠剑就是其中之一；干将、莫邪为吴王阖闾铸"干将""莫邪"雌雄双剑；荆轲刺秦王用的是徐夫人所制的淬毒匕首。

剑术名著

这一时期有许多剑术名著问世，如《越女剑法》《庄子·说剑》等。《吴越春秋·勾践阴谋外传》记叙了白猿公与南林处女以竹竿、竹枝为剑的打斗场面："处女应节（节奏）入之，三入，因举枝击猿公。猿公即飞上树。"同时还指出剑术的高超境界是："内实精神，外示安仪；见之似好妇，夺之似惧虎。"

庄子（庄周），战国时宋国人，精通剑术。他曾对赵文王夸耀自己的高超剑术："臣之剑，十步一人，千里不留行。"说他十步之内可杀一人，千里之内谁也挡不住他。又说："夫为剑者，示之以虚，开之以利，后之以发，先之以至。"意思是说，临敌对阵时全神贯注，暗蓄内劲，示人以虚，等待有利时机突然出击，后发先至，克敌制胜。

二、秦汉时期

铁剑的出现使剑术有了长足的进步，在秦汉时期进入又一个发展的高峰。当时的武将习剑之风甚劲，几乎成为他们的必修课。

项羽学剑

项梁逼项羽学习剑术，虽然项羽对此不感兴趣，但他还是佩剑、使剑，在项梁授意下项羽剑斩郡守殷通而后在吴中起义。（《史记·项羽本纪》）

项庄舞剑

鸿门宴上项庄舞剑，要乘机取刘邦性命。项伯也拔剑起舞，用身体掩护刘邦。实际上这是一场以剑术表演作掩护的双人打斗，项庄和项伯都是剑术高手。

此外，三国吴名将鲁肃也以剑术见长，他见"天下将乱，乃学击剑、骑射"（《三国志·吴书·鲁肃列传》）。《汉书·艺文志》还记录了汉代官府藏书情况，其中《兵书略》有《剑道》三十八篇。

三、魏晋时期

曹丕是剑术高手

代汉建立魏王朝的魏文帝曹丕（曹操之子）醉心于剑术，他把自己锻炼成剑术高手，他在《典论·自叙》中写道："余自幼学剑，阅师多矣。四方之法各异，唯京师（今洛阳）为善，桓、灵（汉桓帝、汉灵帝）之间，有虎贲王越善斯术，称（誉）于京师。宿（素）闻展（奋威将军邓展）晓五兵，又称其能空手入白刃，余与论（剑）良久。"文中还描述他和邓展以甘蔗代剑比试剑术的经过，当然以邓展"失败"而告终。

司马相如学击剑

以《子虚赋》《上林赋》驰名的西汉辞赋家司马相如也被卷入习剑潮流，学起剑术，《汉书·司马相如列传》记载：他"少时好读书，学击剑"。

葛洪、阮籍学剑

东晋道士葛洪精于炼丹术与医术，同时也是剑术名家。竹林七贤之一的阮籍也是武将出身，他在《咏诗》中说自己"十五学击剑"。

四、唐宋时期

唐太宗、宋太祖对武术的热爱促进了武术的发展，虽然剑已退出战争历史舞台，但剑术依然得到发展，而且颇具特色。

李白好剑术

诗人习剑是这一时期的特色，李白在《与韩荆州书》中说自己"十五好剑术"，《新唐书·李白传》则说他"喜纵横术击剑"。正因为如此，他才对当时的武术大师心怀仰慕，当他听说太极拳大师许宣平于南阳辟谷修炼时，还亲往拜访。只是无缘相见，只好题诗仙桥而归，诗曰："烟岭迷高迹，云林隔太虚。窥庭但萧条，倚柱空踌躇。"惋惜、惆怅之情跃然壁上。

剑术东传日本

唐朝的鼎盛吸引了周边邻国前来进行文化交流，日本派遣使团来天朝学习武术，于是长柄剑和剑术东传日本，演变成日本剑（日本刀）与倭刀法。到了宋代，遂有制作更为精良、锋利的日本刀剑反馈中国。而到了明代，日本刀法则以倭奴入寇的形式反馈。那时日本海盗频频入侵，中国剑术以及各种其他长短兵器一时不敌。

两位剑术大师

两位剑术大师：吕洞宾和陈抟。吕洞宾生于唐贞元十四年（798年），号纯阳子，又称吕纯阳。吕洞宾曾隐居终南山修炼，后云游四方，活了百余岁，元代称之为吕祖。《宋史·隐逸传·陈抟列传》记载："关西逸人吕洞宾，有剑术，百余岁而童颜，步履轻疾，顷刻数百里，世以为神仙。"后人把他附会成神仙，成为"八仙过海"的神仙之一。

陈抟号扶摇子，生于唐末，隐居武当山，导引辟谷二十余年，并钻研易理与剑术，撰写《无极图》《先天图》。经历唐、五代，至北宋，宋太宗赐号"希夷先生"，卒于端拱二年（989年），约百岁。

明清时期越来越多地使用火炮、火铳等火器，同时拳术兴起，特别是因为清代政府禁武，遂使剑术呈衰落趋势。

枪术

枪是战场上使用最早、寿命最长的兵器。它适用于一切形式的战争，无论车战、步骑战还是舟战，都离不开枪。戈和戟随着车战的终结而逐渐退出战争的历史舞台，唯有枪独享恩宠，长盛不衰，直至近代。相传枪始于黄帝，《事物绀珠》记载："枪，木杆金（铜）头，始于黄帝。"周武王的部队持枪执戈，但直至汉代才有关于使枪名将与枪术的记载。

一、东汉

张飞断桥横矛斥退曹兵

东汉末涌现出许多枪术高强的战将，张飞就是最出名的使枪名将。长坂坡之败，刘备弃妻、子败走，命张飞断后。"飞据水断桥，瞋目横矛曰：'身是张益德也，可来共决死！'敌皆无敢近者，故遂得免。"（《三国志·蜀书·张飞列传》）传说他的"张飞神枪"通过托梦传给他的禹姓外甥，一直传到清代的禹让；禹让又传给苌乃周；苌乃周以此参加武考，得了第三名，故称苌三。这就是后来的"苌氏枪法"，又称"张飞神枪""桓侯八枪"。苌乃周于《苌氏武技书》中记述了这些枪法。

关羽枪刺颜良

建安五年（200年），关羽被俘，曹操礼仪甚恭。袁绍遣大将颜良攻白马，曹操遣关羽为先锋出击，关羽"策马刺良于万众之中，斩其首还"。（《三国志·蜀书·关羽列传》）《三国志》作者陈寿评说："关羽、张飞皆称万人之敌，为世虎臣。"

马超、韩遂的关西兵

马超、韩遂以十万兵马据潼关，曹操率师亲征，部将提醒他："关西兵习长矛，非精选前锋不可当也。"（《资治通鉴·汉纪五十八》）

二、隋、唐、五代

尉迟恭枪术技高一筹

隋唐五代使枪名将甚多，而尉迟恭技高一筹。投降王世充的瓦岗骁将单雄信以槊（长矛）突刺李世民，尉迟恭挺槊刺单雄信坠马；尉迟恭与齐王元吉较技时自去槊刃，结果还是"三夺其稍（长矛）"。尉迟恭的枪术高超，难怪李世民会对尉迟恭夸口说："吾执弓矢，公执槊相随，虽百万众，若我何！"（《资治通鉴·唐纪四、五》）

隋代传世枪法

《马槊谱》记录了隋代枪法。（《隋书·经籍志》）

铁枪银枪将威震五代

五代虽以疆域小、寿命短为特征，但却出现许多枪术高超并以"铁枪""银枪"为号的使枪名将：后梁大将王彦章，号"王铁枪"；后唐名将王建及号称"银枪大将"。（《资治通鉴·后梁纪五》《资治通鉴·后唐纪一》）

三、宋、明、清

宋代先后面对崛起的契丹、女真、蒙古的威胁，始终处于军事劣势，但客观上却促进枪术的发展，并造就了一批名垂千古的名将。

岳家枪勇冠当世

岳飞凭一杆丈八铁枪纵横驰骋于抗金沙场，所向披靡。建炎元年（1127）从王彦渡河至河南新乡，敌军兵多气盛，王彦胆怯不敢进，岳飞独自领兵鏖战，屡战屡胜。后来粮尽，向王彦求援，不给。在这种极端困难情况下，依然坚持奋战，刺杀敌酋黑风大王。建炎三年，敌众50万进犯，岳飞只有800士兵，敌众我寡兵力悬殊，士卒胆怯，岳飞气势凌天，说："吾为诸君破之。"话毕，挟弓持矛独自横冲敌阵，有如虎入羊群，敌军大乱，遂大获全胜。（《宋史·岳飞传》）

杨氏梨花枪

南宋将领李全善使铁枪，号李铁枪，兵败投降蒙古，在与宋军作战时战死。其妻杨妙真善使梨花枪，自称"二十年梨花枪，天下无敌手"。（《宋史·叛臣·李全传》）有杨氏梨花枪法传世。明代何良臣在他的《阵记》中说，各种枪法各有其妙处，"而天下称无敌者，唯杨氏梨花枪法"。

明太祖善使长短枪

明、清之际枪法宗派繁多，出现许多枪术大师和枪法名著。传说明太祖朱元璋善使枪，以长、短两杆枪作战，陈继儒的《见闻录》："高皇帝御用枪凡二。大者，几盈握，修（长）可丈六尺，疑用以步战者也；小者，修杀（缩）四之一，围杀亦如之，疑所谓马槊也。"即所用马槊的长、宽都比步战用的枪小四分之一。

明清枪术大师

明清时期出现几位枪术大师：程宗猷（明）、吴殳（清）、苌乃周（清）。

程宗猷在少林寺学艺十余载，精于刀、枪、棍术，明天启元年

（1621），他在《长枪法选》中称："世人尊枪为艺（武艺）中之王，盖亦以长技无踰此也。"

吴殳从石敬岩学枪术，好与四方枪师较技为戏，吴殳枪法是在明代峨眉枪法的基础上，融合杨家、少林等枪法的精华而成，他的《手臂录》讲述各种枪法：杨家枪法、峨眉枪法、程冲头（程宗猷）枪法、石家枪法等。是总结宋、明以来枪法之真传精品。吴殳论枪术："诸（兵）器遇枪，立败也。""真枪，手手杀人，故未有至一丈内者。""我身前三尺枪圈子内，蝇蚊不能入。"因此他得出结论："枪为诸器之王"。

苌乃周的苌氏枪法即张飞的桓侯八枪，他的《苌氏武技书》是枪法、棒法、剑法等武术器械谱。

棍术

棍作为一种最简单、便捷的械斗工具与兵器，最早被带入战争的历史舞台。有关棍作为兵器的记载最早见于春秋《左传·晋楚城濮之战》：晋文公四年（公元前633年）率兵车七百乘伐楚，至城濮（今山东鄄城西南）阅兵之后，"遂伐其木，以益其兵"，即伐木为棍以补充兵器。士兵手持木棍作战决不会一通乱打，事先必定要教习自卫杀敌的三招两式，这就是最简单的棍术，或者说是棍术的萌芽。秦末陈胜起义，"斩木为兵，揭竿为旗，天下云集而响应"。（西汉贾谊《过秦论》）直至魏晋时期方才有关于棍术的明确记载。

最早文字记载是东晋葛洪："晚又学七尺杖术，可以入白刃，取大戟。"（《抱朴子·自叙》）葛洪是道教理论家、炼丹家，又精通医术，这一自叙说明他还精通武术，其棍术已臻化境。

棍与枪形似，而棍术与枪术却大不相同。清代武术大师吴殳在《枪棍辨》中如此论述棍术与枪术及其差别："棍用打，枪用扎。棍打一大片，有定向；枪扎一条线，无定方。用棍，手与身、足，其功正均，需有架势；枪之用处，全在乎手，身与足以成就其手而已，不需架势。"

隋末唐兴时期，相传李世民征王世充时，有"十三棍僧救唐王"的故事，至今流传。

宋代，契丹、女真、蒙古相继入侵，战乱不息。北宋末年政治腐败，豪杰并起，棍术等民间武术得到发展。《水浒传》中第九回讲到"林冲棒打洪教头"，说明当时豪杰精通棍术的不在少数。

明代中期倭寇入侵，棍术在抗倭斗争中得到迅猛发展，并出现棍术的高峰。顾炎武在《日知录》中记载少林僧月空率徒众抗倭的事迹："其徒三十余人，自为部队，持铁棒击杀倭甚众，皆战死。"查继佐的《罪惟录》有类似记载："少林僧四十人，人持七尺铁杖，重三十斤。多冲锋烈死。"

抗倭名将俞大猷是棍术名家，早年至少林寺学少林棍术。嘉靖四十年（1561年），受命以福建总兵南征平倭，路经少林寺时见少林棍术"久传而讹，其诀尽失矣"，于是挑选宗擎、普从二人随军，亲授其棍术真诀。三年后学成，令返回少林寺"传授寺众，以示其传"。俞大猷所撰《剑经》，写的实际上是棍术，与《射法》一起收入《正气堂集》。抗倭名将戚继光评说俞大猷的棍术："见俞公以棍示众，其妙处已备载《剑经》内。"

清代民族矛盾激化也促进民间棍术的发展，当时的反清组织多学拳棒，雍正年间，地方官吏上奏："卦子（八卦教），其男、妇皆习拳棒。"乾隆年间地方官吏上奏："聚众谋为不轨，先由邪教而起，有白莲、白阳、清水等各种各色。始则念经聚会，学习拳棒，以致流为谋叛。"戚学标《记妖寇王伦始末》："（王伦）以拳棒教授兖东诸郡。伦每出，辄弟子数十人以练气，曰文弟子；拳棒曰武弟子。武艺高强者，常在千军万马中来去自如。"于是雍正下令："拳棒一事，严于禁止。如有仍自号教师及投师学习者，即行拿究。"

刀术

刀与简单的刀术随匈奴骑兵一起登上战争舞台，并从此流入民间。但东晋之前未有关于刀术的记载，只有一些武将使刀的记叙。

汉代习刀之风颇盛，特别在武将中颇为流行。汉武帝时，抗击匈奴的名将李广"引刀自刭"；出使匈奴被扣的苏武也"引佩刀自刺"。刘备责怪宋忠失职，未将刘琮投降曹操之事及时相告，大怒，遂"引刀向忠"，恨不得宰了他。诸葛亮至江东连吴抗曹，智激孙权，孙权下决心抗曹，遂"拔刀斫前奏案"，警告主降派，如有言和者，"与此案同"。《古今刀剑录》（南朝梁·陶弘景著）记载：孙权于黄武五年（226年）"采武昌铜铁，作千口剑，万口刀，各长三尺九寸，皆是南钢越炭作之"。显然他要建立并训练一支刀剑部队。直至东晋方才有关于刀术的口诀，葛洪的《抱朴子·自叙》："刀盾及单刀、双戟，皆有口诀要术，以待取人，乃有秘法，其巧入神。"

宋代刀术有所发展，《水浒传》里有许多使刀的英雄，如林冲、杨志、武松等，他们都有精湛的刀术。也描述了一些用刀打斗的场面，如林冲与杨志以朴刀打斗，可以间接说明宋代刀术的发展情况。

明代刀术及其他武术都以抗倭为起点快速发展，出现一个前所未有的刀术发展的黄金时期，并达到高峰；同时涌现出一大批刀术大师和刀法名著。戚继光在《纪效新书》中记叙了倭刀法："彼以此跳舞，光闪而前，我兵已夺气矣。我兵短器难接，长器不捷，遭之者身多两断。缘器利而双手使用，力重故也。"何良臣的《阵记》也有类似记载："日本刀不过三两下，往往人不能御，则用刀之巧可知矣。"程宗猷学习倭刀法之后，在其《单刀法选》中也记叙了倭刀法："其用法，左右跳跃，奇诈诡秘，人莫能测，故长技每每常败于刀。"茅元仪的《武备志》收录了两种倭刀法："戚继光演的倭寇刀法"和战场上缴获的《日本阴流刀法》。

明末清初王余佑把明代刀法归纳为十三种，汇编成《十三刀法》。清康熙年间，于武撰《万代流传单刀谱》，是讲述各种刀法的专著。

明清之际拳术盛行，武术派系按拳术分宗，各拳术宗派皆有其刀法，如杨氏太极拳门有杨氏太极刀，陈氏太极拳门有陈氏太极刀，吴鉴泉的吴式太极拳门有吴氏太极刀等。

拳术

一、拳术的起源

武术起源于格斗和战争，手持器械总比赤手空拳更占优势，所以拳术比其他类型的器械武术出现得晚些是顺理成章的事。

关于拳术的最早文字记载当属少林拳，它起源于南北朝时期天竺（古印度）僧人菩提达摩。少林拳是在达摩所创"罗汉十八手"的基础上发展起来的，故达摩被尊为少林拳和少林武术的开山鼻祖。少林拳以刚猛著称，着重外练"筋、骨、皮"，以强身健力为主，属外家拳。少林拳的硬练功夫极容易受伤，如铁腿功、铁裆功、铁头功、铁砂掌等，所以后来出现了着重于"内练一口气"，以练"精、气、神"为主的太极拳和武当拳。

与少林外家拳并行的是武当拳、太极拳等内家拳。通常认为先有武当拳，后有太极拳，其所持观点是：武当拳系元、明时期张三丰所创立，而太极拳则于清代始见其名。然而这种观点却忽略了一个事实，即民国元年（1912年）轰动京师（今北京）拳术界的《宋氏太极功源流支派论》，其中有这样一段记叙："（宋氏太极功）授自唐代于欢子、许宣平。"宋氏太极功即太极拳。持这种观点的人对俄罗斯太极拳研究会主席安德烈的研究成果也未给予足够重视，安德烈指出："太极拳的源流是：韩拱月—南朝程灵洗—唐代许宣平—宋代程珌小九天—元、明张三丰—王宗岳。如果安德烈的说法可靠的话，太极拳应该和少林拳产生于同一时代——南北朝。至少他的这种说法，在唐代以后是可信的。毋庸置疑，许宣平是最早的太极拳名家。大约五六百年之后，张三丰才创立了内家拳；而安德烈把张三丰的内家拳也归宗于太极拳。

也许是许宣平的"太极功"始终默默无闻，后来又被张三丰及其内家拳的鼎鼎大名所湮没，因此直至清乾隆年间王宗岳的《太极拳谱》与《太极拳论》问世，方才有了太极拳的名称。而当宋书铭的"太极功"震动京师拳界的时候，武术界犹未从固有的观念中解脱出来，还在争论太极拳的创始人，到底是明末清初河南温县陈家沟的陈王廷，还是王宗岳。

二、少林拳

达摩面壁

南北朝梁武帝普通八年（527年），天竺僧人达摩由印度浮海来华，经南海（今广州）至梁都金陵（今南京）。传说与梁武帝话不投机，遂渡江前往北魏都城洛阳传布佛教禅宗，受到魏孝明帝的推崇，最后前往嵩山，驻足于少林寺。《五灯会元》之"东土祖师"记载："（达摩）寓止于嵩山少林寺。面壁而坐，终日默然，人莫之测。"达摩在少林寺面壁九年，被尊为中国禅宗初祖。

少林拳的起源

传说达摩在面壁期间首创"罗汉十八手"并以之教授徒众，后发展为少林拳法，故达摩是少林拳与少林武术的开山鼻祖。达摩在少林寺传授禅宗佛法时，僧众萎靡不振，听得昏昏欲睡，故达摩以"罗汉十八手"授徒，让他们活动筋骨，提起精神，这就是最原始的少林拳。由此可见，少林拳从一开始就与佛法禅宗结合在一起，不仅如此，一切少林武功都是这样。这就是少林拳与少林武术区别于其他拳术与武术的最基本特征。因此有人说：禅与武结合就形成少林武术。

少林拳的传承

少林拳自达摩开始经数十代僧众千余年的努力，至明代臻于完善。1937年近代武术大师吴图南所撰《国术概论》列出少林拳世系表：

达摩（梁武帝大通丁未年，527年）—惠可（487~593年）—惠远（北周静帝大象中，579~580年）—志操（唐武德辛巳年，621年）—玄素等（唐贞观中期，627~649年）—惠超—都维那（武周，690~704年）……紧那罗（元至正中，1341~1360年）……洪转等（明嘉靖，1522~1566年）—宗想等（明万历，1573~1619年）—澄慧—蔡九仪（明崇祯，1628~1644年）—痛禅上人（清顺治、康熙，1644~1721年）—胡氏（清嘉庆、道光，1796~1850年）—麟石（清咸丰、同治，1851~1874年）—双二增、庆和甫（清光绪、宣统，1875~1911年）。

少林拳的特点

少林拳以刚猛著称，注重外练筋骨皮，以强筋健体为本。这种拳法以

《易筋经》为理论基础，其基本观点是：人之筋骨，受之父母，来自先天，所谓"由胎禀而受之"。故欲强身健体，就必须易其筋骨："易筋以坚其体，壮内以助其外。"《易筋经》由此得名。有脱胎换骨之意，故谓之"脱换"。

少林拳也注意到修炼内功，即不仅要"易筋"，而且还要"洗髓"。洗髓的基本观点是：人有七情六欲，致使"脏腑肢骸悉为滓秽所染"，为此"必先洗涤净尽"，即进行"洗髓"以净化之，谓之"清虚"。

因此习练少林拳有两个目的："洗髓者欲净于内，易筋者欲坚于外。"即内外兼修。其实这只是一种理想情况。少林拳虽然也注意到修炼内功，然而以易筋经为主要理论基础的少林拳的宗旨是"以血肉之躯，而易为金石之体"，就是要把"血肉之躯"练成"金石之体"，显然它练的还是硬功夫。正因为如此，后来才有太极拳与武当拳问世。

三、太极拳

太极拳的起源

《宋氏太极功源流支派论》是民国初期清朝遗老宋书铭的十七世祖先宋远桥所撰。宋书铭是袁世凯的幕宾。当时拳界名家许禹生创办"北平体育研究社"，聘请纪子修、吴鉴泉等人为拳术教师。宋书铭以祖传"太极功"闻名京师，这些人颇有不服，遂相约比武，名为切磋武功，实际上是要分出高低上下。

比武结果，许禹生等人都败在宋书铭的拳下，遂拜宋为师。当时许禹生的弟子王新午也在现场，他将自己的耳闻目睹记叙于《太极拳法阐宗》。

宋远桥在《宋氏太极功源流支派论》记叙了其祖师唐代许宣平以及李道子的传奇轶事："（宋氏太极）授自唐代于欢子、许宣平。至余（宋远桥）十四代。许先师结茅南阳辟谷。发长及足，行及奔马。李白访之不遇，题诗仙桥而归。所传太极功之拳名'三世七'，因三十七势而名之。又名长拳者。"

由此可知：许宣平与李白（701~762年）同时代，学道家辟谷之术（不食五谷，只服药物，兼做导引——以肢体运动配合引气），有三十七势太极拳（称"三世七"）传世。

宋远桥的《宋氏太极功源流支派论》还记叙了《俞氏太极功》及其渊源："俞氏太极功名曰先天拳，亦名长拳，得唐李道子所传。李道子系江南安庆人，至明时尝居武当山南岩宫，不食火食，第啖麦麸，故人称曰麸子李，又称夫子李。"同时还记述了他和俞莲舟游武当山时邂逅李道子的传奇故事："余游江南泾县，访俞家，方知俞家先天拳亦如余之三十七势，太极之别名也。俞家太极功系唐时李道子所传，俞氏代代相承，每岁必拜李道子之庐，至宋时尚在。嗣后余偕俞莲舟游武当山，见一道人蓬头垢面，呼俞莲舟曰：'徒再孙焉往？'莲舟怒曰：'汝系何人，无礼如此，我观汝一掌必死。'莲舟怒极，进步连掤带捶。但未近身，道人飞起十余丈，平空落下，屹立无损。道人曰：'汝与俞清慧、俞一诚相识否？'莲舟悚然曰：'此皆余上祖之名也。'急跪曰：'原来是我之祖师。'李道子曰：'我在此数十寒暑，未曾开口，汝今遇我，诚大造化哉。汝来，吾再以功夫授汝。'自此莲舟不但无敌，并得全体大用矣。"

宋远桥与俞莲舟武当山邂逅李道子之后，又会同五人前往武当山拜谒李道子，未遇，却"于太和山（武当山）玉虚宫见玉虚子张三丰。三丰，燕张松溪、张翠山师也，洪武（明太祖年号，1368~1398）初即在此山修炼。余七人在山拜求请益者，月余而归。"

以上记叙传递了如下信息：

（1）俞氏太极功与宋氏太极功很相似，而且都来自唐代，是否师出同源？是否如安德烈所说皆来源于南朝程灵洗？不得而知。

（2）据宋远桥记载，唐代的夫子李即明代的夫子李，如果此说可信，那么李道子从唐代一直活到明代，大约四五百岁。

（3）张三丰于明洪武年间在武当山修炼。

由此不难得出结论：

（1）有确切的文字记载，太极拳源于唐代许宣平和李道子；

（2）张三丰于元末明初所创内家拳，在许宣平之后四五百年。

太极拳的特点

太极拳克服少林拳偏重"刚、力、迅"和主练"筋、骨、皮"的弊病，着重于"柔、粘、缓"和主练"精、气、神"。主张"顺人之势，借人之力"，"用意不用力，用意支配动作"，以达到"以静制动"和"以柔克刚"之功效。

王宗岳的《太极拳论》将太极拳的技击特点归纳为：柔、粘、缓、随。"人刚我柔谓之走，我顺人背谓之粘。动急则急应，动缓则缓随。"并指出当时各流行拳派的技术特点是："虽势有区别，盖不外壮欺弱，慢让快耳。（或者是）有力打无力，手慢让手快（而已）。"接着说："察'四两拨千斤'之句，显非力胜；观耄耋能御众之形，快何能为？"显然他的太极拳术反对"壮欺弱，慢让快"，而是反其道而行之，而以"慢、柔"为主，以达到"弱胜强"的目的。

清代太极拳名家

王宗岳的《太极拳论》掀起清代中后期习练太极拳的高潮，并出现一大批太极拳名家。李亦畬在其《太极拳小序》中说："太极拳不知始自何人。其精微巧妙，王宗岳论详且尽矣！后传至河南陈家沟陈姓。""陈姓"指的是陈长兴等，除此之外，还有杨露禅、武禹襄、陈清平等。

陈长兴　陈长兴（1771~1853）系陈家沟陈氏十四代孙。于志钧先生研究发现：陈家沟的《长拳谱》与山西洪洞《通臂拳谱》完全相同，与戚继光《纪效新书·拳经捷要篇》的三十二拳势大部分相合，说明当时陈家沟长拳是明代兴盛的通臂拳。通臂拳因其模仿猿猴手臂屈伸而得名，又因其有"如长江大海滔滔不绝"，而称为长拳。陈长兴的太极拳一改通臂拳的刚猛、迅捷，而具有柔软、缓慢的特性，显然是经过一番钻研、改造而成的。

杨露禅　杨露禅（1799~1872），河北永年县广府镇人，到陈家沟向陈长兴学太极拳十余年，是陈长兴的嫡传弟子，杨氏太极拳创始人。

武禹襄　武禹襄（1812~1880）与杨露禅同乡。其孙武莱绪在《父王父廉泉府君行略》中记载他钻研太极拳的简单情况："唯日以上事慈闱，下课子孙，究心太极拳为事。"他想向杨露禅学习从陈家沟学来的太极拳，但杨露禅不教给他。当时其兄武澄清任舞阳知县，有幸得到王宗岳的《太极拳论》。武禹襄于是拿着《太极拳论》到赵堡投陈清平求教，与陈"研究月余"，结合陈清平的拳法，形成"赵堡太极拳"。武禹襄的武技大长，"神乎其技"。

陈清平　武禹襄的外甥李亦畬在《太极拳小序》中，详细记叙武禹襄向陈清平学太极拳的情况："我郡南关杨某（杨露禅）爱而往（陈家沟向陈长兴）学焉。母舅武禹襄见而好之，常与比较。伊不肯轻以授人。闻豫省怀庆府赵堡镇（今河南沁阳市东南，与温县比邻）有陈姓名清平者，精于此技，母舅过而访焉。研究月余，而精妙始得，神乎技矣！予自咸丰癸丑（1853年），时年二十余，始从母舅学此技。二十余年来，仅得皮毛，窃意其中有精巧。"

四、武当拳

武当派祖师张三丰

张三丰名全一，又名君宝，因不修边幅又号张邋遢，辽东懿州（今辽宁省阜新蒙古族自治县）人。张三丰是武当内家拳的创始人，也是一位极富传奇色彩的人物。清汪锡龄的《张三丰全集》有《三丰先生本传》和《三丰先生外传》，记叙张三丰的传奇人生。

《本传》记载："（张三丰）北燕赵，东齐鲁，南韩魏，往来名山古刹，吟咏闲观，且行且住。如是者凡三十年，均无所遇。乃西之秦陇，挹太华之气，纳太白之奇。走褒斜，度陈仓，见宝鸡山泽，幽邃而清，乃就居焉。中有三尖山，三峰挺秀，苍润可喜，因自号为三丰居士。延祐元年（1314年），年六十七，始入终南，得遇火龙真人，传以大道，更名玄素，一名玄化，合号玄玄子，别号昆阳。……火龙授以丹砂点化之诀，命出山修炼。泰定甲子（1324年）春，南至武当，调神九载，而道始成。"而后云游天下。

《外传》记载："洪武（1368~1398）初，至太和山，冷坐结庵玉虚宫……登山轻捷如飞，隆冬卧雪中，鼾齁如雷。""居武当二十三年，一日拂袖游方而去。"

延祐，元仁宗年号；终南，陕西西安市南之终南山；秦陇，陕西南部的秦岭和陕、甘边境的陇山；太华，陕西东部之华山；太白，秦岭主峰太白山，在陕西南部；褒斜，即褒斜道，褒水谷道与斜水谷道的合称，南起自陕西汉中西北之褒城，终于宝鸡市东之眉县；陈仓，在宝鸡市东；泰定甲子，元泰定帝泰定元年为甲子年；武当，即武当山，在湖北省西北部；洪武，明太祖年号；太和山，武当山之古称。

永乐五年（1407年），明成祖命寻找张三丰，但不见踪迹。明英宗天顺三年（1459年），赐名号为"通徽显化真人"。

根据上述记载，张三丰生于宋理宗淳祐七年（1247年），他最后离开武当山应在1391年以后，如此计算起来至少活了144岁。他在武当山修炼23年之后，拂袖而去，到底又经历了多少寒暑，不得而知。从此不见踪迹，无法预测其终年。

武当拳的传承

黄宗羲（1610~1695）于清康熙八年（1669年）撰写的《王征南墓志铭》指明：“（武当拳）盖起于宋之张三丰。三丰之术百年以后流传于陕西，而王宗为最著；温州陈州同从王宗，受之，以此教其乡人，由是流传于温州。嘉靖间张松溪为最著，松溪之徒三四人，而四明（宁波府的别称）叶继美、延泉为之魁。由是流传于四明，得延泉之传者，吴崑山、周云泉、单思南……而思南之传则为王征南。”

黄宗羲之子黄百家，曾师从王征南学习武当拳，他在王征南死后七年，即康熙十五年（1676年）撰写了《王征南先生传》。由此可以将武当内家拳的传承概括为：

张三丰—（百年后）陕西王宗—温州陈州同—张松溪（明嘉靖）—四明延泉—单思南—王征南—黄百家。

武当拳是内家拳

黄宗羲在《王征南墓志铭》中明确指出少林拳的弊病及武当拳的特点，并分别称之为外家与内家：“少林以拳勇名天下，然主于搏人，人亦得以乘之。有所谓内家拳者，以静制动，犯者应手即仆，故别少林为外家。”可见内家拳最基本的技术特点是：“以静制动”。内家拳的另一个特点是：“顺人之势，借人之力”，以达到“以静制动”“以柔克刚”之功效。

黄百家继续阐明武当内家拳的由来，指出它是张三丰钻研少林拳之后所创立的，他在《王征南先生传》中写道：“自外家至少林，其术精矣。张三丰既精于少林，复从而翻（反）之，是名内家。”就是说张三丰精通少林拳，却发现它的致命弱点，于是反其道而行之，遂创立了内家拳。接着又说：“得其一二者，足以胜少林。”虽然有些夸大，但却说明武当拳能克制少林拳。

《清史稿·甘凤池传》记载一段甘凤池与彪形大汉较技的轶事，有力说明内家拳“借力打力”的神奇功效：“力士张大义自济南来见。大义身长八尺余，胫力强大，以铁裹拇，腾跃若风雨之骤至。凤池却立倚柱，俟其来，承以手。大义大呼，仆，血满靴。解视，拇尽嵌铁中。即墨（今山东青岛东北）马玉麟，长躯大腹……玉麟直前擒凤池，以骈指却之，玉麟仆地，惭遁。凤池尝语人曰：吾力不逾中人，所以能胜人者，善借其力以制之耳。"

武当内家拳具有太极拳的基本特征，故俄罗斯的安德烈把它归宗于太极拳，并把张三丰作为元、明时代的太极拳名家列入太极拳传承系列中。

传统武术中的阴阳理论

古代武术作为五千年文明的载体，传递着华夏灿烂的文化。它根植于中国的传统文化，立基于古代辉煌的科学技术成就，因而有着幽深的底蕴和浑厚的内涵。在传统文化滋养下生长、发展起来的传统武术，浸透了文明古国五千年文化的精髓，特别是古代阴阳理论。

剑术中的阴阳理论

《周易》的阴阳理论应用于剑术，见于《吴越春秋·勾践阴谋外传》之《越女之剑》，它明确指出："道（剑道，剑术）有门户，亦有阴阳。"具体到实战中则是："内实精神，外示安仪；见之似好妇，夺之似惧虎。"意思是出击前，内实外虚，以迷惑对手；出击时如同猛虎，使对方恐惧，惊慌失措。

枪术中的阴阳理论

枪术大师吴殳于清康熙元年（1662年）所撰写的《手臂录》中，把太极阴阳理论渗透到他的枪术中去，用以指导搏击实践，他引用少林僧洪转的话："柔能制刚，弱能胜强。……如我枪先发，彼以猛力提拿，我变为软，使彼气力落空，然后相其无备取之，此皆以软破硬也。"其阴阳理论寓于"柔制刚，弱胜强"与"软破硬"之中。接着讲述对阵的策略："两龙（枪）相遇，先审其强弱虚实。施之以强，以观其弱；施之以弱，以观其强；施之以速，以观其迟；施之以迟，以观其速；施之以守，以观其攻；施之以攻，以观其守。法曰：审敌之虚实，而趋其危。"这是利用阴阳理论先试探对方虚实：以强观弱，以弱观强；以速观迟，以迟观速；以守观攻，以攻观守。最后摸清对方底细：是强，是弱？是快，是慢？是善于进攻，还是善于防守？据此确定制胜的策略方案。

拳术中的阴阳理论

王宗岳的《太极拳论》以太极阴阳学说论拳术："阴阳相济，方为懂劲。懂劲后愈练愈精，默识揣摩，渐至从心所欲。"明确指出"阴阳相济"是练习拳术达到"从心所欲"的关键。而各拳派违背这一原则，它们"虽势有区别，概不外壮欺弱，慢让快耳。……有力打无力，手慢让手快（而已）"。说它们片面强调"壮""力""快"，主张以力量和速度取胜。因此他主张太极拳必须反其道而行之，强调"柔""慢""粘"，主张"以柔克刚""以弱胜强"，并且进一步解释说："人刚我柔谓之走，我顺人背（不顺）谓之粘"。

张三丰就是发现少林拳以"刚"为主的弊病，才"复从而翻之"，创立了内家拳。

甘凤池可谓掌握了内家拳的精要，实战时善于借人之力，以柔克刚，以此连胜两名刚猛的彪形大汉，他向人解密说："吾力不逾中人，能胜人者，善借其力以制之耳。"

刀术中的阴阳理论

清代以来各种拳术宗派应运而生，刀术从属于各拳派。各拳术门派都有各自的刀术，各太极拳门派也都有各自的太极刀，如陈氏太极刀、杨氏太极刀、吴氏太极刀等。既然阴阳理论已经渗透到各种拳术中，那么隶属于各拳术门派的刀术也必然以阴阳理论为指导。

参考文献：

1. 于志钧. 中国传统武术史. 北京: 中国人民大学出版社, 2006年第一版.
2. (日)松田隆智. 中国武术史略. 成都: 四川科学技术出版社, 1984年.

第八篇　华夏文明苦旅

自古文明無坦途
坎坷變幻多險阻
富饒田園遭強寇
弱國從此受斯辱

世间无坦途，人生多蹉跎，华夏文明多磨。

华夏文明始于远古，经历漫长的悠悠岁月，越过稚嫩的青少年时期之后，终于迎来旷古之辉煌。然而荆棘载途，劫难相继，华夏文明在一次又一次重创与磨难中经历人间苦旅。

"文明五千年"之说指的是有文字记载的华夏文明，它始于四千多年前的黄帝。其实华夏文明源于远古的蒙昧时期，当华夏先民用简陋的石器掘出第一个洞穴，当"燧人氏"在木头上钻出第一个火种的时候，那应该就是华夏文明之源头。

华夏文明起源之后却以极其缓慢的步履蹒跚而行，直至出现文字——甲骨文的商、周之后，方才有了长足的进步。而华夏文明的快速发展始于东周的春秋战国时代，从那时开始，各个领域都涌现出大批名垂千古的大家，春秋战国时期的扁鹊、孔子、孟子、老子、庄子、墨子，东汉的张衡、蔡伦、华佗，南北朝的祖冲之等人的成就都具有划时代意义，他们都是华夏文明之路上闪烁着智慧之光的巨星、泰斗。

然而华夏文明的旅程坎坷，迭遭重创，艰难前行。秦氏焚书，千年古籍付诸一炬；明清文字狱，文明复遭劫难；王朝兴亡，又遭周期性损毁……特别是西方"文明"的强悍入侵，明火执仗，巧取豪夺，使华夏文明惨遭重劫。而眼下物欲横流则使智慧蒙尘，文明蒙垢，数典而忘祖，崇洋而不辱，则使古圣先贤蒙羞。除非道德情操超凡脱俗的智者临世，方才能成就绝世奇才！

宫殿建筑遭周期性损毁

从夏代开始的朝代周期性更迭，赋予华夏文明的周期性特征，尤以宫殿建筑为甚；朝代一兴一亡，遂至宫室一成一毁。

周武王灭殷，殷都为墟；箕子朝周，过故殷墟，感伤不已。周营建镐京，又修筑东都洛阳。

秦始皇营建咸阳宫室，秦亡，项羽的一把火，三月不灭，咸阳一片焦土。

汉建都长安，修长乐宫，筑未央宫，汉武帝增筑建章宫等；王莽篡汉，盘踞长安；王莽败，长安宫室被毁。汉光武帝建都洛阳，营建宫室；东汉末年，董卓专政，将败，撤离洛阳，焚毁洛阳宫室，200里内宫殿房屋荡然无存。

隋文帝建西京长安，筑新都大兴城；隋炀帝驱200万人建东都洛阳，筑西苑周回200里。唐太宗修葺长安城。武则天侈建洛阳宫室，筑明堂、天堂、颂德天枢，铸九鼎，后皆为唐玄宗所毁。

唐玄宗增修长安城，营建洛阳宫室；安史之乱，洛阳满目疮痍；后梁朱温代唐，拆长安宫室，取木浮河而下以营建汴京（开封），长安为墟。

后唐灭后梁，汴京遭毁，遂建洛阳宫室。后晋灭后唐，宫室再毁，但无力重建。

北宋以汴京为东都，大兴土木营建宫室，与汉、唐京都相比十倍其人，"清明上河图"画出其繁华景象；但金兵攻陷汴京，焚荡无遗。金海陵王以汴为南京，重建宫室，"运一木之费二千万，牵一车之力五百人，宫殿之饰，遍傅黄金，一殿之费以亿万计"，且"成而复毁，务极华丽"。

辽以燕京（今北京）为南京，营建宫室。金以燕京为中都，予以拓展。元以燕京为中都，又改为大都，在辽金旧城东北筑城。明成祖迁都燕京，截去元大都之北部，向南拓展。李自成灭明，撤退时焚烧燕京宫室；清兵入关定鼎，予以修葺。

华夏文明之重劫

秦始皇帝三十四年（公元前213年）焚天下书，除秦纪、医、卜、种树等外焚荡无遗，秦始皇帝三十五年（公元前212年）坑儒生方士。秦亡，项羽的一把火三月不灭，秦宫尽毁，劫后余生的图书典籍付诸一炬。

金攻陷北宋京都，汴京（今河南开封）遭金兵洗劫，荡然无存，徽钦二帝被掳，医学巨作针灸铜人从此不见踪影。

元军围困临安（今杭州），逼降南宋小皇帝，皇室冠冕、圭璧、符玺、珍玩重宝、史籍图册、天子车骆仪仗等被劫掠一空，连同小皇帝母子一起被掳往北国。

披过袈裟的明太祖大兴文字狱，他自以为出身卑贱，忌讳僧人、光头等及其谐音字，无意犯禁者杀无赦。某人奏章中有"光天之下，天生圣人"字句，因"光"与"生"有讥讽太祖出身之嫌触犯了禁忌而被诛杀。

清世祖入主中原，以边关少数统治势如汪洋的大汉子民，难却天生之心理劣势，也大兴文字狱。某人在庭院里看书，忽有阵风吹翻书页，书生突发灵感，悠悠然吟成诗句："清风不识字，何苦乱翻书。"有人告密，遂以反清罪名被杀。明清两代的文字狱使许多文人罹难，实为华夏文明之又一重劫。

清军入关，李自成焚烧北京宫阙。《永乐大典》毁于明末兵燹，副本亦于八国联军入侵北京时部分被焚毁，部分被劫掠，仅剩下3%。

咸丰十年（1860年）英法联军攻陷北京，圆明园珍宝被洗劫之后被焚毁，园中亭台楼阁尽毁。从此视中国为俎上之肉，巧取豪夺，无所不用其极，唐懿宗九年（868年），用刻板印刷的《金刚经》一直珍藏于甘肃省敦煌千佛洞，1907年被英国人斯坦因盗走，成为伦敦不列颠博物馆的馆藏珍品。

华夏文明之前景

"物竞天择，适者生存"是生物界生存竞争与自然选择的基本规律，也是人类社会发展的基本法则。随着社会的发展，某个阶段出现的某些事物到了另一阶段要被取代、淘汰，这是历史的必然。

枪炮的进化与全面使用迫使冷兵器退出历史舞台，刀枪剑棒退出战争舞台，传统武术也走到自己的终点。传统武术因其强体功能而退化为健身手段与体育竞技项目，已属万幸。

帝王专用的宫殿已随帝王时代的终结而进入历史博物馆，幸存者将与寺观等建筑供后人瞻仰、探究。

传统医学有坚实的理论基础与数千年临床实践的验证，却成为现代医疗器械与测试手段的俘虏，甘愿臣服于西方医学，令人费解！

汉字的特殊结构赋予书法艺术独有的魅力与不可替代性，使其在华夏文明中独领风骚，独享恩宠！

古代文明让位于现代文明，大有取代之势。然而不该为华夏文明截流。现代文明从何而来？"截流"不可能截去现代文明的本源，否则现代文明就成为无本之木。西方文明得益于华夏文明，它借用了东方文明，却以殖民主义反馈中土。有感于西方文明的入侵所带来的物欲横流，及其对现代社会所产生的如潮般冲击，致使智慧蒙尘，文明蒙垢，古圣先贤蒙羞。更有憾于殖民主义幽灵依然在中土上空游荡，而今未成尚古之风，却泛崇洋之潮。

人们将会看到，当华夏文明再度崛起的时候，西方学者又将再次为中国喝彩！然而未闻喝彩之声，但见惶恐而狼奔豕突，于是2000多年前的历史重演：苏秦纠合六国，形成针对正在迅速崛起的强秦的合纵包围圈。

图书在版编目（CIP）数据

平民的追求／王绍铿著． —银川：阳光出版社，2012.11
ISBN 978-7-5525-0521-4

Ⅰ.①平… Ⅱ.①王… Ⅲ.①中华文化—通俗读物
Ⅳ.①K203-49

中国版本图书馆CIP数据核字（2012）第265404号

平民的追求

王绍铿 著

责任编辑 姚发国 赵维娟
封面设计 黄 健
责任印制 郭迅生

黄河出版传媒集团
阳 光 出 版 社 出版发行

地　　址 银川市北京东路139号出版大厦（750001）
网　　址 http://www.yrpubm.com
网上书店 http://www.hh-book.com
电子信箱 yangguang@yrpubm.com
邮购电话 0951-5044614
经　　销 全国新华书店
印刷装订 宁夏捷诚彩色印务有限公司
印刷委托书号 （宁)0012837

开　本	720mm×980mm　1/16	印　张	15.75	字　数	220千
版　次	2012年11月第1版	印　次	2012年11月第1次印刷		
书　号	ISBN 978-7-5525-0521-4/I·278				
定　价	35.00元